钱理群作品精编

钱理群

丰富的痛苦

——堂吉诃德与哈姆雷特的东移

生活·讀書·新知 三联书店

图书在版编目（CIP）数据

丰富的痛苦：堂吉诃德与哈姆雷特的东移／钱理群著. —北京：生活 · 读书 · 新知三联书店，2015.5 （2024.8 重印）
（钱理群作品精编）
ISBN 978－7－108－05154－7

Ⅰ. ①丰…　Ⅱ. ①钱…　Ⅲ. ①作家－人物研究－世界
Ⅳ. ① K815.6

中国版本图书馆 CIP 数据核字（2014）第 243603 号

责任编辑　卫　纯
装帧设计　蔡立国
责任印制　董　欢
出版发行　生活 · 讀書 · 新知 三联书店
（北京市东城区美术馆东街 22 号 100010）
网　　址　www.sdxjpc.com
经　　销　新华书店
印　　刷　北京隆昌伟业印刷有限公司
版　　次　2015 年 5 月北京第 1 版
2024 年 8 月北京第 2 次印刷
开　　本　880 毫米 ×1230 毫米　1/32　印张 10.25
字　　数　254 千字
印　　数　4,001－7,000 册
定　　价　45.00 元
（印装查询：01064002715；邮购查询：01084010542）

总序：大时代里的个体生命史

感谢北京三联书店的朋友，要为我编选“作品系列”，这就给了我一个机会，对自己的研究与著述，作一番回顾与总结。

尽管我从1962年第一个早晨写《鲁迅研究札记》，就开始了业余研究，但将学术研究作为专业，却是以1978年考入北京大学研究生班，师从王瑶和严家炎先生为起端的。记得第一篇公开发表的学术论文，是刊载于《中国现代文学研究丛刊》1980年第2期的《鲁迅与进化论》；从那时算起，我已经笔耕三十三年了。粗略统计，出版了六十四本书，编了五十一本（套）书，写的字数大概有一千三四百万。写的内容也很广，我自己曾经归为十个系列，即“周氏兄弟研究”、“中国现代文学史研究”、“20世纪中国知识分子精神史研究”、“毛泽东及毛泽东时代研究”、“中国当代民间思想史研究”、“中国教育问题研究”、“志愿者文化与地方文化研究”、“思想、文化、教育、学术随笔”、“时事、政治评论”、“学术叙录及删余文”。我曾经说过，我这个人只有一个优点，就是勤奋，整天关在书房里写东西，写作的速度超过了读者阅读的速度，以至于我都不好意思给朋友赠书，怕他们没有时间看。在这个意义上，我是为自己写作的，我整个的生命都融入其中，并因此收获丰富的痛苦与欢乐。

这一次将一大堆著作归在一起，却意外地发现了它们之间的内在联系。我的文学史研究、历史研究，关注、研究的中心，始终是人，人的心灵与精神，是大时代里的人的存在，具体的个体生命的存在，感性的存在，我所要处理的，始终是人的生存世界本身，存在的复杂性与丰富性，追问背后的存在意义与人性的困惑。而且我的写作，也始终追求历史细节的感性呈现，具有生命体温的文字表达。这些关注与追求，其实都是文学观照世界的方式。我因此把自己的研究，概括为“用文学的方法研究、书写历史”。

多年来，特别是退休以后，我更是自觉地走出书斋，关注中小学教育、农村教育，地方文化与民间运动，关注的也依然是一个个具体的、有血有肉的生命个体，我和他们的交往也是具体的、琐细的，本身就构成了我的日常生活。同时，我又以一个历史研究者的眼光、思维和方法，去观察、思考、研究他们，在我的笔下，这些普通的乡人、教师、青年……都被历史化、文学化、典型化了。因此，也可以说，我是“用历史与文学的方法研究、书写现实”的。

现在，他们——这些留存于历史长河中的生命，这些挣扎于现实生活里的生命，都通过我的系列著作，奔涌而来。他们中间，有历史大人物，也有民间底层社会的普通人，都具有同样的地位与分量，一起构成了大时代里的个体生命史，一部20世纪的中国精神史，中国“人史”。我所有的研究，所写的上千万的文字，因此构成了一个有机整体，并且都渗透了我自己的个体生命史。

为了能展现这样的属于我自己的研究图景，本系列作品的编选，分为两个部分。第一部分是我的五部代表性研究专著：《心灵的探寻》、《周作人论》、《丰富的痛苦——堂吉诃德和哈姆雷特的东移》、《1948：天地玄黄》、《我的精神自传》，以展示我的学术研究的基本风貌。第二部分是重新编选的文集，计有：《世纪心路——现代作家篇》、《爝火不息——民间思想者篇》、《大地风雷——历史事件篇》、《精神梦乡——北大与学者篇》、《漂泊的家园——家人与乡人篇》、《情系教育——教师与青年篇》。这本身也形成了一个结构：从五四新文化运动的开创者陈独秀开始，到曾经的精神流浪汉、某当代大学博士生王翔结束，我大概写了将近一百位“大时代里的个体生命史”。为便于读者理解我的研究与书写背景，每一卷的开头都有“前言”，主要讲述我和本卷书写对象的关系，借此呈现研究者与研究对象的生命纠结，同时召唤读者的生命投入，以形成所描述的历史、现实人物与作者、读者的新的生命共同体。——这设计本身，就相当的诱人，但却有待读者的检验。

2013 年 3 月

目 录

下编　堂吉诃德、哈姆雷特在中国（20 世纪：20—40 年代）

前言

本书的任务仅在于描述：描述两个文学幽灵跨越几个世纪的门槛，从西方走到东方的故事；描述东、西方各国作家怎样出于对人类（首先是知识分子）某些重大精神命题的共同关怀，按照自己民族文化的传统，自己所处时代的要求，以及个人精神气质的特点，一面接受前人思想、艺术成果，一面又丰富与发展前人的思考，有如思想与艺术接力棒的相互传递，共同创造了两个世界文学的不朽典型的故事。正是这一充满迷惘、痛苦与生命活力的创造过程，把生活在截然不同时空里的几位世界级艺术大师、思想家——从英国的莎士比亚，西班牙的塞万提斯，德国的海涅，俄国的屠格涅夫，到中国的鲁迅，以及他们周围的一大群作家、知识分子连接在一起，从而反映了从17世纪到20世纪人类精神发展、世界知识分子心灵历程的某一个侧面。而20世纪中国知识分子的精神气质，他们与世界知识分子的内在精神联系，将是我们考察与描述的重点，这自是不言而喻的。

在一定程度上，这将是一个艰难而愉快的精神漫游[1]。在旅途中，我们会随时提醒读者注意各种饶有兴味的思想与文学、文化现象；同时也将留下许多引发思考的矛盾与问题，这是我们无力、也不打算解决的。除此之外，似乎还存在着一个奢望：读者在审视本书中将要出现的一个又一个历史巨人与凡人的同时，也重新“认识你自己”。一切不朽的文学典型的再创造是永无止境的，我们都应该是参与者。

准备好了吗？——请上路吧。

注　释

［1］在本书将一再提到的《哈姆雷特与堂吉诃德》的著名演讲里，屠格涅夫曾提道：“歌德说过，‘谁要理解诗人，就一定要进入他的领域’，散文作家是没有任何权利这样要求的；但是他可以希望他的读者（或听众）愿意和他一同漫游——在他的探索中结伴同行。”

上　编

从英国、西班牙到德国再到俄国
（17—19 世纪）

第一章

17 世纪初，一个英国人和一个西班牙人怎样创造了两个自己民族和时代的文学典型。塞万提斯预言，他的堂吉诃德将受到中国皇帝的欢迎。

一切开端都是在不知不觉中发生的，我们的文学旅行的起点也是如此的不起眼：1604 年，英国伦敦书摊上出现了一本题作《哈姆雷特》的四开本的小册子[1]，作者是威廉·莎士比亚。在此之前，他已经创作了《理查三世》、《约翰王》、《尤利乌斯·恺撒》等著名的历史剧，而且已经有了《哈姆雷特》的舞台演出，因此，《哈姆雷特》剧本的出版，并没有引起特别的关注——尽管人们很快会意识到《哈姆雷特》在莎士比亚戏剧体系中所占的中心位置。

一年以后，也即 1605 年，在与英国有着一海之隔的西班牙的首都马德里，出版了一本书，题名很怪，叫做《奇情异想的绅士堂吉诃德·台·拉·曼却》，作者署名为"米盖尔·台·塞万提斯·萨阿维德拉"，是个鲜为人知的名字[2]。这第一版是根据塞万提斯的手稿排印的，排字工人不注意原稿的标点、音符和缀字法，各按自己的习惯排印，错误很多，不得不于同年又出版了第二版，共改易了三千九百二十八处之多[3]。尽管如此，此书出版，还是大受欢迎。各地——葡萄牙、巴塞罗那、巴伦西亚，据说还有安贝瑞斯，纷纷争先排印[4]，十多年内，就印了约一万五千册[5]。但这也带来了厄运：1614年，搭拉果纳街头出现了伪造的《奇情异想的绅士堂吉诃德·台·拉·曼却》第二部，据说是一位名叫“阿隆索·费尔南台斯·台·阿维利亚内达”的先生写的；小说将堂吉诃德写成一个毫无奇情异想的粗狂的疯子，把桑丘·潘沙写成毫无风趣、贪吃多嘴的十足的傻子。如此明显的曲解，使原作者塞万提斯大为恼火，他不能容忍“有个家伙冒称堂吉诃德第二，到处乱跑，惹人厌恶”[6]，在1615年赶紧出版了《堂吉诃德》第二部，不仅写到了堂吉诃德的第三次出行，而且让堂吉诃德与桑丘一起“归来”，亲手将他埋葬了事。第二年（1616年）4月23日，塞万提斯自己也悄然去世，葬在三位一体修道院的墓园里，却没人知道确切的墓址。同一天——也是1616年4月23日，另一颗巨星——莎士比亚也在英国的天空陨落。这历史的巧合，将这两位文学巨人的名字永远地联在一起。塞万提斯大约完全不知道莎士比亚；但据屠格涅夫说，莎士比亚，这位“伟大的悲剧作家，在逝世前三年隐居在他的斯特拉福德的幽静的住宅里时，能够读到那本有名的小说的英译本”，据说还有幅不愧是出于一个画家兼思想家的笔触的图画：阅读《堂吉诃德》时的莎士比亚[7]。不管有没有这样的事实，他们的灵魂的沟通是毫无疑问的。现在，他们双双撒手而去，只把各自的精神产品留给世人——包括那永远解不完的“哈姆雷特”谜与“堂吉诃德”谜。

此时，这两个后来成为人类精神的某种概括，在世界各民族不同时代的读者（特别是知识分子读者）中引起强烈共鸣的文学典型，刚刚被创造出来。最引人注目之处，却是其鲜明的民族的与时代的特色。

人们几乎一眼就看出了这两部著作身上的英国与西班牙文学传统，特别是民间文学传统的印记。在哈姆雷特这位王子嘴里，竟然出现了那么多的民间谜语、谚语、俚语、寓言、民歌、打油诗、《圣经》

故事和古代神话典故，随口而出的，是充满妙趣和才智的双关语，尖刻暗讽、粗憨戏谑的“胡话”，甚至“严酷的猥亵语”[8]，以至后世的许多论者指责莎士比亚笔下的哈姆雷特过于“粗鲁”[9]。剧本还特地安排了戏中戏——民间剧团伶人的演出；在“墓地”一场（第五幕第一场）里，让两位民间戏剧舞台上经常出现的小丑作为掘墓人出场。在《堂吉诃德》里，桑丘的语言几乎是西班牙民间谚语连缀而成，影响所及，后来堂吉诃德自己说起话来，也一改骑士语言的“八股”风，免不了带上民间语言特有的机智与风趣，以至桑丘大为惊诧地说：“老话成串儿说的，这会子不是我了！您一开口就成堆的谚语，比我还连贯！”[10]运用本国民族语言，这大概是一种时代风尚。塞万提斯在小说中借堂吉诃德之口特地说了这样一番话：“古代诗人写作的语言，是和母亲的奶一起吃进去的；他们都不用外国文字来表达自己高超的心思。现在各国诗人也都一样，德国诗人并不因为用本国语言而受鄙薄；西班牙诗人，甚至比斯盖诗人，也不该因为用本国语言而受鄙薄。”[11]小说还在堂吉诃德四处行侠途中不断插入各种似乎与本题无关的故事，尽管不一定都来自民间传说，却使全部小说带上某种民间文学的风貌。作者通过这些大大小小的故事，不断地暗示我们，在西班牙这块土地上，在精神的某些方面类似堂吉诃德的人，是随处可见的。例如，小说第十二章，牧羊人向堂吉诃德等人讲的故事里，村人对牧羊姑娘玛赛媹的执著、痴情的追求——“那些牧羊人这里叹气，那里伤心；这边是热情的恋歌，那边是绝望的哀唱。有人彻夜坐在橡树或岩石脚下，一眼不闭地直流眼泪；早上太阳出来，他还在害相思失魂落魄。夏天有人中午在毒太阳底下，躺在滚烫的沙地上，连连叹气，向慈悲的上天诉苦”，与堂吉诃德对他梦幻中的杜尔西内娅的迷恋有什么两样？难怪作者特意写道，堂吉诃德先生听完牧羊人的故事，就在“屋里学着玛赛媹那些情人一样，彻夜思念他的杜尔西内娅小姐"[12]。故事再说下去，玛赛娅出场，讲明自己的心迹："我生性自由散漫，不喜欢拘束；我的心思只盘旋在这一带山里，如果超出这些山岭，那只是为了领略天空的美，引导自己的灵魂回老家去。"[13]玛赛娅的形象一下子升华到某种精神的象征，村人的"痴心妄想"、"执迷不悟害死了自己"[14]，也具有了某种象征的意义。在小说里，这个"牧羊人追求玛赛娅"的故事（以及其他类似故事）可以看作是堂吉诃德的故事的一个暗示或缩影。堂吉诃德形象也因此不再是一个孤立的存在，而立足于深厚的民族文化的土壤。一位西班牙小说家、戏剧家佩雷斯·加尔多斯（1843—1920）说得好，"只有盛产天才、英雄、圣人和怪物的西班牙，才能为我们提供这类把理智与荒唐，神秘和信念与武士的骄傲集于一身的混血儿"；而作家批评家则说，"这里的一切都具有讽刺意味，这块土地上的人是靠想象生活的"，"塞万提斯同所有伟大的作家一样，在自己民族的文化中还额外地有一番天地，因为他为描绘这一文化模式付出了那么多的心血"。[15]我们也可以用同样的观点来看莎士比亚的《哈姆雷特》：尽管它讲着一个异国的故事，但任何读者都不难从那位丹麦王子身上看出其文化上的英国血统。其实，只要我们闭目一想，眼前那位忧郁的、沉思的、理智地分析一切，谨慎、周密地安排自己的一切行动的丹麦王子，与那位热情洋溢的、冲动的、不计后果的、酷爱冒险的西班牙骑士，很容易就联想起著名的文学史家丹纳和他的《艺术哲学》里对于"缔造欧洲文明的两组民族"的种族特性所作的理性分析：日耳曼民族（英国人，以及我们下面要提及的德国人）作为一个北方的民族"是世界上最勤谨的民族"，"理性的力量大得多"，"他们凭着耐性和思考，适应自然界和人性的规律"，他们行动"深思熟虑"，"他们的才能使他们不受外貌诱惑，而鼓励他们去揭露与挖出隐藏的东西"；而作为南方民族的拉丁民族或拉丁化的民族（西班牙人即属于"拉丁化的民族"）则容易沉于“幻想的波动”，喜欢“精神上先构成一个甜蜜的、销魂的、热情汹涌的梦境”，他们热情、敏感，“行动太迅速，往往趁一时之兴；遇到刺激，兴奋太快太厉害，甚至忘了责任和理性”，等等。[16]在这个意义上，我们说《哈姆雷特》与《堂吉诃德》分别体现了构成欧洲文明的两大民族文化精神，大概是可以成立的。

进一步地分析两部小说的创作过程，也许我们能够更为真切地把握作者写作的原初意图，更具体地认识两部小说与它所产生的时代的关系吧。

先说《堂吉诃德》。小说第九章里曾特意交代“整个故事大约可供两小时的消遣和享受”[17]。可见塞万提斯当初只打算写一个短短的讽刺故事，他在小说第八章结尾就宣布第一部分结束，要人们去看“本书第二部”[18]，第十四章结尾又申明：“故事的第二部分就此结束”[19]。写到二十七章最后，他又郑重地交代“博闻卓识的历史学家熙德·阿默德·贝南黑利在这里结束了他的第三卷”，并要读者继续“看本传第四卷”[20]，但以后的安排中已不再提这一分成四卷的计划，最后第一部结束在第五十二章上。这说明，塞万提斯的小说是随写随编，逐渐将故事延长的；随着写作的进展，全书的构思也有了新的开拓与发展。正如《堂吉诃德》中译本译者杨绛在序言里所说，“塞万提斯创造堂吉诃德并不像宙斯孕育着智慧的女神那样。智慧的女神出世就是个完全长成的女神；她浑身披挂，从宙斯裂开的脑袋里一跃而出。吉诃德出世时虽然也浑身披挂，他却像我国旧小说里久死还魂的人，沾得活人生气，骨骼上渐渐生出肉来，虚影渐渐成为实体”[21]——当然，逐渐充实、成熟的，不只是人物性格而已。

其实，这一切在小说里都是交代得清清楚楚的，“前言”开宗明义就说“这部书是我头脑的产儿”；接着又借朋友之口，点明“这部书是攻击骑士小说的”，“也不准备向谁说教”，“抱定宗旨，把骑士小说的那一套扫除干净”，一定要“消除骑士小说在社会上，在群众之间的声望和影响”，办法只有一条：“摹仿真实：摹仿得愈亲切，作品就愈好。”[22]据说在写作《堂吉诃德》前，塞万提斯曾写过一出滑稽短剧，名叫《民谣幕间曲》，剧本的主人公是一个又笨又傻的农民，民谣歌手演唱的传说使他昏了头，以至于他把自己也看成传说中的某些英雄了；有人认为，这出戏“似乎在几年以前就为《堂吉诃德》勾勒出一个轮廓”，“在号称哀容骑士的吉诃德身上，我们看到了一位真诚专一的读者的全身像，对于他来说，读什么就要信什么……因此（而）产生他对现实的曲解”。[23]这是一个相当真切的观察：在作者的原初构想中，在小说的开始，堂吉诃德确实是一个“文学病”患者，所谓“堂吉诃德气”最显著的特征，就是对于书本（具体地说是风行于时的骑士小说）所构制的虚幻世界的迷恋。小说第一章介绍“著名绅士堂吉诃德·台·拉·曼却的性格”时，就告诉我们，这位原本体格强健，“每天起身很早，喜欢打猎”的绅士，怎样落入骑士小说“绕着弯子打比方”的语言迷宫里，“给这些话迷了心窍，夜里还眼睁睁醒着，要理解这些句子，探索其中的意义。其实，即使亚里斯多德特地为此还魂再生，也探索不出，也不会理解”[24]，最后终于闹到“脑汁枯竭，失去了理性”的地步：“他满脑袋尽是书上读到的什么魔术呀、比武呀、打仗呀、挑战呀、创伤呀、调情呀、恋爱呀、痛苦呀等等荒诞无稽的事。他固执成见，深信他所读的那些荒唐故事都千真万确，是世界上最真实的信史。”[25]而堂吉诃德的失去理性的疯劲儿不仅仅在于他想入非非，以假为真，更在于他“打得算盘自得其乐，急于把心愿见诸实行”[26]。什么是他的行动呢？就是在想象中把风车变成货真价实的巨人，然后也没看清是什么东西，只顾往前冲，结果如何呢？堂吉诃德被实际存在的风车碰得滚翻在地，狼狈不堪。[27]应该说，小说就这样为堂吉诃德的性格与精神定了调，或者说，小说到

第八章就已经基本完成了对堂吉诃德的基本刻画，以后的许多描写，都是在不断加声、加色、加味、强化印象而已。不过，我们还可以再实地考察一次堂吉诃德的英雄行为：小说第一部第十八章写到堂吉诃德与桑丘站在山头上明明很清楚地看见两群羊迎面走来，堂吉诃德却把它们当成了军队——

> 那些看不见而且并不存在的东西在堂吉诃德想象里却历历如睹。他高声说："那边一位骑士穿一身火黄铠甲，盾牌上画着一只戴王冠的狮子蹲伏在一位小姐脚边，那是英勇的银牌大王拉乌咖尔果。那一位铠甲上有一朵朵金花，盾牌是天蓝色的底子，上面有三只银子的王冠；那是吉罗曼夏的大公，威武的米果果兰博。……"[28]
>
> 他就这样随着自己的奇情异想，把臆造的两军将领一一举出姓名，还顺口诌出各人的铠甲、颜色、徽章和标语。他滔滔不绝地说……[29]
>
> 天啊！他说了那么多的地名，举出了那么多的民族！还一口气顺顺溜溜地把各民族的特色都说出来。原来他读了那些谎话连篇的书，整个人都浸透在里面了……[30]

这里，由读书激起的想象，全化作了滔滔不绝的语言；而语言描述本身的雄辩，又在想象中转化为思想，以至现实——尽管是虚幻中的现象，却能够在讲话者自身，甚至听话者那里发生奇妙的功能，产生一种说服力、真实感。对于来自书本的语言的描述本身，越是迷恋，越是坚信不移，这种真实感越强烈，反过来又加强了对语言的描述的迷恋与坚信。这是一个相互支持、相互加强的语言描述的迷宫，陷进去是难以自拔的。而无论是堂吉诃德的想象，还是他的语言、行动，又无一不是对于骑士小说的模仿，尽管堂吉诃德本人的态度十分严肃、认真，甚至有几分虔诚；作者的叙述语调还算平静，但读者却能感觉到一种调侃、戏谑的味道。就在这或严肃或平淡或戏谑性的模仿中，骑士小说自身的荒诞及所造成的灾难性后果，也都暴露无遗、不攻自破了。就是说，骑士小说所制造的语言迷阵，是依靠“模仿”[31]，即原有语言描述模式在另一种时空中的夸大性的重复攻破的；这其中的策略、技巧，由此而达到的超越，即使不说是开拓了文学的新思路，至少是足够后人仔细琢磨的。

到目前为止，出现在我们面前的，是一个可笑的堂吉诃德，也许，他更接近作者的原始构思与宗旨；但随着故事的拉长，作者的构思有了发展，他赋予堂吉诃德形象以新的特色，或者说，他对自己笔下的堂吉诃德又有了新的发现，这是小说的后几部分中一再提醒读者注意的。小说第一部第三十章作者就通过神父之口，明确指出“这位绅士除非触动了他的病根，说的话才荒谬，如果谈别的事，他头头是道，可见他的头脑各方面都清楚、稳健，所以只要不提起骑士道，谁都认为他识见很高明”[32]；在第二部第十七章里，著名的绅士堂狄艾果又这样评价堂吉诃德：“这人说他高明却很疯傻，说他疯傻又很高明”，“他说起话来通情达理，谈吐文雅，讲起来头头是道，而他的行为却莽撞胡闹，荒谬绝伦”。[33]更有趣的是，小说第二部第五十九章里，堂胡安与堂黑隆尼莫两位绅士在区分塞万提斯笔下的堂吉诃德与阿维利亚内达在《奇情异想的堂吉诃德·台·拉·曼却》第二部伪造的堂吉诃德时，提出了一个标准：真正的“堂吉诃德的识见和傻气是混在一起分不开的”[34]。这里所说的高明的谈吐、气度、识见等等，实际上是作家在创造堂吉诃德形象过程中，越来越从堂吉诃德身上发现了自己，他在分析堂吉诃德时，同时也在审视着自己及同时代人，于是便自觉不自觉地将自己与同时代人的许多思想、情感、品性，越来越多地倾注到堂吉诃德的身上，堂吉诃德形象血肉化的过程，成了作家及同时代人和他的人物互相渗透的过程。于是，堂吉诃德的仿佛已经过了时的骑士道里，就吹进了属于作家塞万提斯个人和他所生活的时代的理想与要求之风：在堂吉诃德宣布自己对除暴安良、保护妇女儿童的骑士传统职责的忠实的同时，又一再地高喊“自由是天赐的无价之宝，地下和海底所埋藏的一切财富都比不上。自由和体面一样，值得拿性命去拼。不得自由而受奴役是人生最苦的事”[35]，一再地宣扬“平等”[36]与“正义”[37]。在第一部第十一章里，堂吉诃德更与牧羊人谈到他的“黄金时代”——

> 古人所谓黄金时代真是幸福的时代，幸福的世纪！……那时候的人还不懂得分别“你的”和“我的”。在那个太古盛世，东西全归公有。……那时一片和平友爱，到处融融洽洽。弯头的犁还没敢用它笨重的犁刀去开挖大地妈妈仁厚的脏腑。她不用强迫，她那丰厚宽阔的胸膛，处处贡献出东西来，使她的儿女能吃饱喝足，生存享乐。……那时候，表达爱情的语言简单朴素，心上怎么想，就怎么说，不用花言巧语，拐弯抹角。真诚还没和欺诈刁恶掺杂在一起。公正还有它自己的领域；私心杂念不像现在这样，公然敢干扰侵犯……[38]

这是一个人人劳动、人人平等的，人与人之间、人与自然之间保持着和谐的、道德崇高的、公有制的理想的群体社会。这样的渴望回到人类原始状态的理想，是很容易令人想起塞万提斯的前辈，16世纪英国思想家托马斯·莫尔《乌托邦》一书对未来乌托邦世界的描绘的[39]。据说16世纪和17世纪是历史上探讨乌托邦思想最为兴旺的时期[40]，那么，塞万提斯笔下的堂吉诃德理想中浓重的乌托邦色彩恰恰是反映了一种时代精神的。

在堂吉诃德看来，在他所生活的时代，“世道人心，一年不如一年”[41]，“现在这年头，懒惰压倒了勤快，安逸压倒了勤劳，罪恶压倒了美德，傲慢压倒了勇敢；甚至拿枪杆子的也空谈而不实行了”[42]，可谓道德沦丧，世风日下，重振乾坤的任务就历史地落在他的肩上。于是，这个极富想象力的头脑里，竟产生了这样的奇情异想：“天叫我生在这个铁的时代，是要我恢复金子的时代，一般人所谓黄金时代。各种奇事险遇，丰功伟绩，都是特地留给我的……我是有使命的。我要光复圆桌骑士、法兰西十二武士和世界九大英豪的事业。……我要在当今之世，干大事，立大功，拿出惊人的武力，衬得他们最辉煌的成就都黯然无色。”[43]套用天赋人权的说法，我们可以说是一种天赋使命感，使堂吉诃德的乌托邦的理想追求笼罩着一层神圣的光圈。在人们嘲笑的目光注视之中，堂吉诃德却完成了自我的英雄化。他坦白地告诉人们：“我是个游侠骑士：不是默默无闻那种，却是世世传名、人人效法的模范骑士。”[44]堂吉诃德并且认定：“我们是上帝派到世上来的使者，是为上帝维持正义的胳臂。凡是打仗和一切有关战斗的事，不出汗、不出苦是不行的，所以把战斗当职业的，比平平安安求上帝扶弱济贫的教士显然来得辛苦。……古时候的游侠骑士，一生要忍受许多许多折磨，这是没什么说的。”[45]这跟中国孟夫子“天将降大任于斯人也，必先苦其心志，劳其筋骨，饿其体肤，空乏其身”的说法颇有些类似，不仅是天赋使命，而且是天赋苦难、天赋折磨——堂吉诃德甚至还有一套将苦难神圣化的理论：“这是天意，是命定，是自然之理，尤其是我本人的志愿。……我知道做游侠骑士得吃无穷的辛苦；可是也有无限的快乐。美德的道路窄而险，罪恶的道路宽而平，可是两条路止境不同；走后一条路是送死，走前一条路是得生，而且得的是永生。”[46]这在有些人看来可能是相当奇怪的逻辑，但确确实实是堂吉诃德所说的“把战斗当职业的”战士的哲学。正是这种浪漫主义的苦难哲学、斗争哲学，无限地焕发出了堂吉诃德的勇敢、意志力和忠于信仰的牺牲精神，从而自塑出一个道德完善者的形象，或者说圣徒的形象。——堂吉诃德曾这样谈到他心目中的游侠骑士的道德形象：“宗教和伦理所规定的道德，游侠骑士都该具备……他该对上帝和意中人忠贞不贰；该心念纯洁，谈吐文雅，手笔慷慨，行为勇敢，碰到困难该坚韧，对穷人该仁慈；还有一点，他该坚持真理，不惜以性命捍卫。”[47]他还这样表白自己：“我干这个事业不为钱财，重的是名誉。……我的爱情不出于色欲，而是高尚纯洁的心向神往。我处处蓄意行善，一言一行只求于人有利无害。”[48]显然，道德的崇高感给堂吉诃德的战斗哲学涂上了英雄主义的神圣灵光，这自然有一种宗教的意味，既是世俗的宗教化，又是宗教的世俗化。

细读作品不难发现，堂吉诃德的形象日趋血肉化的同时，小说中另一个形象也从无到有，逐渐取得了与堂吉诃德相对比、平衡的地位。我们说的自然是他的忠实仆人桑丘·潘沙。尽管我们无法确认，作者最初的艺术构思里，有没有桑丘这个人物[49]；但在堂吉诃德第一次离乡出行时没有带上侍从却是事实，经店主提醒，“不带侍从的骑士是很少的”，堂吉诃德在第二次出游时才雇用了桑丘。作者最初对桑丘的描绘，似乎也漫不经心，随意在他肖像上画了一个大肚子、矮个子、两条长长的小腿[50]，后来竟再也不提及长腿了，可以推想，桑丘刚出场时，他在作家头脑中恐怕还没有成形。但待到桑丘在书中立住了脚，就怎么也赶不走了。到小说第二部，在旁观者的眼中，“两人竟是一个模子里打造出来的。主人的疯要没有配上佣人的傻，就一文不值了”[51]。桑丘是个什么样的形象？桑丘说他自己“确是有一丁丁点儿刁，也有几分浑，不过我那股淳朴天真的傻气像一个大斗篷似的，把什么都遮盖了”[52]，堂吉诃德则说，“从来游侠骑士的侍从里，没有一个像桑丘·潘沙那样有趣的，他有时候傻得调皮，要捉摸他究竟是傻是乖，也大可解闷。他要捣起鬼来就是个浑蛋；他没头没脑又分明是个傻瓜。他什么都怀疑，又什么都相信。我正以为他笨透了，他忽又说些极有识见的话，好像很高明”[53]。桑丘正是我们这块大地上土生土长的尤物，既落后愚昧，又充满了智慧，还带上几分狡黠：他的平凡、现实、世俗，与英雄化的、浪漫的、半宗教化的堂吉诃德，既是对比、映照，又是补充；而桑丘本人却又一再泪流满面地对着堂吉诃德指天发誓“我愿意跟您走……我愿意死心塌地地侍候您”[54]，这同样是十分要紧的。不过，到了小说第二部，堂吉诃德与桑丘之间，似乎发生了某种渗透，或者说是堂吉诃德向桑丘靠拢了。这说起来有些奇怪，却又是可以理解的。堂吉诃德诚然举止崇高，作为英雄化，绝非有几分卑琐的桑丘所能比；但他却怎么也无法回避一个事实：几乎每一次辉煌的战斗，都以他的实际失败告终，胜利只存在于他的头脑的想象中。“奇情异想”的堂吉诃德终于成了“哭丧着脸”的“骑士”，以至到小说结束时，大夫对堂吉诃德的最后诊断竟然说：“忧郁是他致命的病源。”[55]这个忧郁的西班牙骑士与我们马上就要展开讨论的忧郁的丹麦王子之间，竟然有了某种精神气质上的相通。于是，自我怀疑的种子就在堂吉诃德心灵深处偷偷萌发起来——堂吉诃德的内心世界这一隐蔽、微妙的变化，恐怕连作者也未必自觉意识到；但在小说第二部第三十二章里，我们却读到了这样真实的描写：当公爵夫人对堂吉诃德当面点破“您从没见过杜尔西内娅小姐；世界上压根儿没这个人，她只是您的梦中爱宠，她的十全十美都是您任意渲染”时，堂吉诃德竟然回答：“世界上有没有杜尔西内娅，她是不是我臆造的，谁知道呢？这种事情不该追根穷底。”[56]尽管此时的堂吉诃德仍然坚持“我心目中分明看见那一位可以举世闻名的小姐”[57]，但至少可以说他对于他的理想的对象存在真实性的信念是发生了动摇的。实际上在此之前，即小说第二部第八章里，主仆间就已经有了这样的对话——

> 桑丘：“您单枪匹马去和那个军队交手，不是勇敢，只是鲁莽啊。假如您还不肯罢休，那么请瞧瞧，他们队里虽然有帝王和各种首脑，却没有一个能做您对手的游侠骑士呀；这总可以叫您别再上前了。”
>
> 堂吉诃德说：“桑丘，你这话正说到筋节上，既有力，又有理，我就回心转意听你的了。我跟你讲过好几遍，我不能和没封骑士的人交手，那是不合规矩的。桑丘，人家欺负了你的灰毛儿，你要报复是你的事。我可以在这儿为你呐喊助威，还帮着出主意。”
>
> 桑丘答道：“先生，我不用对谁报复，受了欺侮报复的不是好基督徒，我还要和我的灰驴讲明，它受了委屈得听我作主，我的主张是和和平平过一辈子。”
>
> 堂吉诃德说：“桑丘啊，你是个好人！你是个聪明人！你是个名副其实的基督徒！你是个老实人！你既是抱定这个主意，咱们就撇下这群鬼怪吧……”[58]

尽管堂吉诃德仍然坚持他的骑士规矩，但他向桑丘的靠拢也是明显的，至少不像原先那样自信和固执己见了吧？

于是，我们听到堂吉诃德这样介绍自己：“我是一个跨上坐骑，冒险探奇的游侠骑士。……我离开了家乡，抵押了家产，抛弃了舒服的生活，把自己交托给命运，由它摆布。”[59]这里其实是内含着一种漂泊感的。特别在遭到命运的一再播弄时，他不能不感到一种失望与疲惫。一次堂吉诃德清晨去叫桑丘，发现他在打鼾，且不叫醒他，只赞叹说："哎，你呀，真是世界上最有福气的人，你不嫉妒人，也没人嫉妒你，你安心睡觉，魔术家不害你，魔术也不搅扰你……你不受雄心大志的驱策，也不受世俗虚荣的摆布……"[60]这赞叹诚然是真诚的，又何尝不饱含回顾自我时的某些辛酸！到小说第二部的后半部，当桑丘劝说堂吉诃德不要那么拼命，"您听我的话，吃点儿东西，在这片草地上睡一会儿"时，堂吉诃德竟然觉得"桑丘这番话并不傻，颇有明哲保身的道理就采纳了"。[61]这都表示着堂吉诃德内心的微妙变化。其实，小说第一部写到牧羊女玛赛娅宣称她的心思超越于山岭，是为了"引导自己的灵魂回老家去"[62]时，就已经暗示着某种结局。因此，故事发展到最后，当桑丘终于下定决心，辞去总督职务（这是桑丘中了堂吉诃德的邪，唯一做过的梦，似乎曾经实现，而终不免破灭）时，他的感觉是"蚂蚁长了翅膀飞在空中，就会给燕子等小鸟吃掉；我现在把身上的翅膀撇在这个马房里，重新脚踏实地了"[63]，而堂吉诃德也终于跟着桑丘，回到家乡，决心"改行做朴实的牧羊人"[64]——从根底上说，这是还原：由高翔于天空还原于坚实的大地，由英雄还原于凡人，由"堂吉诃德·台·拉·曼却"还原为"为人善良，号称'善人'的阿隆索·吉哈诺"[65]，正如参孙写的墓志铭里所说，"一生惑幻，临殁见真"[66]，说到底，还是还原于真实：不加任何涂饰的人生、社会、人性的真实。这时候，你会感到，一种难以言说的悲悯感油然而生。

然而，关于塞万提斯和他的刚诞生的《堂吉诃德》，我们也许说得已经够多，还是转过来谈谈《哈姆雷特》吧。那位丹麦王子早已急不可耐地要求登场了。

如果说塞万提斯的《堂吉诃德》写作本身有一个由短到长、从单纯到繁复的发展过程，其写作的原初意图与发展了的艺术构思的秘密即隐藏于这变动之中；莎士比亚的《哈姆雷特》则原有所本，我们可以通过剧作者对原本（故事渊源）的改造，去窥探其创作的动因与追求。

这已经是学术界人所共知的常识——莎士比亚《哈姆雷特》故事渊源有二：一是丹麦历史学家萨克索·格拉马狄库斯在1200年前后写的《丹麦史》3—4卷中的“阿姆莱特传”（实际上，有关故事早在基督教传入丹麦即827年以前，就在民间广泛流传），二是意大利作家班戴洛在16世纪写的《短篇小说集》第4卷中关于阿姆莱特传说的记载与描述（法国贝尔福雷翻译之后作为己作收入他的《悲剧故事集》第5卷，于1576年出版；而在贝尔福雷《悲剧故事集》第1卷出版八年后，英国的芬顿和佩因特就分别以《悲剧的故事》和《淫乐的宫廷》为书名出版了班戴洛小说的英译本）——在上述“阿姆莱特”的传说中已经有了后来的《哈姆雷特》基本情节的雏形：“叔父杀兄娶嫂夺位，用美人计、听墙根、借英王之手加害等计策对付侄子”，而丹麦王子则“用装疯、刺杀、争取母亲、掉包计等手段还击叔父”，最后复了仇。[67] 而现代评论家又一致认为，莎士比亚《哈姆雷特》的蓝本，是16世纪八九十年代在英国舞台上演出的同名剧本，史书上称它为“原始的《哈姆雷特》”，其作者很可能是托马斯·基德。这“原始的《哈姆雷特》”本尽管已经失传，但人们仍然从一些旁证材料中得知，其中出现了原传说中所未曾有过的新角色：鬼魂。而事实上，在莎士比亚创作《哈姆雷特》之前，已经形成了以托马斯·基德的《西班牙悲剧》为范本的复仇悲剧的一套模式。研究者们曾作过这样的概括、描述——

> 开端起于阴谋性的暗杀，宣告暗杀的是悲剧开场出现的鬼魂。鬼魂嘱咐亲人替他报仇。复仇者面对有权有势的杀人犯，起头先装疯以待时机，他在复仇过程中遇到重重障碍，在达到

目的之前必须将其一一排除。同时杀人犯也处处设防，他对复仇者心怀疑惧，费尽心机要消除隐患。基德给复仇戏也加进了爱情因素；当时许多戏中，爱情纠葛写得花样翻新，甚至有复仇者爱上仇人女儿的巧合。戏中戏也是基德的贡献；所谓戏中戏，指戏中人物在演戏过程中暂时作一会儿观众，观看与剧情有关的另一出戏。复仇悲剧的结局，一般是搞阴谋诡计的恶人到头来陷人害己。[68]

无须多加论证，即可看出，莎士比亚基本上是原封不动地沿用了复仇悲剧的全套模式；而这套模式又是在长期的历史过程中逐渐积累形成的，是各个不同国家、民族（丹麦人、意大利人、法国人、英国人）共同参与创造的产物，在这个意义上，可以说，莎士比亚的《哈姆雷特》从其创造开始，就具有一种国际性，后来莎士比亚笔下的丹麦王子走向世界，几乎是命中注定的。

但莎士比亚仍有自己创造性的改造、发挥，《哈姆雷特》在根本性质上是他个人的天才创造。研究者首先发现，“丹麦王子复仇”的原型故事与模式中，“只有一条复仇线索，即王子向叔父报杀父之仇，是单线直叙”，而莎士比亚则“在结构上增添了两个人物，从而将一条复仇线扩充为三条”，加上了被哈姆雷特误杀的谋臣之子雷欧提斯要报父仇的副线，与挪威王子福丁布拉斯因其父亲在与哈姆雷特父亲决斗中被杀，而要向丹麦复仇的副线[69]——在我们看来，莎士比亚的这一情节与人物的新设计，意义是超过了戏剧结构本身的；或许我们正可以从这里切入，去窥探与把握莎士比亚创造《哈姆雷特》的独特追求。

在剧本第四幕第四场结尾的独白中，哈姆雷特曾将自己与挪威王子（在一定程度上也包括雷欧提斯在内）作了这样的对比——

上帝造我们，给我们这么多智慧，
使我们能瞻前顾后，决不是要我们
把这种智能，把这种神明的理性
霉烂了不用啊。可是究竟是由于
禽兽的健忘呢，还是因为把后果
考虑得过分周密了，想来想去，
只落得一分世故，三分懦怯——
我实在不知道为什么一天天过下去
只管在口里嚷“这件事一定要做”，
而明明有理由、有决心、有力量、有办法
叫我动手啊。天大的榜样在教我呢。
看这支多么浩浩荡荡的大军，
统领是一位娇生惯养的小王子，
神圣的雄心鼓起了他的精神，
断然蔑视了不能预见的结局，
全不顾吉凶未卜，安危难定，
不惜拼血肉之躯，冒生命之险，
哪怕就为了个鸡蛋壳！要真是伟大
并非是没有大事情就轻举妄动，
可是在荣誉要受到危害的关头，
哪怕为一根草也该大大的力争。
我呢，我父亲被害，我母亲受污，
搅得我心脑冒火，血液沸腾，
我却让一切都睡觉，我哪儿有面目
看这么两万人却不惜一死，就要去
为了一点点幻梦、一点点虚名、

进坟墓只当上床铺，就要去争夺
一块小地方，哪怕它小到容不下
这些人当战场，也不够当坟地来埋葬
阵亡的战士呢！啊，从今以后，
我的头脑里只许有流血的念头！[70]

人们一眼看出，这位“为了一点点幻梦、一点点虚名”，“不惜拼血肉之躯，冒生命之险”的“娇生惯养的小王子”，正是“过去”的哈姆雷特，传统故事与复仇悲剧模式里的骑士英雄，人们因此在某些方面甚至看见了堂吉诃德的身影，这也是很自然的。而且，这一传统的骑士形象至今仍在影响着莎士比亚刚刚创造出来的这位丹麦王子，至少给他心理上以压力，使他在挪威小王子面前感到自惭形秽；但无论如何，他仍然意识到了（尽管用着一种自责的口吻）自己的不同存在，而这一点恰恰是最为重要的——它意味着，莎士比亚的哈姆雷特已经从传统复仇骑士形象中分离出来，具有了独立的形态与价值。

挪威王子以及雷欧提斯所代表的传统骑士终不免是感情的奴隶，相反，哈姆雷特首先是一个他自己所说的上帝赋予人的神明的理性、智慧的产物与化身，更准确地说，他自觉地追求做“感情和理智相称的一种人”，如他在第三幕第二场对霍拉旭所说，这种人“并不做命运所吹弄的笛子 / 随她的手指唱调子”[71]——要有自己独立的思考、独立的选择，从而发出仅仅属于自己的独立的声音[72]。这样，莎士比亚就赋予他的哈姆雷特以知识分子的特殊品格与气质，如哈姆雷特在第三幕第一场的著名独白（“活下去还是不活”）里所说，“决断决行的本色 / 蒙上了惨白的一层思虑的病容”[73]。从此，哈姆雷特便与世界各民族、国家的知识分子共命运，成为他们自我审视、自我批判的一面镜子。哈姆雷特自己在第三幕第二场与伶人的谈话中，即已明白宣告："演戏的目的，从前也好，现在也好，都是仿佛要给自然照一面镜子，给德行看一看自己的面貌，给荒唐看一看自己的姿态，给时代和社会看一看自己的形象和印记。"[74]这自然也包括知识分子自身在内。

于是，同样是复仇，挪威王子与莱阿替斯都只看到复仇本身，即将其看做纯粹私人与家庭的恩怨，如莱阿替斯所一再强调的，"我只要为父亲/痛痛快快的报仇"，"我只找他仇人算账"[75]，复仇就是一切。而哈姆雷特的思虑则要深广得多，他关注并为之焦虑不安的，是"杀父之仇"背后的更加深刻的灾难与危机。最初他目睹父王猝死、母叔成婚和奸王篡位的惨变，他的忧虑就已经超越事变本身而进入对人世的怀疑："人世间醉生梦死的一套/是多么无聊，乏味，无一是处！/呔！呔！这是个荒废的花园，/一天天零落；生性芜秽的蔓草/全把它占据了。"[76]而他对父亲的鬼魂揭露真相、面嘱复仇的第一个反应，却是："时代整个儿脱节了；啊，真糟，天生我偏要我把它重新整好！"[77]——他铭刻于心的，不是个人与家族的怨仇，而是由此（个人与家族的不幸）及彼的对于时代危机的体认，以及自我对于时代、历史的使命的自觉。在这一点上，莎士比亚笔下的哈姆雷特与具有天赋使命感的塞万提斯的堂吉诃德确有相通之处。而他此后的装疯，在某种意义上，是一个对于惨变、罪恶进行更加深入、更加超越，因而也是更加清醒的审视的过程（这里，外表的疯狂与内质的清醒形成一种张力，中国的读者很自然地要联想起鲁迅的《狂人日记》)。于是，在第二幕第二场的著名独白里，哈姆雷特终于发出了对于人文主义者的"自然"、"宇宙"、"人"的观念（这原也是他自己的信念）的怀疑："这一片罩在头顶上的豪华的苍穹，这一层镶嵌了金黄色火点子的房顶，啊，我觉得也无非是一大堆结聚在一起的乌烟瘴气。人是多么了不起的一件作品！理性是多么高贵！力量是多么无穷！仪表和举止是多么端整，多么出色！论行动，多么像天使！论了解，多么像天神！宇宙的精华！万物的灵长！可是，对于我，这点泥土里提炼出来的玩意儿算得了什么呢？人，并不能使我欢喜。”[78]——对于人自身的怀疑与绝望，大概是装疯时期的哈姆雷特思虑的中心；因此，当他半疯半真地问莪菲丽雅：“你贞洁吗？”“你美丽吗？”时[79]，其实，他也是这样问人自身也问自己的。这就是说，哈姆雷特的知识分子的怀疑思维，自身逻辑的发展，也必然导向对自我的怀疑与否定。因此，哈姆雷特在问过莪菲丽雅以后，紧接着又说了这一番话：“我还能指出我的许多罪名，真害得我但愿我的母亲当初还是不要生我出来的好”，“像我这种家伙，乱爬在天地之间，有什么事好做呢？我们都是十足的流氓；一个也不要相信我们”[80]，不仅活着无事可做，连生出来也是一种错误，对自我生存意义、价值的怀疑已达于极点。这样，哈姆雷特就由一场普通的、在那个时代应该是司空见惯的宫廷惨变的切身的痛苦感受，上升到理性的怀疑与否定：不仅是对人世，对人、宇宙，更是对自我的彻底怀疑与否定。于是，哈姆雷特不仅远远脱离了那些仅有匹夫之勇的传统骑士英雄，而且在一定程度上超越了崇拜人与自我的理想主义、浪漫主义的知识分子（他自己本也属于这样的知识分子世界）——他几乎超前了几个世纪。他的长久的魅力也在于此。

站在这样的怀疑主义的认识高度去看待复仇，哈姆雷特的立足点与态度，自然也迥别于那位挪威王子与谋臣之子莱阿替斯。我们已经说过，对于挪威王子与莱阿替斯来说，复仇就是一切；莱阿替斯就这样直言不讳地高喊：“忠心，滚进地狱去！信誓，叫魔鬼抓去！/仁义道德，直落到无底的洞里去！/我不怕自己下地狱。我意志坚定，/上天也罢，入地也罢，我不管，/有什么尽管来什么，我只要为父亲/痛痛快快的报仇！”“除开我自己的意志，谁也休想！”[81]这就是说，只要达到复仇的目的，可以不择手段，不计后果；在莱阿替斯看来，复仇是非道德、非理性的，是自己的意志决定一切的。因此，莱阿替斯要将他的复仇借助于非理性的群众暴力（剧本中对此有过一个形象的描述："海洋涨起来，涌过了四周的堤岸，/ 席卷附近的平地，来势汹汹"，"什么古风、旧制、老规矩，全忘了 / 一切都自作主张"[82]），几乎是必然的。但哈姆雷特却偏偏要用理性之光去观照复仇，他就不但只能是个人的复仇，而且不能不瞻前顾后。剧本中写到哈姆雷特对父王鬼魂的控诉与复仇要求在第三幕第二场戏中戏中僭王露出真相之前，都是半信半疑的，他说他害怕"所看见的那个鬼也许是魔鬼"，会"趁我的软弱，我的忧郁"，"骗我去害人害己"，因此他还要搜寻确实的证据（见第二幕第二场）。[83]哈姆雷特关于害人害己的顾虑，正是说明他在内心深处对以血还血的复仇本身可能造成害的负面，是有所考虑的。这在他要不要向母后复仇这一问题上暴露得更为清楚。在第三幕第二场结尾哈姆雷特决定找母亲谈话前有一段独白，他一面强烈地感觉到自己内心不可扼制的复仇欲望——"我简直喝得下热血 / 干得出青天白日所不敢正视的 / 狠极的勾当"（人们不难从哈姆雷特的自述里感觉到他本性中对复仇的狠极这一面的排拒），另一面他又竭力控制这种复仇欲望，特别是不要让复仇之火投向母后，他警诫自己："我的心可不要迷失本性；不要让 / 尼罗（古罗马杀母暴君。——引者注）的灵魂钻进我坚定的胸怀。/ 我尽管凶狠，可不要变成忤逆；我对她，口要出利剑，手不用尖刀。我就在这一件事情上表里不一吧。"[84]这至少说明，哈姆雷特采取刀刃见血的复仇手段是带有很大的被动性的，他的本性是更倾向于爱（不只是对母亲的爱）的，这与莱阿替斯不择手段地达到复仇目的，不惜让"仁义道德，直落到无底的洞里去"的立足点是迥然不同的。因此，当哈姆雷特在前文引述的第四幕第四场的独白里，将自己与挪威王子作比较时，首先发现的是，挪威王子对于复仇仅为“争夺一块小地方”，“它小到容不下这些人当战场，也不够当坟地来埋葬阵亡的战士”，是毫无顾忌的，他“断然蔑视了不能预见的结局，全不顾吉凶未卜，安危难定”[85]；而哈姆雷特自己，恰恰是过分周密地考虑复仇的后果，也即考虑采用以血还血的暴力（哪怕是合理的、必要的暴力）可能产生的后果而变得犹豫不决，即所谓“落得一分世故，三分懦怯”的。从此，对于复仇行动后果的疑虑，就成为哈姆雷特式的知识分子的一个传统命题。

而哈姆雷特的思虑并不限于复仇本身。对于他来说，复仇仅是反抗现实的一种手段，因此，他要考虑的是，如何活在这个世界上也即对现实人生应采取什么态度这一人生哲学的根本选择。这才有了第三幕第一场的独白：“活下去还是不活，这是问题。”按照哈姆雷特自己的解释，所谓“活下去”就是“忍气吞声 / 来忍受狂暴的命运矢石交攻”，“忍受人世的鞭挞和嘲弄”，“忍受压迫者虐待，傲慢者凌辱”，“忍受失恋”以及其他一切痛苦；所谓“不活”，就是“挺身反抗无边的苦恼”，最后走向死亡。人们似乎很容易就拒绝了前者——那是一种苟活；而后者，通过反抗、牺牲，达到最后的了结——如哈姆雷特所说：“死，就是睡眠”，“而如果睡眠就等于了结了 / 心痛以及千百种身体要担受的 / 皮痛肉痛，那该是天大的好事，/ 正求之不得啊！”也就是说，人们是怀着将有结束一切矛盾与痛苦的最终结局的幻想，而自愿地作出了反抗而牺牲、死亡的选择的（在他们看来，反抗而牺牲是通往最终理想结局的必由之路）。但哈姆雷特恰恰对这一选择的前提提出了质疑。他尖锐地指出，所谓睡眠、死亡将一了百了地结束人的一切痛苦（“心痛”与“皮痛肉痛”），仍然是一个梦。而哈姆雷特的踌躇正在这里：他不愿意做梦，无论是尘世的梦，还是死的睡眠里的梦。他宁愿正视：人世“无边的苦恼并未因死亡、睡眠而结束”。他丝毫也不隐讳自己的担心：“一死就去了没有人回来的那个未发现的国土”，可能隐藏着“另一些未知的苦难”。他因此而发生了意志动摇，因为在他看来，“还不知会怎样”的未来比之“目前的灾殃”是更为可怕的。这样，当哈姆雷特清醒地粉碎了“未来是一劳永逸地结束痛苦的天堂”的幻想（堂吉诃德的“黄金时代”也是这样的“天堂”）以后，“活下去还是不活”，即“忍受”还是“反抗”的选择，就成了“忍受目前的灾难”还是“投奔另一些未知的苦难”之间的选择，这是典型的两难选择：无论选择什么，最终都是绝望。哈姆雷特说：“本可以轰轰烈烈的大作大为，/由于这一点想不通，就出了别扭，/失去了行动的名分。”[86]可见，所谓哈姆雷特的忧郁、犹豫不决、缺乏行动性，正是根源于他对未来未知的苦难的疑惧、清醒与正视——这才是典型的哈姆雷特式的命题。这也正是哈姆雷特的真正的人格和事业所在——正因为彻底抛弃了一劳永逸地结束一切矛盾与痛苦的自欺欺人的精神幻梦，用彻底怀疑的眼光看待已知与未知的一切，就永远不会停止知识分子的独立思考、探索与追求。这样，哈姆雷特式的命题也就必然成为人类一切时代、一切国家、一切民族自觉的知识分子共同的命题；由此而产生的丹麦王子的忧郁、犹豫——哈姆雷特式的精神痛苦与气质，也必然在人类一切时代、一切国家、一切民族自觉的知识分子的共同参与中不断得到丰富与发展。也就是说，当伟大的莎士比亚将他的哈姆雷特从传统的复仇骑士英雄中分离出来，创造出一个具有全人类性的多思、忧郁的知识分子的典型时，就已经预示了他以后的历史命运。

但丹麦王子本人却未曾预料到这一切；因此，在他离开这个充满苦难的世界，走向充满未知的苦难的那从未发现的国土时，他却恳求他的好友霍拉旭：“忍痛在这个冷酷的世界上留口气讲我的故事”，“把我的人格和我的事业，好好对不明真相的讲讲吧”[87]——对于这位追求真实的丹麦王子，不明真相，留下一个被歪曲的自我形象，是死不瞑目的。

有趣的是，塞万提斯的那位西班牙骑士也是很关心自己的故事的流传的。在下册第十六章里，堂吉诃德曾对一位旅客说："我干了这许多又勇敢又慈悲的事，人家认为值得写在书上，遍传世界各国。我那部传记已经印出三万册了。假如上天许可，照当前这个趋势，直要印到三千万册呢。"[88]这自然带有一点自我吹嘘的成分，但确实有一点世界眼光，倒也符合堂吉诃德的骑士派头。在第二册的《献辞》里，塞万提斯干脆宣布："四方各地都催着我把堂吉诃德送去"，"最急着等堂吉诃德去的是中国的大皇帝。他一月前特派专人送来一封中文信，要求我——或者竟可说是恳求我把堂吉诃德送到中国去，他要建立一所西班牙语文学院，打算用堂吉诃德的故事做课本；还说要请我去做院长"云云。[89]这自然是一个国际玩笑，是文人惯弄的涉笔成趣的文字游戏。但据认真的学者的严肃考证：1612年（明神宗万历四十年）中国皇帝曾委托某一位教士带给西班牙国王一封信；那么，这位落魄的西班牙文人的戏言还是有一点根据的。[90]其实，自从马可·波罗到中国，他的游记向西方人展示了一个拥有高度文化的东方民族，神秘的中国就引起了西方知识分子的浓厚兴趣。他们最初对中国的了解完全凭借传教士（主要是耶稣会传教士）从中国带回的第一手资料。一本题为《耶稣会在华开教史》的小册子（金尼阁著，这是一篇根据利玛窦的手稿译成拉丁本的前言）在欧洲大陆曾风行一时，就是与《堂吉诃德》第二部同年出版的[91]。至于中国文学与哲学对18世纪法国启蒙运动、英国文学的影响，那都是后话。塞万提斯却在17世纪初，就预言中国会接受他的堂吉诃德，并提出了在中国建立西班牙语文学院的设想，这也算是他的奇情异想吧。而没有这类奇情异想，大概也不会有真正的文化交流。

不过，我们在《堂吉诃德》和《哈姆雷特》这里逗留的时间似乎太长了点。还是闲话少叙，继续我们的文学漫游吧。

注 释

［1］ 1604年出版的《哈姆雷特》在莎士比亚研究学术界一般称为“第二四开本”或“好四开本”，1603年还出版过“第一四开本”（又称“坏四开本”），据专家研究，这是一个根据在此之前已有的演出草率整理而成的剽窃本。

［2］ 在《堂吉诃德》出版前，塞万提斯曾写过牧歌体传奇《咖啦泰》第一部（1585年），剧本《努曼西亚》（1584年）等，但都没有引起什么社会反响。

［3］ 杨绛：《堂吉诃德》“校订本译者前言”，《堂吉诃德》校订本上册，人民文学出版社，1987年，第1页。以下凡引《堂吉诃德》均据此版本。

［4］《堂吉诃德》下册。

［5］ 据杨绛为《堂吉诃德》下册第25页所作注。到了下册第16章，堂吉诃德又宣布：“我那部传记已印了三万册了。”

［6］《堂吉诃德》下册。

［7］ 屠格涅夫：《哈姆莱特与堂吉诃德》，尹锡康译，《莎士比亚评论汇编》上册，中国社会科学出版社，1979年，第480页。

［8］ 彼得·亚历山大：《莎士比亚的生平和艺术》，纽约大学1967年版，第66页，转引自孙家琤：《莎士比亚的〈哈姆雷特〉》，收《外国文学研究集刊》（六），中国社会科学出版社，1982年，第50页。

［9］ 转引自孙家琤《莎士比亚的〈哈姆雷特〉》。

［10］《堂吉诃德》下册，第489页。

［11］ 同上书，第116页。

［12］《堂吉诃德》上册，第85页。

［13］ 同上书，第103页。

［14］ 同上书，第102页。

［15］ 转引自哈利·列文《堂吉诃德原则：塞万提斯与其他小说家》，北师大中文系编《比较文学研究资料》，北京师范大学出版社，1986年，第358、359页。

［16］ 丹纳：《艺术哲学》，傅雷译，人民文学出版社，1963年，第153—157页。

［17］《堂吉诃德》上册，第63页。

［18］ 同上书，第62页。

［19］ 同上书，第 105 页。
［20］ 同上书，第 242 页。
［21］ 杨绛：《堂吉诃德》“译者序”，《堂吉诃德》校订本上册，第 11 页。
［22］《堂吉诃德》上册，第 9 页。
［23］ 转引自哈利·列文《堂吉诃德原则：塞万提斯与其他小说家》，《比较文学研究资料》，第 352、357 页。
［24］《堂吉诃德》上册，第 12 页。
［25］ 同上书，第 13 页。
［26］ 同上书，第 14 页。
［27］ 同上书，第 54、55 页。
［28］ 同上书，第 131 页。
［29］ 同上书，第 132 页。
［30］ 同上书，第 133 页。
［31］ 在小说下册一位表亲对堂吉诃德说：“我还有一部破天荒的奇书，可称为《变形记，或西班牙的奥维德》。我用俳谐的笔法，仿照奥维德那部名著，化正经为滑稽……”（《堂吉诃德》下册，第 163 页）这其实也可以看做是塞万提斯本人的自白。
［32］《堂吉诃德》上册，第 276 页。
［33］《堂吉诃德》下册，第 126 页。
［34］ 同上书，第 431 页。
［35］《堂吉诃德》下册，第 413 页。“自由”是堂吉诃德的一个基本观念，在小说中他不断地提及对于“自由”的向往与追求。参看《堂吉诃德》下册第 29、103、173、177、208、272、413、425 页，上册第 293、478 页。
［36］ 如，堂吉诃德在与牧羊人同席时看见桑丘站着，就对他说：“我要你和他们几位同席，坐在我身边，和自己的主子不分彼此，同在一个盘儿里吃，一个杯子里喝。据说，恋爱‘使一切平等’，这话对游侠骑士道也照样适用。”（《堂吉诃德》上册，第 73 页）有关“平等”的追求，可参看上册第 249、267 页，下册第 41 页。
［37］《堂吉诃德》上册。第 54 页。
［38］ 同上书，第 74—75 页。
［39］《乌托邦》成书于 1515—1516 年，其主要原则是实行财产公有，分配上实行平等，反对区分“你的”“我的”，允许人们按照自然的规律去生活等，都与堂吉诃德前述“黄金世界”类似。参看〔美〕赫茨勒：《乌托邦史》，张兆麟等译，商务印书馆，1990 年，第 131、132、137 页。

[40] 参看赫茨勒《乌托邦思想史》，第 173 页注③。
[41]《堂吉诃德》上册，第 75 页。
[42]《堂吉诃德》下册，第 13 页。
[43]《堂吉诃德》上册，第 147 页。
[44] 同上书，第 437 页。
[45] 同上书，第 88—89 页。
[46]《堂吉诃德》下册，第 48 页。
[47] 同上书，第 131 页。
[48] 同上书，第 233 页。
[49]《堂吉诃德》的中译本译者杨绛在所写的《序》里断定："桑丘这个侍从是临时想出来的，而桑丘是何形象，作者当初还未有确切的观点。"(《堂吉诃德》上册，第 11 页)
[50]《堂吉诃德》上册，第 65 页。
[51]《堂吉诃德》下册，第 19 页。
[52] 同上书，第 58 页。
[53] 同上书，第 241 页。
[54] 同上书，第 64 页。
[55] 同上书，第 522 页。
[56] [57]《堂吉诃德》下册，第 239 页。
[58] 同上书，第 81—82 页。
[59] 同上书，第 112 页。
[60] 同上书，第 145 页。
[61] 同上书，第 425 页。
[62]《堂吉诃德》上册，第 103 页。
[63]《堂吉诃德》下册，第 387 页。
[64] 同上书，第 518 页。
[65] 同上书，第 522 页。
[66] 同上书，第 526 页。
[67] 参看徐克勤《哈姆雷特(丹麦王子杀叔报父仇)》，陕西人民教育出版社，1989 年，第 2、3—4 页。
[68] 参看阿尼克斯特《丹麦王子哈姆雷特》，俄译《莎士比亚全集八卷》第 6 卷后附，苏联国家艺术出版社，1960 年。转引自徐克勤《哈姆雷特(丹麦王子杀叔报父仇)》，第 5—6 页。

［69］参看徐克勤《哈姆雷特（丹麦王子杀叔报父仇）》，第2、3—4页。

［70］《哈姆雷特》，卞之琳译，人民文学出版社，1956年，第130—131页。以下凡引《哈姆雷特》，均据此版本。

［71］《哈姆雷特》，第89页。

［72］剧本中一再出现"笛子"的意象。在第三幕第二场里，哈姆雷特对充当僭王暗探的纪尔顿斯丹说："你们以为我比一管笛子还容易吹弄吗？随你们叫我是什么乐器吧，你们只能撩拨我，可不能玩弄我。"（第103页）

［73］《哈姆雷特》，第81页。

［74］同上书，第87页。

［75］同上书，第139页。

［76］同上书，第11页。

［77］同上书，第43页。

［78］同上书，第63页。

［79］同上书，第82页。

［80］同上书，第83页。

［81］同上书，第139页。

［82］同上书，第137页。

［83］同上书，第76页。

［84］同上书，第104页。

［85］同上书，第130页。

［86］同上书，第81页。

［87］同上书，第183、182页。

［88］《堂吉诃德》下册，第112页。

［89］同上书，第1页。

［90］参看《堂吉诃德》下册，第2页注释①。

［91］转引自苏菲什曼《中国和法国启蒙运动》。

第二章

> 堂吉诃德首先来到英国。17世纪英国人把丹麦王子视为“疯狂的复仇的英雄”，堂吉诃德却被英国人和他的同胞当做“可笑的疯子”。塞万提斯当年即已预感到他的骑士将成为大众“戏子”，既愤怒，又悲哀。

《哈姆雷特》与《堂吉诃德》一出世，首先受到本国人民的欢迎，这是很自然的。《哈姆雷特》在正式出版之前，曾于1602年首次公演过，1603年出版的“第一四开本”尽管学术界认为是一个剽窃本，但在其封面上注明，这出戏在牛津大学、剑桥大学上演过，大概也是事实。《哈姆雷特》在1604年出版“第二四开本”（即“好四开本”）算是有了正式版本。在莎翁去世以后，又由其友人在1623年出版了第一部莎士比亚戏剧集，收入集中的《哈姆雷特》即“第一对折本”（比“第二四开本”有删减）。两个版本尽管具有权威性，印数却并不多，对于当时多数英国人来说，哈姆雷特主要是一个活生生的舞台上的形象，而《哈姆雷特》的舞台演出是极受欢迎的。当时就有人说它“使人人喜爱”，“博得明智人士的欢心”[1]等等。同样《堂吉诃德》一出版，就风靡了整个西班牙。这在塞万提斯所写的《堂吉诃德》第二部里也有反映。小说第三章里一位名叫参孙的学士告诉堂吉诃德：写他的“那部传记很流畅，一点也不难懂。小孩子翻着读，小伙子细细读，成人熟读，老头子点头簸脑地读；反正各种各样的人都翻来覆去、读得烂熟。每看见一匹瘦马，就说，‘驽骍难得来了！’读得最起劲的是那些侍僮。每个贵人家的待客室里都有这么一部《堂吉诃德》；一人刚放下，另一人就拿走了；有人快手抢读，有人央求借阅……”[2]可谓盛况空前。也许有人怀疑这有自夸的成分，那么，另一个传说也许更有力。据记载，西班牙斐利普三世曾在王宫阳台上看见一个学生一面看一本书一面狂笑，就说这学生一定是在看《堂吉诃德》，不然就是个疯子。派人查问，那学生果然是在读《堂吉诃德》[3]，足见《堂吉诃德》不仅家喻户晓，并且已经惊动王室了。

那么，无论是英国人，还是西班牙人，在当时，是怎样接受他们各自民族的杰作，如何看待世界文学的这两个不朽典型的呢？

据有关材料介绍，哈姆雷特在英国很快成了复仇者的代名词。1607年上演的《向东方去》的剧中人说到某些做妻子的不贞时便说道：“让那些做丈夫的去充当疯狂的哈姆雷特而高呼报仇吧。”[4]一位当时的名演员理查伯巴契1618年去世，一首悼念他的诗在列举他所扮演过的角色时就把“年轻的哈姆雷特”和“年老的希罗尼奥”相提并论，而希罗尼奥正是当时著名的复仇者形象。[5]复仇剧在16世纪八九十年代曾在英国舞台上流行，托马斯·基德的《西班牙悲剧》曾经是轰动一时的代表作。莎士比亚早期悲剧《泰图斯·安德罗尼库斯》也是一出复仇剧。在1588年左右，还上演过一出复仇剧《哈姆雷特》，据说就是出自基德的手笔。可以说，观众是带着已经在舞台上形成了的“发疯的复仇者”的观念来看莎士比亚新作的，也就是说，尽管如前所述，莎士比亚的《哈姆雷特》本已从传统的复仇剧模式中分离出来，成为他个人独立的创造，但在囿于传统的英国观众与读者——莎士比亚剧作的早期接受者们却仍然把他的《哈姆雷特》看做是复仇剧，这样，莎士比亚《哈姆雷特》的创作、演出又反过来为复仇剧的创作、演出推波助澜，在17世纪初期再次形成高潮。乔治·泛普曼的《布希德昂布河的复仇》(1604)、西瑞尔·屠尔诺的《无神论者的悲剧或诚实人的复仇》(1606)、屠尔诺的《复仇剧的悲剧》(1607)、鲍蒙及弗莱契尔合写的《菲拉斯特》(1610)、托马斯韦斯顿的《一场公平的斗争》(1616)都是当时最时髦的剧目。一直到17世纪30年代上演的威廉·黑明吉的《致命的契约》(1630)、约翰·瑟克的《阿格芬格》(1637)也都有哈姆雷特式的主人公，剧作者们把《哈姆雷特》"视为一种挑战"，并且"选了哈姆雷特作典型"[6]。这样，在很长时期中，哈姆雷特在他本国观众心目中，都是一个复仇的英雄，一个坚决果断的行动者。而且因为仇恨之深及复仇心太切，而至于发疯——不仅因杀父奸母而疯，也为失恋而疯。1604年，诗人安东尼·司科洛格的长诗《陷入情网的戴凡图斯》描写一个发疯的恋人，便说他"脱掉衣服，只穿内衫，全像疯狂的哈姆雷特，被激情纠缠"[7]。这样一位为了忠于爱情与对于父母、家族的责任而发疯的王子具有某种道德的崇高性和命运的悲剧性，只能增加复仇骑士形象的魅力，博得人们的崇敬与同情。观众对于复仇故事的倾心，本在于这类戏剧真实地反映了个人征服重大困难的过程；而哈姆雷特从不向任何人透露自己的全部心事和复仇计划，他几乎是孤身一人向整个王室挑战，这样的孤军奋斗的形象更符合同样正在为争取自己的地位而艰苦搏斗中的文艺复兴时期的英国观众们的心理的审美的需要。"当时的观众不大计较哈姆雷特的迟疑的一面，而只着眼于他的奋斗精神。"[8]直到18世纪初散文家斯蒂尔在他的《闲谈集》中评论英国著名演员白特顿1690年最后一次演出《哈姆雷特》，仍然说他扮演了一个"具有远大前程，生气勃勃，而事业心强的年轻人"[9]。

如果说17世纪的英国演员与观众按照本民族的文学传统与时代要求，把哈姆雷特塑造成一个孤独的、发疯的复仇英雄、骑士的形象，同样在孤军作战的堂吉诃德却被西班牙读者看做是一个疯癫可笑的骑士。前述学生一面读书，一面发出狂笑的故事，显然是将《堂吉诃德》当做逗趣、消遣的通俗读物。17 世纪西班牙批评家瓦尔伽斯就这样评论塞万提斯，说他“不学无术，不过倒是个才子，他是西班牙最逗笑的作家”，据说“不学无术”这句考语后来在西班牙本土竟然被称引了近三百年[10]。1612 年，英国出版了谢尔登的英译本——这是《堂吉诃德》第一次出国（1738 年出版家汤生又印行了最早的原文精装本；1781 年英国出版了博尔的注释本，这是最早的《堂吉诃德》的注释本[11]）。有趣的是，英国的早期读者也把堂吉诃德看做是可笑的疯子。一位叫做艾狄生的批评家就把《堂吉诃德》和勃特勒的《胡迪布拉斯》并称为夸张滑稽的作品[12]。还有一位 17 世纪的批评家，甚至责备塞万提斯的讽刺用力过猛，不仅消灭了西班牙骑士小说，连西班牙崇尚武侠的精神都消灭了[13]。

这样的接受反应，似乎正符合塞万提斯的原初创作意图，他本来就是要借戏谑性的模仿，在嘲笑中埋葬骑士小说的；但连西班牙尚武精神也在读者嘲笑之列，却恐怕是塞万提斯所不愿意的：这隐隐的不满，在他所写的《堂吉诃德》第二部里已经多少有所流露。《堂吉诃德》第二部是第一部出版以后引起了各种反应以后才写的；因此，在某种程度上，它可以看做是作者对读者接受的反应。细细比较一下第一部与第二部的堂吉诃德，可以发现，周围的人对他的态度在嘲笑中又有些微妙的变化：如果说第一部里人们因为并不了解堂吉诃德的来由与底细，而多少对他保持一点敬畏的话，第二部的旁观者大部分都因第一部的出版，对堂吉诃德的一切已经了如指掌，因此，他们就采取了一种更加彻底的看戏的态度，像公爵夫人和她的侍从干脆把堂吉诃德和他的仆人桑丘当做取乐的对象（他们对堂吉诃德主仆的种种恶作剧构成了小说第二部的主要情节）。堂吉诃德的一切作为，包括他的严肃追求与牺牲，在这些看客眼里都成了可博一笑的表演。本来，堂吉诃德的性情里就带有一些表演成分，堂吉诃德曾对桑丘吹嘘："我从小就喜欢看戏，年轻的时候对演戏这一行兴味很浓。"[14]小说第一部第二十六章写堂吉诃德为了爱情在黑山修炼，说他："下身精光，上身穿件衬衣，跳跃一番，又倒竖蜻蜓。他瞧桑丘不肯耽着看他发疯，已经走了，就爬到一块大岩石顶上。他有一件事曾经反复想过好多回，竟没有打定主意，罗尔丹疯得癫狂，阿马狄斯疯得忧郁，他究竟学哪个好？学哪个合适？"[15]如此细细思忖，精心选择疯的姿势、神态，不能不说暗合着某种表演心理。在小说第二部第十二章里，堂吉诃德曾对桑丘发了一通关于人生与演戏的宏论："戏剧究竟是哄人的假象。你没看见戏里的国王呀，大皇帝呀，教皇呀，绅士呀，夫人小姐呀等等角色吧？一个扮恶人，一个扮骗子，这是商人，那是战士，这是乖觉的傻角，那是痴骏的情人；演完了一个个脱下戏装，大家一样都是演戏的"；"人生的舞台上也是如此。有人做皇帝，有人做教皇；反正戏里的角色样样都有。他们活了一辈子，演完这出戏，死神剥掉各种角色的戏装，大家在坟墓里也都是一样的了"。[16]"大家都是演戏的"，这是何等参透人生的警策之论。可惜刚刚清醒了一阵，到小说第二十六章，这位堂吉诃德骑士劲头一上来，就犯糊涂了：人家明明是在演傀儡戏，他偏偏当做真的，大打抱不平，站起来大喝一声："有我在这儿呢！"并且"口说就动手，拔剑跳到戏台旁边，急忙忙，恶狠狠地向戏里那些摩尔人（他心目中的恶魔）挥剑乱砍"，直到将"一座戏台全打塌了还不尽性"。[17]但待到他自己怀着严肃的态度，作认真的生命追求时，却又被人当做演戏，"大人小孩就像看猴儿似的看堂吉诃德"[18]。小说第五十六章写到堂吉诃德与由小厮扮演的骑士的一场决斗，堂吉诃德本人与桑丘都把这作为关乎其骑士荣誉的严肃战斗而认真对待的，因此，当堂吉诃德向对方英勇冲去时，桑丘在一旁大声呐喊："游侠骑士的模范啊！上帝指引你！保佑你胜利！正义在你的一边！"但周围的观众却只看做是一场表演："大家为堂吉诃德得胜欢呼；可是多数人很扫兴，因为眼巴巴等了半天，没看见武士们打得断手折脚。他们像小孩子等看绞刑，如果犯人得到受害者或法庭的饶赦而没出场，就觉得没趣。"[19]在这场精心布置的表演里，所有的人都明白：这是假的，但却又都十分认真地去做，以求得游戏的快感。只有堂吉诃德主仆蒙在鼓里，他们把一切当做真的，越是真诚，越给别人带来快感，而他们自己一旦明白真相，只会感到痛苦：别人所要鉴赏的恰是他们的这种痛苦。堂吉诃德及其忠实的仆人终于成了这样的以自身真诚的追求与真诚的痛苦供别人取乐的工具。作家在第二部接近结束处这样写道："堂吉诃德的疯狂和高明，以及他的侍从桑丘·潘沙的滑稽，都注定是给全世界娱乐的。"[20]——难道他已经预感到他的堂吉诃德的某些命运了吗？小说结束时，一位绅士（据说还有一位总督）听说堂吉诃德就要还乡，竟然顿时感到意兴索然，因为"大家就不能借他的发疯来取乐了"；这位绅士还发明了一个理论："有头有脑的堂吉诃德用处不大，疯头疯脑的堂吉诃德趣味无穷"；他因此"希望堂吉诃德一辈子疯下去"，"因为他一旦病好，我们丧失的不仅是一个逗乐的骑士，还得赔上一个逗乐的侍从；这一主一仆能使愁闷的化身也开怀欢笑的"。[21]——我们甚至可以感到，塞万提斯对于这种开怀大笑的憎恨。他最后一定要安排堂吉诃德及桑丘真的还乡，或许正是怀着一种要亲自看看看客们失望的脸色的恶意？无论如何，塞万提斯对于他的同时代人，以及他的同胞对《堂吉诃德》已知和未知的接受，是怀着一种深深的失望感的。——不是吗？

注　释

［1］这是安东尼·司科洛格、嘉布列尔·哈维的意见，见E. K. 伯斯编:《威廉·莎士比亚资料汇编》第2卷，第214—215、197页。转引自朱虹:《西方关于哈姆雷特典型的一些评论》，收《英美文学散论》，三联书店，1984年，第13页注①。

［2］《堂吉诃德》下册，第29、79、83、197、447、407、443、473页。

［3］保尔·阿萨:《塞万提斯的〈堂吉诃德〉》，梅岳泰版第37页，转引自杨绛《译者序》，《堂吉诃德》上册，第3页注释④。

［4］戴克等:《向东方去》第五幕第一场，转引自朱虹《西方关于哈姆雷特典型的一些评论》，《英美文学散论》，第15页。

［5］*Shakespe Are Book*，伦敦1932年版，卷一第272页，转引自朱虹《西方关于哈姆雷特典型的一些评论》，《英美文学散论》，第15页。

［6］麦克金:《莎士比亚对于他当代戏剧的影响》，1938年出版，转引自孙家琤《莎士比亚的〈哈姆雷特〉》，《外国文学研究集刊》(六)，中国社会科学出版社，1982年，第12页。

［7］见F. E. 哈里戴编《莎士比亚1550—1950》，伦敦1952年版，第572页，转引自朱虹《西方关于哈姆雷特典型的一些评论》，《英美文学散论》，第16页。

［8］朱虹:《西方关于哈姆雷特典型的一些评论》，《英美文学散论》，第19页。以上分析也主要依据朱虹文章的有关观点。

［9］见《哈姆雷特批评史》，第34页，转引自朱虹《西方关于哈姆雷特典型的一些评论》，《英美文学散论》，第30—31页。

［10］保尔·阿萨:《塞万提斯的〈堂吉诃德〉》，第159—160页；沃茨:《塞万提斯的生平和著作》，第90页。转引自杨绛《译者序》，《堂吉诃德》上册，第3—4页。

［11］费茨莫利斯·凯利:《塞万提斯在英国》，第17页，转引自杨绛《译者序》，《堂吉诃德》上册，第4页。

［12］《旁观者》249期，《每人丛书》版二册，第299页。转引自杨绛《译者序》，《堂吉诃德》上册，第4页注释④。

［13］谭坡尔:《论古今学术》，斯宾冈编《十七世纪批评论文集》。转引自杨绛《译者序》，《堂吉诃德》上册，第4页注释⑤。

［14］《堂吉诃德》下册，第79页。

［15］同上书，第218页。

［16］ 同上书，第 83 页。
［17］ 同上书，第 197 页。
［18］ 同上书，第 447 页。
［19］ 同上书，第 407 页。
［20］ 同上书，第 29、79、83、197、447、407、443、473 页。
［21］ 同上书，第 443 页。

第三章

18 世纪、19 世纪初，哈姆雷特与堂吉诃德在英国和法国怎样走出了最初的简单模式。两个相反的接受趋向：哈姆雷特的非英雄化与堂吉诃德由反英雄向英雄的逆转。堂吉诃德在英国文学里：菲尔丁、狄更斯、萨克雷的创造对哈姆雷特知识分子气质的发现与关注，共同人性的提出。最后怎样归结为一个时代的哲学命题："行动是存在的主要目的。"

1765 年，18 世纪英国重要批评家撒缪尔·约翰逊编辑了莎士比亚全集，并写了一篇序言；这篇序言虽然具有折中主义色彩，受到人们批评[1]，但仍然提供了一些新的信息。在这篇序言里，作者断言，莎士比亚，他的文学作品，以及他所创造的文学典型，已经"度过了他的世纪——这是为了衡量文学价值通常所定的时间期限"。他解释说，"许多年来，他已失去了他以前凭借对时人的影射，对当地风俗习惯的描绘，或对一时人们看法的反映，所可能具有的条件"；"他的作品并不通过辩论来支持某种意见，也不给任何党派提供恶意中伤和谩骂的话语；他的作品既不能满足虚荣，又不能消人怨气；它们之所以被人阅读，除了以满足人们追求快感的原因外，别无其他原因"。这就是说，由于时间所造成的距离——此时，距诞生之日，已经有一百六十多个年头，《哈姆雷特》和莎士比亚的其他作品已经失去了时效性，而具有永久性，即人们可以超越暂时性的审美、理念观念与风俗习惯，排除一切时代功利的干扰，从历史与审美本质上去把握其超越时空的客观本来面目和永恒的价值。

约翰逊的这一判断是适时的：对《哈姆雷特》及莎士比亚的其他作品的历史审视与接受，正到了一个重要的转折点。

这一转折除了大的时间因素外，是由几个方面的具体条件造成的。如前所述，哈姆雷特在其诞生之初，以及以后相当长的时间内（几乎包括了整个 17 世纪），他在人们、特别是他本国的同胞心目中，主要是一个舞台形象，观众的接受总要受到演员的表演的制约，而演员对于角色的处理，又往往沿袭于某种传统（例如复仇剧的传统）的理解——直到 1811 年，英国著名的莎士比亚研究者兰姆还在批评演员们夸张过火的表演，使舞台上的哈姆雷特总是在“熟练而在行的装疯”，“活像一个走江湖的戏子”[2]。人们长期以来将哈姆雷特视为发疯的复仇的英雄，这大概是一个重要原因。而到 18 世纪，一个似乎并不显眼的事实却部分地改变了这种状况：莎士比亚作品的新版本连续出版，不仅约翰逊本人是新的莎士比亚全集的编辑者，而且在他的文章里就提出了一连串莎士比亚著作校勘者的名字：渥布登、波普、席遏博德、汉莫，等等。这就使得人们脱离舞台演出的影响，对原作本文进行认真的、细致的推敲，直到容易被人忽略的细部，这类书斋批评研究固然有易陷于繁琐之弊，但确实能够帮助人们直接从剧本本身所提供的材料去把握人物形象。这无疑会对哈姆雷特及莎剧的理解与接受产生重要影响。

转折还来自这一时期对莎士比亚的认识开始摆脱了古典主义批评眼光的局限。被认为是奠定了英国 17、18 世纪新古典主义戏剧理论基础的英国 17 世纪主要批评家德莱登在他的《悲剧批评的基础》里，曾尖锐指责莎士比亚戏剧“在情节的机械美，即遵守时间、地点和行为的三一律方面”有着重大的缺点[3]。据雨果《莎士比亚论》里介绍，莎士比亚戏剧在17世纪几乎遭到了信奉古典主义的英国思想家、批评家“众口一词的指责”，诸如“莎士比亚既无悲剧才能又无喜剧才能。他的悲剧是做作的，他的喜剧不过是本能的”（福伯斯），“这位莎士比亚粗俗而不文明”（莎夫奇布莱），“令人不知所云”（德莱登），“歪曲了历史的真实”（莱诺斯夫人）等等。1623年两位出版商勃朗特和加格德甚至还将《哈姆雷特》删掉了二百行。正像德国著名的莎士比亚剧作翻译者、研究者威廉·史雷格尔在他的《莎士比亚研究》中所说，在17世纪“摈斥一切文学艺术的狂热的清教徒运动之际，在他的作品根本不能上演或者纵使上演也变得面目全非的查理二世统治时期，他的声誉暂时地暗淡下去，直到上一世纪（按，指18世纪）初才以更大的光芒重放异彩”[4]。实际上，直到18世纪初，法国启蒙运动领袖之一伏尔泰，尽管用他的无韵抑扬格体翻译了《哈姆雷特》的几个段落和《尤利乌斯·恺撒》第一幕[5]，成为向法国人民介绍莎士比亚的先驱者之一，但仍站在古典主义立场上攻击《哈姆雷特》“是个既粗俗又野蛮的剧本”，完全“不合法则”[6]。影响所及，在约翰逊写《莎士比亚戏剧集·序言》时，仍然在“一本近代批评家作品里看见作者收集许多不合规格的词句说明莎士比亚任意败坏文体”[7]。值得注意的是，约翰逊本人在他的序言里，虽然批评莎士比亚的写作“没有任何道德目的”[8]，表明他没有完全摆脱古典主义的影响，但他却坚决地表示，要为莎士比亚“对于‘三一律’的忽略”，以及他对“由诗人和批评家们所公认而制订出并且确立了的那些法规”的“违反”辩护[9]——这实际上也是反映了时代思潮的新趋向的。约翰逊指出，莎士比亚是一位“不守常规的诗人”，这是莎士比亚之为莎士比亚的基本特质，因此，他劝人们对莎士比亚对法规的种种违反要持“宽容态度”。[10]约翰逊这话说得婉转了一点，更彻底地讲，只有破除对已有的种种文学法规的迷信，莎士比亚的《哈姆雷特》及其他剧作的真实面目和真正价值才会显露在人们面前。

于是，18世纪英国莎士比亚研究者开始以新的眼光重新审视莎士比亚笔下的丹麦王子及其他形象，借用海涅后来的评论，这无异于莎士比亚及其人物的“重见天日”[11]。他们发现，“莎士比亚没有英雄人物，他所写的场面上活动的只是这样一些人，他们的言行正是读者想象自己在同样的情况下所要说的，所要做的那样”，莎士比亚剧作基本的特点与主要价值就在于，“用凡人的语言”，表达“凡人的思想感情”，“表现普通人性的真实状态，既有善也有恶，亦喜亦悲，而且错综复杂，变化无穷”。[12]于是，在约翰逊的眼里，莎士比亚笔下的哈姆雷特陡然失去了复仇英雄的圣光，他甚至认为，在这场斗争中，哈姆雷特与其说是主谋，还不如说是工具，他“被互相矛盾的愿望搅得心乱如麻，被各种宏伟的目的的重担压倒”[13]。另一位英国批评家威廉·古瑟里进一步发挥了约翰逊的观点，明确指出，哈姆雷特就像中世纪著名的宗教剧《人人》的主人公那样，作为“普通人”的代表，通过自身经历体现着一般人在善恶之间的动摇，他并“不需要任何超越事实或日常生活中表现的勇气、智慧、美德、激情或其他品质”，因此，在他看来，哈姆雷特只是一个“好心的，头脑清楚的年轻人，然而即使下定决心以后也充满怀疑或困惑。在这个性格中，一切都与一般人类毫无二致”。[14]显然，这个“与一般人类毫无二致”的哈姆雷特是对17世纪已经形成的传统的哈姆雷特形象的一个挑战。正像斯蒂文斯在为《莎士比亚戏剧集》所作的序言里所说，“哈姆雷特从未被看做英雄，值得观众的怜爱，而任何一位论莎士比亚的作家都未曾看出过他的性格中的非道德倾向”[15]。另一位批评家亨利·麦肯西则指出，如果作者把哈姆雷特表现成为一位英雄，我们就“只会为事件而不会为人物焦急不安”，而现在“我们不仅亲自体验了哈姆雷特的美德，而且还体验了他的弱点。我们看到一个人，换一种情况会充分发挥他的道德的与社会的美德，然而在现实情况下，他的优美品质只会使他的痛苦加剧，使他的行为不知所措。我们对前者的同情，为后者的担忧，被强烈地激发起来，这正是哈姆雷特吸引读者的那股不可名状的魅力所在，而他的其他悲剧中的更完美的人物却反而不能引起我们如此的体验”。[16] 显然，正是在哈姆雷特形象“非英雄化”的过程中，人们逐渐接近了更加本色的哈姆雷特。情况正是像约翰逊所说的那样，在莎士比亚创作的年代，“英国民族还在努力摆脱文化落后的状态”的“幼年阶段”，“一个新近才对文学发生爱好的民族，由于还不熟悉事物的真相，因此，还不能判断作品是否反映了这种真相。任何远离普通现象的事物，总是受到没有受过教育的，轻易相信的人们的欢迎”[17]；反过来，他们却不能理解莎士比亚所创造的哈姆雷特这样的“普通人”的复杂而真实的形象——这样的创造，对于自己的时代来说，显然是一种历史的超前——而必然要按照自己的接受水平和传统习惯，将哈姆雷特英雄化，也即非现实化。因此，在一百六十多年以后所发生的非英雄化的接受过程，在某种意义上，不仅是一个历史的还原，而且表示着英国民族从文化落后的幼年阶段逐渐走向成熟。

当莎士比亚的同乡、18 世纪的英国批评家努力地“不仅亲自体验哈姆雷特的美德，而且还体验了他的弱点”时，英国人、还有法国人对堂吉诃德的接受，也发生了微妙而重要的变化：他们不再以俯视的批判眼光，嘲笑堂吉诃德行为的疯狂与荒唐，而是努力去发现与体验堂吉诃德的美德。从表面上看，这是两种不同的体验方向，但努力使对象亲切化，追求普通人与人物之间心灵的沟通，在这个也许更为根本的问题上，二者却有着惊人的一致。著名诗人蒲伯说他首先看到的是堂吉诃德那副严肃的神情，他赞扬堂吉诃德是“最讲道德、最有理性的疯子，我们虽然笑他，也敬他爱他，因为我们可以笑自己敬爱的人，不带一点恶意或轻鄙之心”[18]。

另一位18世纪英国著名小说家菲尔丁则在他的剧本《咖啡店里的政治家》里说，世人多半是疯子，他们和堂吉诃德不同之处只在疯的种类而已[19]。1734年菲尔丁还写了一部政治讽刺剧，题目就叫《堂吉诃德在英国》，“戏里描写英国一个偏僻的选区只有一个政党参加选举，没有竞选的对手，因而也就无需贿赂收买当地选民了。这个选区的官民都大为恐慌，因为这样一来，势必就将失掉一笔唾手可得的收入。他们不甘心，于是就找到这位来英国游历的西班牙骑士，劝他参加选举”[20]。堂吉诃德因此也有了机会目睹英国社会的种种丑态与奇闻：这里，“十二个律师也顶不上一个老实人”，“穷人偷阔佬五个先令就得坐牢，阔佬把千万穷人抢个精光却平安无事”。[21]最后，堂吉诃德对桑丘说：“桑丘，让他们管我叫疯子吧，我还疯得不够，所以得不到他们的赞许。”[22]这里，堂吉诃德已不再是被讽刺的对象，而成为讽刺者了。1742年，菲尔丁又写出了被称为“为刚刚走上十字街头的英国小说开辟更加广阔的道路”的长篇小说《约瑟夫·安德鲁斯的经历》[23]。小说的全称是《约瑟夫·安德鲁斯及其朋友亚伯拉罕·亚当姆斯先生的冒险故事，仿塞万提斯的风格而写》。“仿”是确实的，如同《堂吉诃德》是通过对流行的骑士小说的戏谑化模拟而将其否定一样，菲尔丁的这部小说也是模拟风行一时的理查逊的宣扬“坚持贞操，终获报偿”的劝世小说《帕美拉》(一译《帕美勒》)的笔法而嘲讽这类作品的。菲尔丁在作者《序》里把他的小说称为“散文的喜剧史诗”，强调其与游戏文章最基本的区别是在“始终应该严格地局限于描写自然，把自然摹仿得恰到好处”[24]；这与塞万提斯在《堂吉诃德》第一部“前言”里，借朋友之口，强调“描写的时候模仿真实：模仿得愈亲切，作品就愈好”[25]，可以说是有着共同的追求的。在小说第三卷第一章里，作者又以塞万提斯的《堂吉诃德》为范例，表明自己所要写的，是不局限于“某一个时间和某一个国度”的“一般性的世界史”，“我描写的不是人，而是风俗；不是个别的人，而是一个种类”，要“给成千成万的人在密室里当做镜子，让他们可以端详自己的缺陷”，“只要我所描写的那一个人生存在世界上，他就永远活在那儿”[26]，小说真正的主人公亚当姆斯牧师，作者说他“不像是什么现代的骑士阶级”[27]，其实是一个世俗化的，没有任何英雄色彩的堂吉诃德。据说，他“是一个相当明达，很有才能、性情和蔼的人，同时却跟一个刚生到世界上的婴孩一样，对于世故人情一窍不通”，“他是出奇的慷慨、友善和勇敢，但是淳朴是他的特质”。[28]和那位西班牙骑士一样，他也是迷信书本，向往黄金时代[29]，分不清幻想世界与现实世界，“把客栈误认为一座城堡”[30]，却偏爱打抱不平，一见有人受难，就奋不顾身地冲上去，“挥舞着棍子说：他不怕死的心情比谁都强”[31]，结果干了不少傻事，受到种种欺负。这个人物虽然可笑，又叫人同情、敬爱，正体现了英国人对堂吉诃德的理解。正像约翰逊所说：“堂吉诃德的失望招得我们又笑他，又怜他。我们可怜他的时候，会想到自己的失望；我们笑他的时候，自己心上明白，他并不比我们更可笑。”[32]

后来，在英国文学里，出现了一批被认为是“英国的堂吉诃德”的典型。例如，狄更斯笔下的匹克威克先生，在文学史家的眼里，他的名字在世界文学中“距离堂吉诃德的伟大名字不远”[33]。陀思妥耶夫斯基在一封书信中，谈到匹克威克时，虽然认为他“比堂吉诃德所表现的思想要差得多”，但仍然充分肯定狄更斯的创造“毕竟体现了重要的思想，也是可笑的，正因为如此才动人”[34]。狄更斯自己在1847年所写的《匹克威克外传》序言里这样谈到他的小说主人公：“凡是具有几分幻想气质的人，开头引人注目的总是他那些荒乎其唐的怪癖”，等到“我们进一步跟他搞熟了”，就会“透过这些表象去了解他的主要的一面”，他在读者心目中，就会“变得更善良，更懂事了”。[35]——这大概正是匹克威克与堂吉诃德的共同之处吧？另一位著名的英国小说家萨克雷于1853—1855年间，写出了他的名著《钮可谟一家》，小说主人公钮可谟上校旅行书箱里总放着塞万提斯的小说，他也常对人们极力称赞“吉诃德先生”是“世界上第一流的人品”[36]；而这位上校先生本人呢，天生地喜欢览胜探奇，以为“坐在驿车里飞快地奔驰是人生一种最大的享受”，“一路欢呼快活，就像个孩子一般”[37]，但他对于人情世故又一窍不通，只是本着自己的真心，说老实话，从来不计较自己能引起的效果，他是生活在自己的半是幻想半是真实的生活里的，人们听他“谈起人物、书籍、道德那一套天真的见解，往往觉得好笑”[38]：这又是一个活生生的堂吉诃德，却没有那位西班牙骑士的焦躁、忧郁与英雄气，显得更温厚也更洒脱，透出一股绅士味儿——这也算是堂吉诃德的英国化吧？

《堂吉诃德》早在17世纪初就传到了法国：1614年出版了乌丹翻译的第一部法文译本，1618年出版了洛赛翻译的第二部法文译本；这一时期又出现了一些新译本。译者圣马丁、弗洛利安都批评早期译本过分拘泥于原文，而宣言要使译本更加适合法国的文化和风尚[39]。经过他们改译的西班牙骑士是一位有理性、讲道德的法国绅士。弗洛利安强调，堂吉诃德的言论只要不牵涉骑士道，都从理性出发，教人家爱好道德，堂吉诃德的疯狂只是爱好道德达到了偏执的地步，而非讲求道德本身[40]。其实，这一法国阐释反倒是更接近塞万提斯最初的创造意图的。

不过，到了19世纪，对堂吉诃德的评价似乎又升了一级。英国19世纪批评家海兹利·赫士列特认为《堂吉诃德》“这个可笑的故事掩盖着的是一种动人的、伟大的思想感情，叫人失笑，又叫人下泪”[41]。

著名英国诗人拜伦在他的巨著《唐璜》里，高度赞扬了堂吉诃德“永远追求正确的东西”，他“革除弊病，伸冤雪恨，扶助弱女，锄除奸恶，单身匹马挡住结成一伙的强者，使无援无助的土著摆脱异国人的奴役”，无一不表现了他目标的崇高；但他的一切努力最后都归于失败，“不得不成为游戏文章的一个创作主题”，“使他疯狂的竟是他的德行”，拜伦认为这是“一切故事中最惨痛的故事”。在拜伦看来，堂吉诃德的追求足以与历史上一切伟大人物相比，他称苏格拉底是一位“智慧女神的吉诃德”。拜伦因此而批评“塞万提斯把西班牙的骑士制笑掉了”，但同时却又使得西班牙从此“不出什么英雄”。[42]另一位英国作家亨利·布鲁克在一篇标题含义颇深的寓言或小说《高贵的傻瓜》里，直截了当地将堂吉诃德称为“现代人中最了不起的英雄”[43]。正像一位当代批评家所指出的，“这时堂吉诃德已被评论家们置于与普罗米修斯或安提戈涅一样，具有道德严肃性的水平上讨论并加以重新评价”[44]。这意味着，对堂吉诃德价值评价上的一个重大逆转：堂吉诃德形象原来是对传统骑士小说英雄传奇的嘲讽，而现在他自身也成为了英雄。这样一个反英雄成为英雄的接受趋向与前述哈姆雷特接受中的非英雄化趋向，形成了相反相成的运动过程[45]。

1736年，一位名叫托马斯·汉莫的英国批评家在他的关于《哈姆雷特》的研究中，注意到了一个简单的事实：丹麦王子早在第一幕就得知父亲被杀的秘密，但在他实现复仇之前却整整经过了四幕的时间。汉莫问道：“青年王子的性格中没有任何根据说明，为什么他不一有机会就杀了凶手？”他的解释是：“实质在于，如果哈姆雷特马上报了仇，那就没戏可演了。因此，作者不得不叫主人公延宕复仇”。[46]汉莫自己的说明自然是缺乏说服力的，但他所提出的“延宕”问题却成为《哈姆雷特》研究中的一个经典课题，以后一切研究者似乎都不能回避它。汉莫能够注意到丹麦王子的延宕，显然与前述将哈姆雷特视为一个有弱点的普通人的总的思潮有关，但这确实有着自身不可忽视的价值。在某种意义上，它标志着人们对哈姆雷特形象认识上的一个转变：哈姆雷特再也不是一个传统舞台上的行动者[47]，而成为一个犹豫不决的思想者——英国批评家莫里斯·莫尔根在1777年所作《论约翰·福斯塔夫爵士的戏剧性格》中，谈到哈姆雷特时已经说过："果敢行动可以产生一类美妙绝伦的东西，而犹豫不决可以产生另一类美妙绝伦的东西。"[48]这同时意味着，人们对哈姆雷特形象的研究重心，已经由丹麦王子骑士气质的外在表现（这是莎士比亚的《哈姆雷特》从中脱胎出来的传统复仇英雄骑士模式残留在哈姆雷特形象上的胎记）转向对其内在的知识分子气质（这才是莎士比亚真正创造所在）的关注。以后的研究者从不同角度去探寻哈姆雷特复仇行为延宕的原因，所达到的却是对哈姆雷特知识分子精神气质的不同侧面的深刻揭示。英国莎士比亚研究者威廉·理查逊注意到哈姆雷特身上过分的道德感，他指出："如果怨恨与道德感相联系，并从中滋生，那么这种怨恨的要旨与行动就会大不相同。在最早的冲动之下，它发誓要立刻进行严厉报复，然而又要考虑到是否公正、得体，这些感情前来干扰，便抑止了怒气"，"这种道德原则促使他再一次检查证据，或企图用补充的情况加强证实"，结果反而拖延了行动。[49]另一位18世纪批评家亨利·麦肯西又从哈姆雷特身上发现了感情的过于纤细，他说："哈姆雷特性格的基础是内心的极度过敏，很容易被某一种状况所强烈感染，又被这种情况所激起的感情所压倒。"[50]到了19世纪初，这类探讨就更加深入。《莎士比亚故事集》的作者之一查尔斯·兰姆在他1811年所写的《论莎士比亚的悲剧是否适宜于舞台演出》里，重塑了一个独自冥想的知识分子的哈姆雷特形象。他描述道："哈姆雷特之所作所为十分之九是他本人同他的道德观念之间的交往，是他倾泻他个人独自的冥想，是他退居到宫中无人角落或最隐蔽的处所所倾吐的沉思；或更确切地说，是他塞满于胸中的无言的思考”，他的“深沉的忧伤，怕光亮又怕声响的沉思默想，是连面对墙壁或空屋都不敢吐露的”。兰姆强调，哈姆雷特和莎剧中的同类人物，“他们的行动比较地说对我们很少产生什么影响，而他们的内心冲动，伟大而反常的头脑的深处，只有这些才是实实在在的东西”。因此，他认为哈姆雷特“这个了不起的人物有许多特征，其中最引起兴趣的（但也是最令人痛苦的）特征是他的精神痛苦”以及由此造成的“头脑错乱。”[51]另一位19世纪初的英国批评家威廉·赫士列特在他的《莎士比亚戏剧人物论》论及哈姆雷特时，也是强调哈姆雷特身上的绅士气和学究气，说他有着“天生的文雅、精细、善感的性格”，“他是哲学冥想者之王”。赫上列特引人注目地引述了哈姆雷特的独白——“因为把后果考虑得过分周密了，想来想去，只得一分世故，三分懦怯”，同时又指出，对于哈姆雷特，“放任自己的想象力去玩味罪恶之大，去周密推敲复仇的计划比立刻去实行更合他的口味”，这样，他的“行动能力”终于“被思想所消蚀”。[52]当然，这一时期，思考更全面、更深刻的，还是英国浪漫派莎评最重要的代表柯勒律治，他在《关于莎士比亚的演讲》里，细致地分析了哈姆雷特的心理结构，指出，在健全发展的人性中，思想（“智慧的内在作用”）与感觉（“外在事物所引起的印象”）之间，“心灵的作用的冥想”与“感官事物的注意力”之间，“想象的世界”与“真实世界”之间，“智慧的活动”与“行动”之间，“内在世界”与“外在世界”之间，“幻想”与“实质”之间，“经常保持着一种平衡”，而哈姆雷特身上，“这种平衡被扰乱了”，形成了一种病态：“他的思想，他幻想的概念，比他真实的知觉要活泼得多”，“一种伟大的，几乎是巨大的智慧的活动”，反而引起他“对真实行动”的反感，“他那失去了健康的关系的头脑，永远为内在的世界所占据着”，“用幻想来代替实质”，最终“变成为只会沉思默想的生物，而失去了他行动的自然力量”。[53]——很显然，以上所有这些关于哈姆雷特行动延宕原因的讨论，都带有浓重的知识分子的自省性质。这些18、19世纪的英、法知识分子正是从哈姆雷特身上照见了、思考了自己。因此，赫士列特说：“我们就是哈姆雷特”，“谁若因自己或别人的不幸变得多有思虑和忧郁”，“谁的行动能力被思想所消蚀，谁若以为宇宙是无限的，而自己算不了什么，谁因心灵的仇恨痛苦而不计后果……谁就是哈姆雷特”。[54]

而当人们思考着内在世界与外在世界、幻想与实质的关系这类问题时，也不能不同时想到那位与丹麦王子同负盛名的西班牙骑士。18世纪英国批评家寇尔列支正是这样思考与提出问题的。他在1794年出版的《谈话录》里指出：“堂吉诃德的想象力和纯粹的理性都太强了，感觉所证明的结论如果不符合他的想象和理性，他就把自己的感觉撇开不顾。”[55]这就是说，如果说在哈姆雷特那里，理性、想象与感觉，内在世界与外在世界……之间失去了平衡，造成二者的分裂，堂吉诃德则将二者混同，以理性、想象代替感觉，内部世界代替外部世界，把幻想当做实质，形成了思想的混乱。在这个意义上，这两位著名的文学典型都是表现了“想象力和纯粹的理性都太强了”的知识分子某种精神的不健全。可以看出，18、19世纪的英、法知识分子在审视哈姆雷特与堂吉诃德这两个文学典型时，他们既不满意于哈姆雷特缺乏行动造成的思想与行动的分离——用柯勒律治的话来说，就是“论到语言与一时的决心，他全是行动与果敢，然而需要把语言与决心诉诸实效，他又全是犹豫不决。结果，他决心做出一切却什么都没有做，他充满目的，但缺乏达到目的的思想品质”[56]。但他们同时又不满意于堂吉诃德由于混同主客体而造成行动的盲目性。正是在这种自省式的思考的双重不满背后隐藏着强烈的行动欲求，或者说，表现着一种时代的哲学主题：“行动是存在的主要目的。”[57]

这类理性、想象与感觉，内部世界与外部世界，思想与行动……的精神矛盾，归根到底，是属于人类本性的。因此，人们越来越关注哈姆雷特与堂吉诃德身上的知识分子气质的同时，也更加明确意识到这两个不朽典型内涵中的共同人性问题。其实，早在1765年，约翰逊在他的《莎士比亚戏剧集》序言里，就已经明确指出，莎士比亚的“人物不受一时风尚或暂时流行的意见所具有的偶然性所限制；他们是共同人性的真正儿女，是我们的世界永远会供给，我们的观察永远会发现的一些人物”[58]。柯尔律治更具体地指明，“哈姆雷特的性格可以到莎士比亚有关心理哲学的深刻而正确的学问中去探求”，并且断言，“这个人物必然与我们天性的共同的基本规律有某些联系”。[59] 也正是出于对永恒的人性与人性健全发展的关注，人们开始注意到堂吉诃德和他的仆从桑丘这两个形影不离的形象在人性上的互补关系：18世纪著名批评家寇尔列支指出，堂吉诃德象征没有判断、没有辨别力的理性与道德观念，桑丘恰恰相反，他象征没有理性、没有想象的常识，两人合在一起，就是完整的智慧[60]。对堂吉诃德与桑丘两个典型形象之间内在精神联系的这种发现，无疑有着重大的认识价值：在某种意义上，可以看做是以后海涅关于堂吉诃德与桑丘的关系，屠格涅夫关于堂吉诃德与哈姆雷特关系的探讨的先声。

注　释

[1] 英国著名的莎士比亚评论家威廉·赫士列特在他的《莎士比亚戏剧人物论序》里即批评约翰逊的《序言》“竭力要把自己所论述的作家的独特优点埋葬在连篇空话之中，并把优点和缺点混为一谈”（译文收张可译《莎士比亚研究》，上海译文出版社，1982年，第179页）。我国著名批评家王元化也在史密斯《莎士比亚评论集》译文题记里指出约翰逊对莎士比亚的评论是“折中主义的杂烩”（王元化《传统与反传统》，上海文艺出版社，1990年，第170页）。

［2］ 查尔斯·兰姆:《论莎士比亚的悲剧是否适宜于舞台演出》,《莎士比亚评论汇编》上册，第169页。

［3］ 德莱登:《悲剧批评的基础》,《莎士比亚评论汇编》上册，第20页。

［4］ 威廉·席勒格(一译威廉·史雷格尔):《莎士比亚研究》，张可译《莎士比亚研究》，第31页。

［5］ 据威廉·席勒格《莎士比亚研究》英译本（译者布莱克）原注，见张可译《莎士比亚研究》，第31页。

［6］ 伏尔泰:《〈塞米拉米斯〉序》,《莎士比亚评论汇编》上册，第352页。

［7］ 约翰逊:《〈莎士比亚戏剧集〉序言》,《莎士比亚评论汇编》上册，第67页。

［8］ 同上书，第47页。

［9］ 同上书，第50—51页。

［10］ 同上书，第53页。

［11］ 海涅:《莎士比亚的少女和妇人》,《莎士比亚评论汇编》上册，第442页。

［12］ 约翰逊:《〈莎士比亚戏剧集〉序言》,《莎士比亚评论汇编》上册，第41、43页。

［13］《约翰逊论莎士比亚》，牛津1952年版，第196、191页。转引自朱虹《西方关于哈姆雷特典型的一些评论》,《英美文学散论》，第22页。

［14］ 康克林:《哈姆雷特批评史》，伦敦1957年版，第57—58、71、136页，转引自朱虹《西方关于哈姆雷特典型的一些评论》,《英美文学散论》，第28页。

［15］ 斯蒂文斯:《哈姆雷特集注版》第2卷，第147页，转引自朱虹《西方关于哈姆雷特典型的一些评论》,《英美文学散论》，第22—23页。

［16］《哈姆雷特集注版》第2卷，第148、150、154页，转引自朱虹《西方关于哈姆雷特典型的一些评论》,《英美文学散论》，第23页。

［17］ 约翰逊:《〈莎士比亚戏剧集〉序言》,《莎士比亚评论汇编》上册，第58—59页。

［18］ 舍本编:《蒲伯书信集》第4册，第208页，转引自杨绛《译者序》,《堂吉诃德》上册，第7页。

［19］ 转引自杨绛《译者序》,《堂吉诃德》上册，第5页。

［20］［21］ 转引自萧乾《菲尔丁——英国现实主义小说奠基人》，上海译文出版社，1984年，第16页。

［22］ 泰甫:《可笑可爱的人》，第156、167页，转引自杨绛《译者序》,《堂吉诃德》上册，第5页。

［23］ 转引自萧乾《菲尔丁——英国现实主义小说奠基人》，第32页。

［24］ 亨利·菲尔丁:《约瑟夫·安德鲁斯的经历》，王仲年译，上海文艺出版社，1962年，第2、3页。

［25］《堂吉诃德》上册，第 9 页。

［26］ 亨利·菲尔丁:《约瑟夫·安德鲁斯的经历》，王仲年译，第 196、197 页。

［27］ 同上书，第 118 页。

［28］ 同上书，第 11 页。

［29］ 同上书，第 240 页。

［30］ 同上书，第 175 页。

［31］ 同上书，第 201 页。

［32］《漫步者》第 2 期，《每人丛书》版，第 7 页，转引自杨绛《译者序》，《堂吉诃德》上册，第 5 页。

［33］ 卢那察尔斯基:《狄更斯》，《卢那察尔斯基论文学》，蒋路译，人民文学出版社，1978 年，第 455 页。

［34］ 陀思妥耶夫斯基:《书信选》，冯增义、徐振亚译，人民文学出版社，1986 年，第 192 页。

［35］ 狄更斯:《匹克威克外传作者·序》，蒋天佐译，上海译文出版社，1979 年。

［36］［37］ 萨克雷:《钮可谟一家》，王培德译，第 67 页，第 261 页。

［38］ 同上书，第 250 页。

［39］［40］ 保尔·阿萨:《塞万提斯的〈堂吉诃德〉》，第 337、339—340 页，转引自杨绛《译者序》，《堂吉诃德》上册，第 6 页。

［41］《论英国小说家》，郝欧编《海兹列特全集》第 6 册，第 108 页，转引自杨绛《译者序》，《堂吉诃德》上册，第 7 页。

［42］ 拜伦:《唐璜》第十三歌 8—11 节，朱维基译，上海译文出版社，1978 年，第 794—796 页。

［43］［44］ 哈利·列文:《吉诃德原则：塞万提斯与其他小说家》，《比较文学研究资料》，北京师范大学出版社，1986 年，第 362、363 页。

［45］ 堂吉诃德当代研究者哈利·列文认为，这种“反英雄化为英雄”的逆转，“对过去时代被人们视为笑料的人物越来越尊敬，可以表明一种一般幽默感的衰落，这一情况还标志着个性主义的兴起。当一个人显示了他的怪癖时，人们对他的态度不再是嘲笑，而是同情，个人与世界的对抗，不管是向最坏的还是向最好的情况发展，它都是一项注定要失败的事业，而浪漫主义文学则颇为自己能为这一项事业而战斗感到自豪”（《吉诃德原则：塞万提斯与其他小说家》，收《比较文学研究资料》，第 362 页）。这是一个相当独到的分析，特录以备考。

［46］ 阿尼克斯特:《丹麦王子哈姆雷特》，转引自徐克勤《哈姆雷特（丹麦王子杀叔报父仇）》，陕西人民教育出版社，1989 年，第 59 页。

［47］ 据有关材料介绍，18 世纪名演员大卫·加里克扮演的哈姆雷特始终贯彻着行动，如他随着鬼去，就被表现为大胆的行动。当加里克受新古典主义影响而从演出中删去墓园的一场和最后的比剑，观众就不答应，要求“按照历来的方式去表现哈姆雷特”。《哈姆雷特批评史》，第 33 页，转引自朱虹《西方关于哈姆雷特典型的一些评论》，《英美文学散论》，第 31 页。

［48］ 莫尔根：《论约翰·福斯塔夫爵士的戏剧性格》，《莎士比亚评论汇编》上册，第 106 页。

［49］《哈姆雷特集注版》第 2 卷，第 150 页，转引自朱虹《西方关于哈姆雷特典型的一些评论》，《英美文学散论》，第 27—28 页。

［50］ 康克林：《哈姆雷特批评史》，伦敦 1957 年版，第 71 页，转引自朱虹《西方关于哈姆雷特典型的一些评论》，《英美文学散论》，第 22、28、36 页。

［51］ 兰姆：《论莎士比亚的悲剧是否适宜于舞台演出》，《莎士比亚评论汇编》上册，第 164、172、167 页。

［52］ 赫士列特：《莎士比亚戏剧人物》，《莎士比亚评论汇编》上册，第 218、214、215、211 页。

［53］ 柯尔律治：《关于莎士比亚的演讲》，《莎士比亚评论汇编》上册，第 146—147 页。

［54］ 赫士列特：《莎士比亚戏剧人物》，《莎士比亚评论汇编》上册，第 211 页。

［55］ 艾许编：《谈话录》，1794 年版，第 179 页，转引自杨绛《译者序》，《堂吉诃德》上册，第 7 页。

［56］ 康克林：《哈姆雷特批评史》，伦敦 1957 年版，第 136 页，转引自朱虹《西方关于哈姆雷特典型的一些评论》，《英美文学散论》，第 36 页。

［57］《哈姆雷特集注版》第 2 卷，第 154 页，转引自朱虹《西方关于哈姆雷特典型的一些评论》，《英美文学散论》，第 38 页。

［58］ 约翰逊：《〈莎士比亚戏剧集〉序言》，《莎士比亚评论汇编》上册，第 39 页。

［59］ 柯尔律治：《关于莎士比亚的演讲》，《莎士比亚评论汇编》上册，第 146 页。

［60］ 寇尔列支：《论文与演说选》，《每人丛书》版，第 251 页，转引自杨绛《译者序》，《堂吉诃德》上册，第 7 页。

第四章

从莱辛、赫尔德、席勒、歌德到史雷格尔兄弟、蒂克、黑格尔：从对两个文学典型的接受中，“可以探索出一代德国人的精神生活的大部分历史”。德国怎样成为堂吉诃德与哈姆雷特东移中的中介。

1822年7月，一个英国剧团来到巴黎，打算在圣·马丁门剧场上演出莎士比亚的悲剧，却遭到了种种人为的刁难。最后只得以预约的方式，在尚特莱因一条街，作有限制的小型演出。这次拒绝，是由法国自由党人组织的，主要是出于政治上的原因（英国与德国属于神圣同盟军，最后打败了法国），但也是因为莎士比亚具有浓厚浪漫主义气息的戏剧冒犯了法国观众在古典主义戏剧熏陶下形成的欣赏习惯。[1]因此，这次拒绝引起了法国著名的浪漫主义作家司汤达的强烈反应，是可以理解的。他在题为《拉辛与莎士比亚》的文章里，一方面批评“误入歧途的青年”，“他们以为嘘莎士比亚，就表示自己有爱国心”，而“一般法国人，尤其是巴黎居民，对世界各民族具有的那种无可置疑的优越感”[2]；同时向法国观众的习惯挑战，尖锐提出：“应当弹拉辛的老调，还是弹莎士比亚的老调？”[3]——莎士比亚和他的戏剧主人公每到一个国家（现在是法国，以后是德国与俄国）都会引起类似的争论。五年以后，即1827年，英国剧团再度来到巴黎演出莎士比亚戏剧，更是直接诱发了法国浪漫主义者与古典主义者的激烈冲突：据说在剧场中两派观众喧哗喊叫，其白热化的程度也不下于法国文学史上有名的《欧那尼》之争[4]。雨果在其写于同年的，被视为浪漫主义宣言的《〈克伦威尔〉序》里，更进一步从理论上肯定了莎士比亚在文学发展中的历史地位，他指出：在文学发展的“黎明时期”，“滑稽丑怪的活力、朝气和创造力是那么丰富，以至它在近代诗歌的门口，一下子扔出三个逗人的荷马：意大利的阿里奥斯特、西班牙的塞万提斯和法国的拉伯雷”[5]，而近代诗歌发展到莎士比亚戏剧就达到了一个顶点，“它以同一种气息融合了滑稽丑怪和崇高优美、可怕与可笑、悲剧和喜剧”[6]。1864 年，雨果又写出了《莎士比亚论》，充分肯定莎士比亚集诗人、历史家、哲学家于一身，“在灵魂探索这一方面，很少有诗人超过了他”[7]，并且指出，“哈姆雷特这象征着犹豫的人物”，在莎士比亚整个创作中居于“中心”位置[8]。司汤达、雨果之外，法国著名批评家、文学史家斯达尔夫人与泰纳也都站在反古典主义立场上，对莎士比亚戏剧作了许多精辟的分析。斯达尔夫人认为，“莎士比亚是第一个把精神痛苦写到至极的作家”[9]。泰纳则强调莎士比亚本人身上的种种性格特点，必然会在他笔下人物身上反射出来，他指出：“哈姆雷特就是莎士比亚”，“莎士比亚在最后这一幅肖像中把自己描绘得最为突出”；他眼中的哈姆雷特也就显示出另一种色彩：“你可以看到他是一个善于幻想而不善于行动的人，他沉醉在自己心迷幻影的冥想里面，他把想象的世界看得太清晰了，以至无法在现实的世界中担负起自己的使命”，泰纳认为，这正是表现了莎士比亚的人性观：“人是一种神经的机器，被情绪所支配，被幻觉所左右，被放纵的情欲所操纵，他在本质上是没有理性的，是动物和诗人的结合，只有心灵的喜悦，只有道德的敏感，以想象作为动力和向导，漫无目的地被最确定最复杂的环境引向痛苦，罪恶，疯狂和死亡”。[10]——可以看出，泰纳所发现的，正是一个与堂吉诃德相通的哈姆雷特。也许是由于法国古典主义文学传统的影响太深，这些浪漫主义诗人、批评家，尽管为莎士比亚作出了如此有力的辩护，却对莎士比亚的戏剧是否能在法国本土上扎根显得信心不足。泰纳在他的文章一开头就声明：“我要论述的是一个为所有法国式的分析头脑和推理头脑所迷惑不解的全能大师”[11]；而斯达尔夫人在她的文章结束时又这样问道：“共和法兰西的戏剧现在会像英国戏剧那样容许描写英雄人物同时也描写他们的缺点，表现美德同时也表现它的局限，构思最高尚的情节同时也附带粗俗的故事吗？”[12]我们或许可以从这个意义上，去理解黑格尔的如下观点：“法国人最不了解莎士比亚，当他们修改莎士比亚的作品时，他们所删削去的正是我们德国人最爱好的部分。”[13]

法国人是否了解莎士比亚，这自然是可以讨论的；但德国人对莎士比亚的戏剧有着特殊爱好与深刻理解，却是一个不争的事实。而且德国人大概很以此为自豪，被认为是德国近代文学之父的歌德就在他的自传里，当仁不让地宣称：“德国人对莎士比亚的赏识不是其他国家所能比，恐怕连英国人也有所不及。我们德国人对待他，极尽公正和爱护的能事。连对本国人也没有那样慷慨。”[14]另一位德国大诗人海涅在《莎士比亚笔下的少女和妇人》里也这样说：“德国人要比英国人更善于领悟莎士比亚。”[15]他们的这种说法得到了学术界一些人的支持，一位日本的研究者就在一篇题为《德国人与莎士比亚》的文章里指出：“将莎士比亚抬到世界文学的宝座上的是德国人，德国人先把莎士比亚称为自家的东西，然后又使之成为世界的莎士比亚。”[16]

据有关材料汇载，早在17世纪初，莎士比亚戏剧就被介绍到了德国；介绍者是一些旅行剧团，不过，他们都着眼于演出，翻译大半是匆忙的改作，甚至不写作者的名字，尽管如此，仍然在德国观众中引起了强烈的反响。[17] 但真正深刻地影响了德国人对莎士比亚的接受与理解的，是德国18世纪启蒙运动最杰出的代表，被海涅称为“现代德国独创文学的奠基人”[18] 的莱辛，海涅还说他是“第一个在德国高声拥护莎士比亚的人”[19]。拉辛在1759年出版的《关于当代文学的通讯》第17期里，与另一位在德国文坛上有影响的文艺理论家高特舍特教授，就如何建立德国民族戏剧（实质是德国民族文学）问题展开了激烈论战。针对高特舍特效法以高乃伊、拉辛为代表的法国古典主义悲剧的主张，莱辛尖锐地问道：“这种法国式的戏剧，对德国的思想方式合适呢，还是不合适？”莱辛的回答是明确的：“英国人的口味比法国人的口味更适合我们德国人的要求；我们在我们的悲剧作品中，要看到和想到更多的东西，而这些东西是可怕的法国悲剧无法给予我们的；宏伟的恐惧的和忧郁的东西比温雅的、娇柔的和谈情说爱的东西能更好地影响我们”，他的结论是：“要是我们过去曾把莎士比亚的杰作略加某些小小的改变，翻译给我们德国人的话，我确信，它所带来的后果要比介绍高乃伊和拉辛所带来的后果好得多。”[20]——由高乃伊、拉辛的法国偶像转向莎士比亚的英国偶像，这确实是一个具有重大意义的转变[21]。几乎同时（1771年左右），还身在法国边区的歌德（他在少年时代也曾是拉辛的崇拜者[22]）也感受到了这种变化，他说：“我们觉得法国人的生活方式太刻板、太高雅，他们的诗流于冷淡，他们的批评偏于否定，他们的哲学晦涩而又不充分”，“幸而有另一种好的影响”，“从很早以前就提供我们以较高的，较自由的，有诗意的而同时又真实的世界观和精神享受，初时只是隐隐约约地，但后来渐渐明显地和强有力地支配我们的思想了”，“我这里指的是莎士比亚”。[23]

由崇尚拉辛、高乃伊的法国古典主义到莎士比亚的英国浪漫主义的崇拜，这自然是反映了一种时代文化与文学思潮的转折；同时如前述莱辛、歌德的分析，还有着更深刻的民族文化精神的原因。著名的法国批评家斯达尔夫人在她的《论文学》里，曾将路易十四时代的法兰西文学称之为“南方文学”，而认为“英国作品、德国作品、丹麦和瑞典的某些作品应该列入由苏格兰行吟诗人、冰岛寓言和斯堪的纳维亚诗歌肇始的北方文学”。按照斯达尔夫人的观点，“由于土壤的硗瘠和天气的阴沉”，“北方各民族对欢乐的关怀不及对痛苦的关怀大”，形成了北方民族精神“趋于忧郁的气质”，以及“不能忍受奴役”的独立与自由的精神，而“现代的北方各民族比南方的居民具有更多的哲学精神”，“哲学思想从本质上就决定它是和阴沉的形象相结合的”。[24]歌德在回忆英国诗歌对他及同代人的影响时，也这样说：“英国诗歌的优美之处还伴有一种沉重的悲哀”，常“显示出是一种阴郁的厌世现象”，“德国人本来也是严肃的，故英国这样的诗歌便极适合德国人的胃口”，“我们对它们的追求比任何作品都迫切，随着自己性情的相近，或从其中寻求挽歌般的淡淡的哀愁，或从中寻求摒弃一切的沉重的绝望”。[25]正是这种忧郁的，富于哲学思辨的精神气质与禀赋，使德国的诗人、哲学家与读者，和他们的英国兄弟一样，更趋向于人的精神追求与归宿，人的道德本性，人的内在灵性、情感、意志、思维与想象。与此同时，人们也频频谈到德国文化与法国文化之间的差异，如斯达尔夫人在《德国的文学与艺术》里所说：“一种头脑是在孤独之中发展起来的，而另一种思想则是在社交的相互砥砺中造就，两者的对照是再鲜明不过了。一方面是外来的感受，另一方面是灵魂的深思默想；一方面是同人的交际接触，另一方面是对抽象概念的深入钻研；一方面是行动，另一方面是理论。”[26]因此，当18世纪末19世纪初，欧洲出现强大的浪漫主义思潮时，德国不仅成为这股思潮的先锋，而且始终处在发展的中心位置，以至有人认为，“只有德国精神才真正禀有浪漫气质”[27]，这绝不是偶然的。

德国作家和普通读者与观众对哈姆雷特与堂吉诃德的发现与认识，正是与这股浪漫思潮的发生、发展共始终的。人们注意到，当莱辛强调莎士比亚的意义时，他的着眼点正是在于：“莎士比亚是在自荷马以来一切诗人当中，对于人（从国王到乞丐，裘力斯·恺撒到贾克·福斯塔夫）理解得最深刻，并通过一种不可思议的直观把人看得最为透彻的一位诗人。”[28]——与其说这是在呼唤莎士比亚，不如说这是在召引德国浪漫精神。继莱辛之后，著名的狂飙运动的领袖赫尔德，更加自觉地致力于“把莎士比亚德国化”[29]，究其实质，仍然是用德国浪漫精神去照亮莎士比亚的作品。因此，他在1771年所写的《莎士比亚》中，才那样热情地赞扬莎士比亚的剧本“自始至终抓住人们的心，抓住一切激情，抓住整个灵魂”，称莎士比亚为“历史和世界灵魂的伟大创造者”，他最重视的是莎士比亚对于戏剧的意义之外的，“对于我们的史学，对于人的心灵的哲学”的特殊价值。[30]因此，他在《奥赛罗》里发现的是“奇异的、不可思议的爱”和“狂热的激情”[31]。他眼里的哈姆雷特既好思辨，也重感情，是一位“年轻的形而上学家”，“徘徊在两个世界之间”，“好像是站在另外一个世界来看待尘世间的一切，甚至包括奥菲丽亚。未来，以至人类的整个景象在他眼里都显得混乱而惨淡”，正是形而上的内心世界与现实的外在世界的尖锐对立，使得他“肯定地属于人类中思辨的种类而非行动的种类”。[32]

赫尔德的莎士比亚观曾经影响了年轻的歌德。其实，据歌德自己说，莎士比亚对他的影响早已在少年时显示出来，他在《歌德自传》里回忆说，他是通过赫尔德的《莎翁选粹》认识莎士比亚的，那是“平生一个最快乐的时期”，“莎士比亚像一种崇高的灵感那样，吸引和鼓舞着我”[33]。值得注意的是，青年歌德和他的同代人最为倾倒的，竟是哈姆雷特的忧郁气质。歌德这样描述道："哈姆雷特和他的独白，像是一个不可见的幽灵，我们的青年的心全都为它所魔住。其中主要的文句，哪一个青年都记得住，好拿来吟诵。纵然谁也没有看见他的父亲的亡灵，没有父王的仇要报，但也相信应该像那个丹麦的王子那样的悲哀。"据歌德分析，正是这种"不能满足的热情和虚拟的苦恼"，在德国青年中埋藏下"厌世观的炸药"，他的《少年维特之烦恼》赤裸裸地、贴切地描写"青年的精神病态"，才"到处引起同感的反响，收到大的效果"。[34] 如此说来，歌德的维特可算是莎士比亚的丹麦王子的精神兄弟。

1795年，四十六岁的歌德在《威廉·麦斯特的学习时代》里又写下了他对哈姆雷特更加成熟的观察与思考。他发现，哈姆雷特"天性不是悲哀的，不是沉思的"，"他这个人本性是平静的"，"品行是单纯的"，这是一个本应给人世以快乐的天生的王子，悲哀和沉思对于他实在是一个沉重的负担。歌德从哈姆雷特意味深长的慨叹——"时代整个儿脱节了；啊，真糟，天生我偏要我把它重新整好"里，看出了"一件伟大的事业担负在一个不能胜任的人的身上"的悲剧："一个美丽、纯洁、高贵而道德高尚的人，他没有坚强的精力使他成为英雄，却在一个重担下毁灭了，这重担他既不能掮起，也不能放下；每个责任对他都是神圣的，这个责任却是太沉重了，他被要求去做不可能的事。"[35] 这里所说的岂止是哈姆雷特，我们很容易就联想起那位扬言"天叫我生在这个铁的时代，是要我恢复金子的时代，我是有使命的"的西班牙骑士（参看本书第一章有关分析），这种神圣的天赋使命感长期以来被认为是知识分子天生具有的必要标志，并且一直令人称羡不已。而现在，歌德却提出了质疑，他发现偏于内心世界的知识分子根本无力，或者说他们的气质、禀赋不适合于担负改造外部世界（把脱节的世界"重新整好"即扭转乾坤）的历史重任。"被要求去做不可能的事”，这正是知识分子的一个历史性的矛盾。歌德的这一认识，显然带有浓重的自我审视的成分，它反映了对建立和谐的外部世界的理想的绝望，进而转向追求内心世界的和谐。但歌德似乎又不甘心于此。因此，他在著名的《歌德谈话录》里，又提出了“一切健康的努力都是由内心世界转向外在世界”的命题，在他看来，这种转向主观的趋向，正好说明了“我们现在这个时代是一个倒退的时代”[36]：知识分子总是不能摆脱行动的诱惑，前述“以行动为存在的主要目的”的哲学依然时隐时现地影响着歌德和他的同代人。

最能说明这一点的，是歌德对于德国当代青年和德国国民性的如下自审：“他们完全沉浸在理念里，只有玄学思想中最玄奥的问题才能引起他们的兴趣，他们对健康意识和感性事物的喜悦连影子也没有”，“如果我们能够按照英国人的模子来改造一下德国人，少一点哲学，多一点行动的力量，少一点理论，多一点实践，我们就可以得到一些拯救，用不着等到第二个基督出现了”。[37]有意思的是，这一时期德国批评家对哈姆雷特的观照差不多都集中在他的思辨能力过强这一知识分子的先天不足上。弗·史雷格尔（一译施莱格尔）强调哈姆雷特“天性中的一切力量都集中在不停思虑的理智上，他行动的能力都完全破坏了”，“这个心灵由于无止境地思虑着的理智而陷于覆灭”，“他性格中思考和行动的力量无限失调”，表现了“人类心灵的无法解决的不和谐性”，他认为哈姆雷特的悲剧表现了“在一个极度的败坏的世界中，理智所遇到的无比绝望”。[38]另一位批评家乌尔里奇则指出，哈姆雷特“生性是个哲学家的头脑，他有完成伟业的意愿与能力，但那必须服从他自己的思想而通过自己独立、独创和创造性的力量去实现”，因而对出于外在的原因、由外部情况强加于他的事业，他都因为违反他的本性而本能地加以排拒：这正是他对复仇事业再三犹豫而不能断然行动的原因所在。批评家维歇把这种行动的犹豫归结为

"思辨的过盛"。他说:"思辨永远不会导致行动。思辨可以无限延长。当把要完成的事业的前前后后都想清楚以后,剩下要做的是抓住良机。于是某一刻来到了,看来时机已到,但谁敢担保将来不会有一个更好的时机?关于时机恰当与否的观念是相对的,而人在思辨中却寻找一个绝对恰当的时机,事实上这是没有的,永远也不会到来。"于是,有人就把著名的哈姆雷特的延宕问题称之为"理论化的意识的过错"[39]。——以上所有这些对于哈姆雷特的分析,我们都可以看做是对于批评家自己及德国知识分子以至对德国国民性的一种清醒的自我批判。对于这一点,德国的批评家们似乎也是直言不讳的。他们说:"世界上的哈姆雷特成群结队——在北欧少见,在德国却很多"(罗尔巴赫),"在哈姆雷特身上,莎士比亚像一位先知一样,在其最深刻的意义上抓住了德国民族的本性。哈姆雷特的力量和弱点正是德国民族的力量和弱点"(罗特歇),"德国就是哈姆雷特"(弗雷里格特)。[40]

在对哈姆雷特的观照中,注入了对德国民族弱点的自我批判精神,就使得在18世纪末19世纪初所提出的"把莎士比亚德国化"的历史任务,具有了更为丰富与深刻的内容。而"把莎士比亚德国化"的另一个重要侧面,则是如何将莎士比亚著作转化为德国民族语言。对莎士比亚著作大规模、有计划地翻译,是1762—1766年间出版的维兰德(一译威朗德、威兰德)的译本,共八卷(其中有《哈姆雷特》)。在此之后,约1775—1782年间,还有埃申堡(一译爱森堡)的译本。人们注意到维兰德与埃申堡的译本都是散文体的,这是一个必要的历史过程。歌德为此评价说:"我们德国人有一个优点,就是首先把许多外国名著以平易明快的文体翻译过来。莎士比亚的散文译本……因为以散文译出,无论何人也易读好懂。所以流传很快,影响很大。"歌德甚至认为,由于"儿童生性喜欢把什么事情都戏谑化,他们以声调的铿锵,音节的抑扬为快,他们爱好用游戏笔墨模仿别人诗文的坏习惯，往往使最优秀的作品的意义深远的内容为之破坏”，因此，“对于青年初期的教养，散文译本比韵文较为有效”。[41]但“按诗的方式”翻译莎士比亚剧作的任务仍然提了出来，需要克服的是语言技巧上的重重困难。在这方面，“歌德的榜样是划时代的。他改造了德国的语言。德语经过他的手，大大提高了灵敏度和容量，对于雄壮和优美具有如此丰富的表现力”[42]。这样，经过长期的历史准备，威廉·史雷格尔于1797年出版了《罗密欧和朱丽叶》的第一个德语韵文译本；接着重译了《哈姆雷特》，在1797—1801年间，他先后把莎士比亚的十六部戏剧都送到德国读者手里。[43]著名文学史家勃兰兑斯评论说：“这些译本实在无懈可击，仿佛出自一位同莎士比亚并驾齐驱的新起的诗人之手。”[44]而批评家舍雷尔则说：“施莱格尔（即史雷格尔）的莎士比亚，可以同席勒和歌德合作时期所写的作品并列而无愧，尽管作为艺术品有模拟和创作之分，而在圆满程度上二者都十分接近。”[45]因此，勃兰兑斯将莎士比亚剧作的史雷格尔德译本的出版，称为莎士比亚“在他的德语翻译者身上再生”[46]，是丝毫也不过分的。勃兰兑斯接着指出：“莎士比亚这样的在德国再生之后，他便精力充沛地影响着德国读者，他们或许不及他原来的读者那样在精神上同他相近，但是却在许多方面更能理解他。”[47]这样，莎士比亚在德国的生根：从莱辛的呼唤，维兰德、埃申堡的散文体翻译试验，到赫尔德、歌德、史雷格尔兄弟等的批评中将“莎士比亚德国化”的努力，直到最后威廉·史雷格尔诗体译本的集大成，构成了一个完整的历史过程。这同时也是德国浪漫精神与民族文学的自我寻找、形成与成熟的过程。正如勃兰兑斯所说，人们正可以从中“探索出一世代德国人的精神生活的大部分历史”[48]。

沉浸在“浪漫主义的沉思和梦幻之中”[49]的德国民族，他们对塞万提斯的堂吉诃德几乎倾注了同样的热情。有趣的是，塞万提斯在《堂吉诃德》第二部里，就以极大的善意谈到了德国人。小说第五十四章桑丘曾与一位叫做李果德的流浪汉作了一次饶有兴味的谈话。李果德告诉桑丘，他打算先去法国某一港口，“再到德国去过日子”。因为在他看来，“西班牙人和德意志人，都是好伙伴儿”，和蔼可亲，喜欢和人一起吃喝玩乐，而且，“日耳曼人不那么小心眼儿，让人信仰自由，各过各的日子，我们住在那里比较无拘无束”。[50]如此说来，堂吉诃德在德国受到欢迎，应该是塞万提斯意料中的事。就已经掌握的资料，约在1775—1777年间，德国翻译家弗里德利希·朱斯汀·贝尔图切即翻译出版了塞万提斯著作六卷本，其中包括《堂吉诃德》一、二部。而影响最大的，则是1799—1801年间出版的德国浪漫派主要代表人物路德维希·蒂克的四卷本译本（其中包括《堂吉诃德》一、二部）。据海涅说：“《堂吉诃德》翻译得特别成功，谁也不及我们卓越的蒂克那样深刻地理解这位曼却郡绅士的愚蠢的尊严气派，并把它如此忠实地再现出来。”[51]蒂克和他的朋友对堂吉诃德的深刻理解其实是一种强烈的共鸣。如勃兰兑斯所介绍，这些德国浪漫派的倡导者们，是一批心灵上的理想主义者、主观主义者，在自由狂热的心理支配下，“任意的自我肯定”使他们将“所面对的整个外在世界化为乌有”，凭着个人的主观意志随心所欲，为所欲为。[52]另一方面，他们又是一批逃避现实的梦想家，纷纷逃向“中世纪的目光朦胧的魔夜”去“追寻乌托邦”[53]。——这两个方面，都使人感到，他们自己就是堂吉诃德的德国重现。因此，他们既以崇敬的心情将塞万提斯的作品称为“完美的诗歌”[54]，又以极大的同情与理解，把堂吉诃德所表现的精神称为“悲剧性的荒谬”，或“悲剧性的傻气”[55]，这其实都有点夫子自道的味道。

不仅是这些德国浪漫派的领袖，18世纪末19世纪初，许多德国杰出的思想家、文学家，也都对于堂吉诃德形象作出了自己的独特阐释。席勒在1781年所写的《强盗》第一版“序言”里，曾将他所创造的德国强盗卡尔与西班牙骑士堂吉诃德作了有趣的比较，他说：“要求行动和权力的错误观念，破坏一切规范的充足精力，自然而然就粉碎了市民阶级所重视的一切约束；在这个追求伟大和显赫权势的狂热迷梦之上，只要再加上一点点对这个不合理想的世界的痛苦，一个稀有的堂吉诃德就完成了；这就是在强盗卡尔身上，我们所厌弃而喜爱，所惊讶而怜悯的。我希望，我不必声明说，我制作这幅肖像的目的并不仅仅是以强盗为限，正如那位伟大的西班牙讽刺作家并非仅仅鞭打了骑士们一样。”[56]据说，席勒“在主角卡尔的身上，反映了德国‘狂飙运动’的主要思想内容”，恩格斯曾把这个剧本称为“一个向全社会公开宣战的激昂的青年人的颂歌”[57]；席勒的上述序言则是明确地揭示了现实和未来的叛逆者与堂吉诃德的内在的精神联系，以及他们内含着的矛盾与危机。当然，更重要的是作家本人对他们的矛盾态度与心情。在作家笔下，卡尔有着对于幸福的热烈追求，对于永不能获得的圆满理想的执著追求[58]，他一再声称“我的精神要做一番事业，我的呼吸要追求自由”，“我向人们要求人道”[59]，并且不乏为理想的实现而献身的精神、热情、意志与勇气：卡尔的这些肯定方面都让人想起了堂吉诃德。但他却生活在一切都颠倒了的世界[60]，他强烈地感到自己是为这个世界所不容的弃儿，一再申说“那被爱的一瞬永远与我无缘，那水乳交融的友谊的拥抱，永远永远轮不到我身上”[61]，自称是一个永远找不到自己归宿的流亡者[62]——这里，席勒显然把《堂吉诃德》中已经提出的归宿问题大大地强化了，德国强盗身上的流亡者气质显然更甚于西班牙骑士：这自然都是打上了新的时代烙印的。卡尔最后终于走上了以暴易暴的道路，用卡尔自己的话说，是“妄想用恐怖把世界改好，妄想用反对律法来树立律法：我把这个叫做复仇和公理”，但毁掉一切的结果也毁掉了自己[63]：这正是集中了席勒（也许还包括了他们的同时代人）的全部矛盾。一方面他十分清楚，卡尔的复仇是被迫的，是他们的对手（在剧本中就是奉行着“凡是限制我不能做主人的束缚，我都要连根拔去”[64]的哲学的弗朗兹）对他施加暴力的结果，本身具有一定的合理性；但另一方面，他又不能不为这种复仇行动的后果感到震惊：“火焰本来是应该烧掉蜂窝的，现在却烧掉了欣欣向荣的好庄稼”，变成对孩子、女人、病人的谋杀。[65]如本书第一章所分析，莎士比亚的哈姆雷特原对复仇的后果就心存疑虑，当席勒在《强盗》里提出了更加明确与自觉的质疑时，就意味着他自己内在的哈姆雷特气质的强化。而有意思的是，席勒又同时注意到了以暴易暴行动后果与堂吉诃德精神的内在联系：在他看来，堂吉诃德式的以拯救天下为己任的宏伟理想与抱负，以及由此而焕发出来的热情、意志力，是很容易通向“追求伟大和显赫权势的狂热迷梦”的。其实，只要仔细阅读《堂吉诃德》本文，就不难发现，塞万提斯早已意识到，并讨论过了堂吉诃德与皇帝权力的关系问题：在小说第一部第十五章与第二部第十八章，堂吉诃德都反复对人宣称：“游侠骑士一生要遭遇千百次的危险和苦难，可是他们也有千百个机会，可以马上称王称帝。”[66]第一部第二十六章，理发师也曾与桑丘一起议论，认为堂吉诃德“他做大皇帝还比较容易，因为他那好战之心，压倒了学道之心”[67]。到小说第二部第四十二章，准备当总督的桑丘也对权力产生了兴趣，当公爵告诉他“桑丘啊，你尝到了那个滋味，一定舔嘴咂舌，啃住不放，你发了施令，大家不敢道个不字，那才是世界第一快事”，桑丘则欣然回答：“我想啊，对人发号施令确是好事，把一群牲口呼来喝去也是好的。”[68]至于堂吉诃德式的单凭主观幻觉与意志的盲目行动，会造成怎样的灾难性后果，在小说里早有清晰的表现，也是容易被人们所确认的。席勒在《强盗》里对堂吉诃德精神的复杂态度，对其正面与负面意义的发现，都是受现实启示的结果，也包含着对未来的某些隐忧。人们通常都认为席勒写于1781年的《强盗》“酝酿了法国革命的狂暴”，席勒还因此获得了“法兰西共和国荣誉公民”的称号[69]。其实，他此时对似乎是不可免的革命暴力后果的思考，也是开启了以后德国批评家对法国大革命的反思的。

和席勒一样，歌德也在关注与思考堂吉诃德，或者说他认真地汲取和消化着莎士比亚、塞万提斯的遗产。海涅曾经说：“隐隐然有什么绳子”把歌德与塞万提斯、莎士比亚“串在一起”，“他们的创作里流露出一种类似的精神：运行着永久不灭的仁慈，就像上帝的呼吸；发扬了不自矜炫的谦德，仿佛是大自然。歌德使人想起莎士比亚，也常使人想起塞万提斯。甚至他文笔的特色也和塞万提斯的相似，都是随便不拘束的散文，点缀着极可笑的，快意的讽刺”。[70]有些现代批评家认为，歌德写《少年维特之烦恼》，目的之一是以此清除自己身上的堂吉诃德式的狂热倾向；据说，歌德写过一篇自嘲式的幽默小品《感觉的胜利》，一位堂吉诃德式的王子把一个布娃娃看做是自己的杜尔西内娅，后来证明这个布娃娃肚子里填满了书，《少年维特之烦恼》就是其中的一本。这位批评家还指出：“歌德的浮士德同堂吉诃德一样，也是从一间书房出发的，他们都拿言词来和行为较量，由积累起来的理论同生活实践较量，然而这两位探索者所走的道路却是相反的。”[71]差不多一个世纪以后，一位名叫鲁多夫·洛克尔的歌德的同胞，写过一本题为《六人》的小册子，就是将浮士德与堂吉诃德、哈姆雷特、唐璜等一起看做是为寻求斯芬克司之谜的答案而永远流浪的探索者的。[72]浮士德与堂吉诃德、哈姆雷特的比较，这是一个大题目，有待另作专门研究。[73]

还有一位大名鼎鼎的哲学家也在关注堂吉诃德（与哈姆雷特），这就是黑格尔。他在《美学》第一卷第三章里别具慧眼地指出：“《哈姆雷特》里的鬼的出现还更美更深刻。这个鬼只是哈姆雷特自己的内心预感的一种外在形式。”黑格尔特别强调哈姆雷特气质中的多疑，认为“哈姆雷特延宕，因为他不肯盲目地相信鬼的话”，“他只是在怀疑，在他采取行动之前，他要想办法使自己确实有把握”。[74]他在《美学》第二卷里还设置专章讨论“浪漫型艺术”里的“骑士风”。黑格尔认为，骑士风所标榜的荣誉、爱情和忠贞，“并不是真正的伦理的和道德的特质，而只是主体塞满了它自己的那种浪漫型的内心生活所采取的一些形式”。因此，骑士荣誉感实质上是“对自己的无限主体性具有最亲切的肯定的意识”，“他并不问一件事本身是好是坏，而只问以他这样的人来做或不做这件事是否符合他的身份，是否关系到他的荣誉，因此他可以做出最坏的事而仍然是一个重荣誉的人，他甚至抱着一种主观任意性的目的把自己想象成某种人物把一些道义上的约束加在自己和旁人身上”；骑士的爱情最高原则是“主体把自己抛舍给另一个性别不同的个体”，同时在对方身上“找到自己存在的根源”，“认识到自己的无限性”；所谓骑士的勇敢，也是“从精神的内在因素，从荣誉感和骑士风产生出来的，在大体上是幻想性的，因为这种勇敢所制于主观任意性的行险侥幸”。[75]黑格尔的这些论述是对骑士风的一般抽象概括，但也有助于人们对于那一个西班牙骑士的认识。也许黑格尔对塞万提斯的创造的具体评价，会更有启示性。黑格尔首先指出：“《堂吉诃德》这部作品一方面是对浪漫的骑士风的一种嘲笑，一种百分之百的讽刺”，“另一方面堂吉诃德的事迹仿佛只是一条线，非常美妙地把一系列的真正传奇性的小故事贯穿在一起，把书中其他用喜剧笔调描绘的部分的真正价值衬托出来”。黑格尔还深刻地揭示了小说的“喜剧性的矛盾”：“在这里，骑士风的投机冒险是放在一种稳定的、明确的、外在关系描写得很详细的现实情况里的。这就产生了一个凭知解力安排得很有秩序的世界和一个与它脱节的孤立的心灵之间的喜剧性的矛盾，这种心灵妄想单凭它自己和骑士风来造成和巩固这种秩序，而骑士风其实会把它推翻掉。”黑格尔同样提醒我们注意堂吉诃德的内在矛盾：塞万提斯“把他的英雄描绘为具有本来就很高兴的在许多方面精神资禀都很好的人”，“但在他身上骑士风变成了疯狂”。更重要的是，“堂吉诃德的心灵在疯狂之中对他自己和他的事业抱有充分的信心，或是毋宁说，他的疯狂就在他始终坚信他自己和自己的事业”。黑格尔一再强调，“如果他对自己的行动的内容和结果没有这种不用思考的镇静态度，他就不成为真正的传奇性的人物性格”。这就是说，堂吉诃德的性格魅力正在于“对自己的思想的实体性内容所抱的那种自信心”，以及不计后果的人生态度，黑格尔认为，这是“伟大的，天才的，和他的一些最优秀的品质是相得益彰的”。人们可以对黑格尔的这一价值判断提出这样、那样的质疑，例如，黑格尔是否多少有些忽略了堂吉诃德的自信心与不计后果潜伏着的负面意义。但无论如何，到黑格尔这里，人们已经开始以一种比较复杂的眼光与态度去看待这位西班牙骑士，从内在矛盾中去把握这一形象，这自然是显示了一种成熟的。

可以说，我们的丹麦王子与西班牙骑士到19世纪初，已经在德国扎下根来，即是说，他们已经内化为德国民族文化的有机部分，这个事实本身就显示了德国文化精神的一个意义重大的变化。海涅在《论浪漫派》里在比较德、法文化时曾经谈到，法国人的爱国主义使人“心胸开阔”，“德国人的爱国主义则相反，使人心胸狭窄，就像皮革遇冷皱缩起来，凡是外国的东西一律仇视，于是他就不是欧洲人，而只想做一个心胸狭窄的德国人”。海涅同时指出，在现代德国已经创造出最辉煌最神圣的新的文化精神，“那种人道主义，那种普通的博爱精神，我们伟大的人物莱辛、赫尔德、席勒、歌德、让·保尔（即让·保尔·弗里特里希·里希特尔，歌德时代的著名作家——

原译者注）和德国一切有识之士始终遵奉的那种世界主义”[76]。这种世界主义是与对世界文学的自觉体认联系在一起的。歌德在1827年1月与爱克曼的谈话中，这样说道：“我愈来愈深信，诗是人类的共同财产。……我们德国人如果不跳开周围环境的小圈子朝外面看一看，我们就会陷入……学究气的昏头昏脑。所以我喜欢环视四周的外国民族情况，我也劝每个人都这么办。民族文学在现代算不了很大的一回事，世界文学的时代已快来临了。现在每个人都应该用力促使它早日来临。”[77]可以设想，哈姆雷特与堂吉诃德正是歌德和他这一代人环视四周的外国民族情况的一个重大发现。而德国人对哈姆雷特与堂吉诃德在心理与情感上的亲切感又反过来促成了世界文学的概念的形成。人们终于明白，人类在根本的人性上是相通的，文学从根底上是人类的，由此而酝酿着一种考察文学的新的眼光与方法：“从一个国家到另一个国家，从心理上探索更深刻的文学运动，并指出从一个时期到另一个时期，流动的质料怎样凝聚起来，结晶成一种或另一种明晰易解的典型。”[78]

只有到了这个时候，堂吉诃德与哈姆雷特的东移，才成为世界文学、文化史上的一个课题；而18世纪末19世纪初的德国正是这东移过程中第一个最重要的中介。

注　释

［1］司汤达：《拉辛与莎士比亚》，《莎士比亚评论汇编》上册，第403页。

［2］同上书，第395、393页。

［3］同上书，第392页。

［4］柳鸣九：《莎士比亚的天才》“译后记”，《莎士比亚评论汇编》上册，第422页。

［5］雨果：《〈克伦威尔〉序》，柳鸣九译《雨果论文学》，上海译文出版社，1980年，第39页。

［6］ 同上书，第 40 页。

［7］ 柳鸣九：《莎士比亚的天才》"译后记"，《莎士比亚评论汇编》上册，第 412 页。

［8］ 雨果：《莎士比亚论》，《雨果论文学》，第 150 页。

［9］ 斯达尔夫人：《论莎士比亚的悲剧》，《莎士比亚评论汇编》，第 361 页。

［10］ 泰纳：《莎士比亚论》，张可译《莎士比亚研究》，第 151、152 页。

［11］ 同上书，第 74 页。

［12］ 斯达尔夫人：《论莎士比亚的悲剧》，《莎士比亚评论汇编》，第 371 页。

［13］ 转引自王元化：《泰纳：〈莎士比亚论〉译文后记》，王元化《传统与反传统》，第 155 页。

［14］ 歌德：《歌德自传——诗与真》，刘思慕译，人民文学出版社，1983 年，第 512—513 页。

［15］ 海涅：《莎士比亚笔下的少女和妇人》，《莎士比亚评论汇编》上册，第 442 页。

［16］ 本多显彰：《德国人与莎士比亚》，王执钟译，载《译文》新 1 卷第 4 期。实际上，早在 1815 年，英国评论家华尔华兹在他的《论文补序》里，就已经指出："只有德国人、异邦人，才能几乎认识他（莎士比亚），是怎样一个人，他们怀着崇敬之情从莎士比亚身上所发现的优越性超过了诗人的同胞。"（转引自尼古尔·史密斯为自己的《〈莎士比亚评论集〉序言》所写的一条注释，见张可译《莎士比亚研究》，第 199 页）但华尔华兹的意见，遭到了他的同胞、英国批评家尼古尔·史密斯的反驳（见《〈莎士比亚评论集〉序言》的同一条注释）。最有影响的英国莎士比亚研究者柯勒律治也发表过类似的不同意见（也见史密斯的注释）。中国学者王元化对这场争论则发表了如下意见："关于英德两国在评论莎士比亚方面谁影响了谁的问题，应该认为是德国人领先的，因为歌德早在柯勒律治和席勒格之前就论述过《哈姆雷特》了，他是他们两人的先驱者。这里还没有把莱辛计算在内。就评论内容的深度来看，英国人也是远逊于德国人的。英国在 16、17 世纪之际出现了伟大的唯物主义思想家培根、霍布斯等。英国的古典经济学为马克思所推重。但在文艺理论方面，却显得贫乏而平庸。在莎士比亚评论方面只有一个柯勒律治的某些片段尚有可观，这实在令人为之感叹。但事实是最顽强的，任何人有意志都无法改变。"（王元化：《史密斯：〈莎士比亚评论集序〉译文题记》，《传统与反传统》，第 172—173 页）

［17］ 本多显彰：《德国人与莎士比亚》，《译文》新 1 卷第 4 期。

［18］ 海涅：《论浪漫派》，张玉书译，人民文学出版社，1979 年，第 20 页。

［19］ 海涅：《莎士比亚笔下的少女和妇人》，刘半九译，《海涅选集》（理论卷），人民文学出版社，1983 年，第 442 页。

［20］ 莱辛:《关于当代文学的通讯》第 17 期，洪天富译，选自伍蠡甫主编:《西方文论选》上卷，上海译文出版社，1979 年，第 417—418 页。

［21］ 斯达尔夫人在《德国的文学与艺术》里曾这样描述这段历史：“路易十四时代，那时欧洲大多数宫廷和作家都一心一意模仿法国人”，“不久之后，另一个流派崛起，取代了仿效法国的这一派。这个新派别在瑞士德语区起家，始则以模仿英国作家为张本”，“克罗卜史托克通过先向英国人模仿，竟唤醒了德国人的想象及其特殊性格。几乎在同时，温克尔曼在艺术中，莱辛在评论中，歌德在诗歌中，都建立了真正的德意志流派”。丁世中译，人民文学出版社，1981 年，第 11 页。

［22］［23］ 歌德:《歌德自传——诗与真》，刘思慕译，第 512 页。

［24］ 斯达尔夫人:《论文学》，徐继曾译，《古典文艺理论译丛》第二册，人民文学出版社，1961 年，第 71—75 页。

［25］ 歌德:《歌德自传——诗与真》，刘思慕译，第 614、617 页。

［26］ 斯达尔夫人:《德国的文学与艺术》，丁世中译，第 5 页。

［27］ 这是宗白华先生的意见，转引自刘小枫《诗化哲学》，山东文艺出版社，1986 年，第 6 页。

［28］ 这是莱辛在著名的《汉堡剧评》第 69 篇引述的莎士比亚翻译者维兰德说的话。文见《莎士比亚评论汇编》上册，第 244—245 页。

［29］ 勃兰兑斯:《十九世纪文学主流》第二分册《德国的浪漫派》，刘半九译，人民文学出版社，1981 年，第 56 页。

［30］ 赫尔德:《莎士比亚》,《莎士比亚评论汇编》上册，第 275、285、283 页。

［31］ 同上书，第 278 页。

［32］《哈姆雷特集注版》第 2 卷，第 277 页，转引自朱虹《西方关于哈姆雷特典型的一些评论》,《英美文学散论》，第 40 页。

［33］［34］ 歌德:《歌德自传——诗与真》，刘思慕译，第 513、515 页，第 617、618、625、626 页。

［35］ 歌德:《〈威廉·麦斯特的学习时代〉中关于哈姆雷特的分析》,《莎士比亚评论汇编》上册，第 294、296 页。

［36］ 爱克曼辑录:《歌德谈话录》，朱光潜译，人民文学出版社，1978 年，第 97 页。

［37］ 同上书，第 171—172 页。

［38］ 弗·史雷格尔:《论哈姆莱特》,《莎士比亚评论汇编》，第 312 页。

［39］《哈姆雷特集注版》第 2 卷，第 277 页，转引自朱虹《西方关于哈姆雷特典型的一些评论》,《英美文学散论》，第 41—42 页。

［40］ 同上书，第 42 页。

［41］ 歌德：《歌德自传——诗与真》，刘思慕译，第 513—514 页。

［42］ 勃兰兑斯：《十九世纪文学主流》第二分册《德国的浪漫派》，刘半九译，第 57 页。

［43］ 威廉·史雷格尔同时也是莎士比亚剧作的出色研究者。“论者多把他视为自浪漫主义思潮兴起后，首先以新精神肯定并研究莎士比亚的先驱”，他的代表作有《莎士比亚研究》等（见王元化《〈莎士比亚研究〉译文题记》）。

［44］［45］［46］ 勃兰兑斯：《十九世纪文学主潮》第二分册《德国的浪漫派》，第 61 页。

［47］ 同上书，第 61—62 页。

［48］ 同上书，第 62 页。

［49］ 同上书，第 17 页。

［50］《堂吉诃德》下册，第 593、301 页。

［51］ 海涅：《论浪漫派》，张玉书译，第 95 页。

［52］ 勃兰兑斯：《十九世纪文学主流》第二分册《德国的浪漫派》，第 37、26、27 页。

［53］ 阿尔多诺：《新音乐哲学》，1949 年德文版，第 83 页，转引自刘小枫《诗化哲学》，第 13 页。

［54］ 转引自哈利·列文：《吉诃德原则：塞万提斯与其他小说家》。

［55］ 艾契纳编：弗·史雷格尔手稿《文学笔记》2050 条，第 202—203 页，转引自杨绛《译者序》，《堂吉诃德》上册，第 8 页。

［56］ 席勒：《强盗》，杨文震、李长之译，人民文学出版社，1956 年，第 2—3 页。

［57］ 据《强盗》1956 年中译本“内容说明”。

［58］ 席勒：《强盗》，第 126 页。

［59］ 同上书，第 32 页。

［60］ 同上书，第 39 页。

［61］ 同上书，第 89 页。

［62］ 同上书，第 98 页。

［63］ 同上书，第 31 页。

［64］ 同上书，第 15 页。

［65］ 同上书，第 71 页。

［66］《堂吉诃德》上册，第 109 页。

［67］ 同上书，第 225 页。

［68］《堂吉诃德》下册，第 301 页。

［69］ 勃兰兑斯：《十九世纪文学主流》第二分册《德国的浪漫派》，第 24 页。

[70] 海涅:《精印本〈堂吉诃德〉引言》，钱锺书译，《海涅选集》(理论卷)，第 422 页。

[71] 哈利·列文:《吉诃德原则：塞万提斯与其他小说家》，北京师范大学出版社，1986 年，第 363—364 页。

[72]《六人》中文试译者为巴金，1949 年译成，1985 年由北京三联书店出版。

[73] 屠格涅夫在青年时代曾写过一篇题为《悲剧〈浮士德〉，歌德的作品》的文章(1845 年)(文收《文艺理论译丛》第 3 辑，中国文联出版公司，1985 年 12 月 1 版)。在文章中，他一再强调，浮士德“是个自我主义者，他只关心自己个人”，是“一个崇尚理论、爱面子、学究气、好幻想的自我主义者”，“靡非斯特是每个内心有了反省的人的魔鬼，他是那些特别为自己的怀疑所困惑的心灵中所出现的否定精神的体现，他是孤独的和脱离现实的人们的魔鬼”——有趣的是，屠格涅夫的这些分析，与他以后(1860 年)在《堂吉诃德与哈姆雷特》的演讲中，对哈姆雷特的分析十分接近，可见这两个典型之间确实存在着一种内在联系。

[74] 黑格尔:《美学》第一卷，朱光潜译，商务印书馆，1979 年，第 294—295 页。

[75] 同上书，第二卷，第 316、321、322、327、326、329 页。

[76] 海涅:《论浪漫派》，第 29—30 页。

[77] 爱克曼辑录:《歌德谈话录》，朱光潜译，第 113 页。

[78] 勃兰兑斯:《十九世纪文学主流》第二分册《德国的浪漫派》，第 11 页。

第五章

海涅决定性地出现：他的《论浪漫派》（1833年）第一次将堂吉诃德与哈姆雷特连在一起。海涅所提出的“堂吉诃德式的忧虑”的命题以及他对“精神与物质”、“思想与行动及其后果”关系的思考。海涅式的两难选择：知识分子与共产主义运动关系问题的第一次提出。

19世纪初，堂吉诃德和哈姆雷特的东移中的第一个关键人物也终于出现，他就是亨利希·海涅。

人们这样介绍海涅：他是歌德之后第一个获得世界声誉的德国诗人。他少年时期在波恩大学听过弗·史雷格尔的文学讲演，是吃浪漫主义的乳汁长大的。

海涅自己则回忆说，在他“童年知识已开、颇能识字以后，第一部读的书”就是塞万提斯的《奇情异想的绅士堂吉诃德·台·拉·曼却》；海涅并且用他的诗人的生花妙笔绘声绘色地描写了他第一次认识那位西班牙骑士的情景——

我那时不大会看书，每个字都要高声念出来，所以花鸟林泉和我一起全听见了。这些纯朴无猜的天然品物，小孩子一样，丝毫不知道天地间的讽刺，也一切当真，听了那苦命骑士当灾受罪，就陪着我哭。一株衰老不材的橡树微微啜泣，那瀑布的白色长髯飘扬得越发厉害，仿佛在呵斥人世的险恶。看到那头狮子无心迎斗，转身以屁股相向，我们依然以为这位骑士的英雄气魄可敬可佩。愈是他身体又瘦又干，披挂破烂，坐骑蹩脚，愈见他的所作所为值得夸赞。我们瞧不起那些下流俗物，那种人花花绿绿，穿着绫罗，谈吐高雅，而且顶着公爵头衔，却把一个才德远过他们的人取笑。我天天在花园里看这本奇书，到秋天就看完了；我愈读下去，就愈加器重，愈加爱慕杜尔西内娅的骑士。有一场比武真惨，这位骑士很丢脸，输在人家手里，我一辈子也忘不了念到这段情节的那一天。

那是个阴霾的日子，灰暗的天空里一阵阵都是气色凶恶的云，黄叶儿凄凄凉凉从树上落下来，憔悴的晚花奄奄待尽，头也抬不起，花上压着沉甸甸的泪珠，夜莺儿早已不知下落，望出去是一片衰盛无常的景象。我读到这位好汉骑士受了伤，摔得昏头昏脑，躺在地上。他没去掉面盔，就向那占上风的对手说话，声音有气无力，仿佛是坟墓里出来的。他说："杜尔西内娅真是天下第一美人，我却是世上最倒霉的骑士。尽管我本领不行，真是真非不可以颠倒，骑士大爷，你举枪刺罢！"我看到这里，心都要碎了……[1]

恐怕很少人有这样的投入的接受，堂吉诃德终于获得了真正的知音。也许只有天真的儿童与本色的大自然才会有这样的心灵的契合——《堂吉诃德》其书、其作者与堂吉诃德其人的真味与真价值或许正在这里。而且，我们也因此更深刻地认识了海涅本人……《堂吉诃德》一书对于海涅的吸引真是无止境的；海涅继续回忆说，在他成年以后，仍"每隔五年看一遍《堂吉诃德》，印象每次不同"，而且，"说也奇怪，在人生的征途里，尤其是徘徊歧路的时候，那瘦骑士和那胖侍从总追踪在我后面。”[2]于是，出现了这样的场景——

> 还记得那回上法国去游历。有一天我在驿车里发烧似的睡得很恍惚，清早醒来，朝雾朦胧，看见两个脸熟的人夹着我的车子并驱并进。右面是曼却郡的堂吉诃德，跨着他那匹行空绝迹的马罗齐南脱；左面是桑哥·潘查，骑的是那头脚踏实地的灰色驴子……[3]

这自然是幻觉，却于无意中证实：西班牙骑士的灵魂已经融入了这位德国诗人的自我生命之中。

海涅后来在他所写的《卢卡城》（1829—1830年）中进一步肯定“堂吉诃德式的行为是生活中最值得赞扬的事情”，甚至“就是生活本身”，“它鼓舞整个世界，连同一切在世上讲哲学、奏音乐、种田地、打呵欠的人去从事更加大胆的飞跃”[4]，他进而直言承认：“我只是堂吉诃德”，因为也“读了各种奇书，把脑袋弄迷糊了，正如曼却郡的那位骑士一样”——他从卢梭等启蒙思想家的著作里，接受了自由、平等、博爱的观念，即坚定地向着眼前的专制主义的墙壁冲去，即使碰得头破血流，也绝不与之和解。[5]但海涅也十分明确地划清了与堂吉诃德的界限，他说：“我从那些书本里汲取来的狂念和妄想和这位曼却郡的骑士的观念和妄想正好相反；他想重新恢复正在没落的骑士时代，而我正好相反，凡是那个时代遗留下来的东西，现在我要把它们完全消灭，因此我们带着完全不同的观点采取行动。我的伙计把风车看做巨人，而我则与他相反，只能在我们今天的巨人身上看出会吹牛的风车……”[6]有趣的是，当海涅强调他的不同于堂吉诃德的逆向性思维：从巨人身上看出了风车，从贵妇身上看出了娼妓，从宫廷典礼看出了一场傀儡戏时，人们却由此发现了一个哈姆雷特——海涅显然在同时与他的德国浪漫派的老师划清界限，在他看来，“恢复正在没落的骑士时代”，实质上是在“捍卫专制主义”[7]，而他自己是绝不对无论什么形式出现的专制主义妥协的。但他坚持这一点时，却又不能不时时感受着他称之为“堂吉诃德式的忧虑”的精神折磨。这是一种“不可描述的重围”，海涅这样描述处于重围下自己内心的紧张与恐惧：“白天和黑夜我都处于急难之中；因为那些敌人……变换各种形式，白天夜晚都有可能加害于我。……在我最没有料到的地方，却发现他们在地上的带有银色黏液的脚印，如果我掉以轻心，那我甚至在最最亲爱的人的屋里有可能滑倒，身遭不测。”[8]正是对于这种不知来自何处的迫害的预感、猜疑以至期待，刺激着诗人的想象力，于是就陷入了“空幻的忧虑”：“我自己胡思乱想，认为别人想尽一切办法要把我弄瘦；我肚子饿的时候，他们拿蛇来喂我，我口干的时候，他们让我喝艾叶，人们把地狱注入我的心房，使我哭出毒水，吐出火焰，在我夜晚的梦中他们追我不放——于是我看见他们了，这些可怕的面具：我看到龇牙咧嘴的高贵的走狗的面孔，我看到威胁人的银行家的鼻子，我看到在僧帽下露出的死样怪气的眼睛，我看到戴着袖口的苍白的手，握着铮光锃亮的匕首……”[9]这种幻想出来的痛苦实际上是一种幻想中大大加强了的现实痛苦，确实是堂吉诃德式的。——其实，塞万提斯在他的小说中，早已有了提示，至少是暗示：在小说第二部第十七章里，堂吉诃德就这样对别人说道：“我亲身体验到，我的冤家有的是显形的，有的是隐身的；而且我也拿不定他们在什么时候，什么地方，找什么机会，变成什么模样来攻击我。”[10]这原本是被人视为疯话的；但它经过时间的淘洗，到了19世纪30年代，终于经过德国诗人海涅的亲身体验，而被意识到其所指的真实的事实与内含着的深刻意义。以后，就不断地被不同民族的敏感的思想家与诗人所体认、阐释，海涅这里首次提出的“堂吉诃德式的忧虑”（即“空幻的忧虑”、“幻想出来的痛苦”）终于成为一个世界文化的共同命题。

海涅对堂吉诃德式的忧虑的共鸣，在一定程度上，也是反映了海涅忧郁而敏感的个性、气质的；他的这种气质决定了他也必然对那位忧郁的英国王子产生亲切感。而且这种亲切感也是幼时最初接触莎士比亚作品时即已产生，几乎是与生俱在的。这个信息是海涅在1838年所写的《莎士比亚笔下的少女和妇人》一文中透露的，在讲到《哈姆雷特》时，他这样写道——

> 我何必给你们讲这个哀婉的故事呢！你们从很小就都知道它，你们为丹麦人哈姆雷特的古老悲剧已经哭够了。他爱着可怜的奥菲利娅，远比千百个兄弟以他们全部爱情爱她还要热烈，而他发狂了，因为他父亲的亡魂向他显了灵，因为世界脱了臼，他要把它重新接合起来，又感到自己太软弱，因为他在德国的威登堡为着纯粹思维而荒废了行动，因为他面临选择，或者发疯或者采取敏捷的行动，因为他作为人一般具备着深远的癫痴气质。
>
> 我们认识这个哈姆雷特，好像我们认识我们自己的面孔，我们经常在镜子里看到他，但他却并不如人们所相信的那样为我们所认识；假如我们在街上遇见任何一个同我们一模一样的人，我们便会仅仅出于本能，怀着秘密的悚惧凝视着那个谙熟得令人惊愕的相貌，殊不知我们方才看到的正是我们自己的相貌啊。[11]

这同样等于是在宣布：“我是哈姆雷特。”海涅所认同的哈姆雷特“因为世界脱了臼，他要把它重新接合起来，又感到自己太软弱”——

这正是歌德所发现和首次阐释的感到自己无力担负扭转乾坤的历史重任的哈姆雷特。海涅在同一篇文章中，曾详细评述了莎士比亚在德国的命运，从莱辛、维兰德、赫尔德、歌德，一直说到威廉·史雷格尔、蒂克，他显然是以前述德国思想家、文学家所开辟的莎士比亚德国化传统的当然继承人与发展者自居的[12]。因此，海涅着意强调哈姆雷特荒废了行动是因为他在德国的威登堡接受了纯粹思维的训练，这是一点也不奇怪的，这里面所内含着民族自我批判意识是明显的。

海涅发现了哈姆雷特"作为人一般具备着深远的癫痴气质"，这无异于在这位丹麦王子身上发现了堂吉诃德气。这样，也许仅仅是出于诗人的敏感，海涅却于无意中迈出了哈姆雷特与堂吉诃德东移过程中决定性的一步：在此之前，人们都是将哈姆雷特与堂吉诃德作为两个不同民族（英国与西班牙）所创造的文学典型分别考察的，而现在却开始注意到他们之间内在的精神联系。海涅在同一篇文章里，就已经将创造堂吉诃德、哈姆雷特的塞万提斯、莎士比亚与歌德并称为"在记事、戏剧、抒情这三类创作里各登峰造极"的"三头统治"（一译为"三人执政"）[13]。在写于1833年的《论浪漫派》里，海涅又一次明确地将哈姆雷特与堂吉诃德连在一起，指出——

> 在幽默讽刺的伪装下，（堂吉诃德的）正直诚实显得最为动人心弦。这又使我想起那位奇怪的丹麦王子。哈姆雷特是世界上最诚实不欺的人。他装疯只是为了取得一个疯癫的外表而已。[14]

海涅的这一联想，正像有些研究者所指出的，仿佛替以后屠格涅夫关于哈姆雷特与堂吉诃德的比较的著名演讲"开了先路"[15]，在堂吉诃德与哈姆雷特东移史上自有特殊的意义与价值。

值得重视的是，在《论浪漫派》里，海涅提出的这个问题："这位思想精深的西班牙人还想更深刻地讽刺一下人类的本性？"塞万提斯写他的大作时，究竟抱着什么宗旨，一直是人们所关注并争论不休的问题。正如本书第一章所引述，作者自己曾明白交代，他写书的目的，仅仅在于嘲笑并埋葬风靡于西班牙的骑士英雄传奇；据说法国著名启蒙思想家孟德斯鸠在他的《随感》里也认为《堂吉诃德》的嘲笑对象是西班牙的书籍[16]。但到19世纪初，就提出了塞万提斯是不是同时"要把人类一切激昂奋发的热情举动，尤其是武士的英风侠骨，都当做笑柄"的问题[17]。开始时，陷于呼唤理想、激情的浪漫主义情绪中的批评家都是从消极意义上评价塞万提斯这一嘲讽的，因此，拜伦才在他的《唐璜》里那么尖锐地批评塞万提斯"把西班牙的骑士制笑掉了"，同时又使得西班牙从此"不出什么英雄"。[18]而现在，到了海涅这里，在对充斥一时的浪漫激情进行冷静的反思时，就能够更加深刻、全面也更客观地认识与把握塞万提斯和莎士比亚对人类与知识分子本性上的堂吉诃德气与哈姆雷特气所作出的嘲讽其正面的与负面的意义与价值。

海涅的思考，集中在两个基本命题上：精神与物质的关系（与此相关的理想与现实的关系）及思想与行动的关系——这也是19世纪三四十年代的德国所提出的时代课题。

因此，这一时期海涅最为关注的是，塞万提斯笔下的堂吉诃德与他的仆人桑丘的关系（真正展开堂吉诃德与哈姆雷特关系的讨论的任务，必须等到俄国的屠格涅夫来完成）。他认真地琢磨着："难道他（塞万提斯）真想在那位瘦长的骑士身上戏谑地模拟理想的热情，而在那位矮胖的侍从身上模拟现实的理智？""莫非他想用寓意的手法，让堂吉诃德体现我们的精神，让桑哥·潘查体现我们的肉身？那么全书岂不就不是别的，而只是一出规模宏大的神秘剧，以令人可憎的真实景象，探讨着精神和物质的关系？”[19]

海涅之所以如此思考与提出问题，是因为他从他的企图“通过毁灭物质来美化精神”[20]的德国知识分子和德国同胞身上，看到了堂吉诃德的幽灵。在《论浪漫派》一书里，他尖锐地指出，德国“中世纪的艺术作品就表现了精神制服物质的过程”[21]，浪漫派作家（包括他的老师弗·史雷格尔）更是“憎恶现在，害怕未来，他那启示一切的先知的眼光只投向他心爱的过去”[22]，这就意味着恢复抽象精神的绝对统治。于是，在唯物主义君临法国的时候，“在德国却兴起一种截然相反的哲学，它只认为精神是实在的东西，一切物质只不过是精神的修饰，他甚至否认物质的存在”。海涅辛辣地讥讽说：“精神在莱茵河的此岸受了侮辱，跑到莱茵河的彼岸去报仇雪恨了。人们在法国这儿否认精神的时候，精神便流亡到德国去否认物质。”[23]于是，在这一个半世纪中，德国“成了唯心主义的真正舞台”[24]。在海涅看来，更可悲的是，对绝对精神的崇拜，竟成了德国根深蒂固的国民性；他指出，思想深邃的德国人民自己就是唯灵主义者，人们“仍然受到天主教文艺中象征手法的束缚，把上帝当做精神的代表，把魔鬼当做肉体的代表，认为给肉体恢复名誉，就是对上帝背叛，和魔鬼结盟”[25]，因此，当伟大的歌德，这位德国现代文学的真正开创者，在他的《浮士德》里，表示对抽象精神的反感[26]，“要求物质的享受，并把固有的权利还给肉体”时，竟不能被德国读者接受与理解[27]。

正是怀着这样的强烈的民族自我批判意识，海涅在反观塞万提斯笔下的堂吉诃德与他的仆从时，就有了新的眼光；他发现，并且强调，历来被认为是堂吉诃德的附属的桑丘，“始终比那好高骛远，不切实际的主人明晓事理”，因为他懂得并且坚守一个普通的常识：“挨打的滋味很坏，而奥拉·波德利达的小香肠，滋味却十分美好。”海涅由此得出的结论是：“肉体有时候似乎比精神看问题更深刻。人们用脊梁和肚皮思考往往比用脑袋思考更加正确。”[28]这从日常生活中提炼出来的观念，比德国思想家们在抽象精神王国里推演出的玄妙的高论，显然更具有真理性。但正视现实的海涅仍然没有忽视，或者说他更为重视的是下面这一事实：“可怜的物质的化身桑哥（通译桑丘——引者注），常常不得不为了精神的化身堂吉诃德大吃苦头，他为了主人最高尚的意图常常挨到最不高尚的毒打”，“现实的理智徒有种种世代相传普遍有效的谚语格言，还是不得不骑着那头脾气和顺的驴子，跟在热情屁股后头东跑西颠”。他的结论是：“理想的热情具有强大的吸引力，使得现实的理智和他所有的驴子都身不由己地跟在后面。”[29]作为理想与热情化身的领袖人物（他们都是不同程度的堂吉诃德），对于广大群众的精神控制力量，在政治的和宗教的革命中是显示得特别突出的，这是一再为各时代、各民族的历史与现实所证实了的事实，也许只能到人类的本性上去寻求解释吧。——海涅在他的《卢卡城》里说这是“一种神秘的力量”的“驱使”……[30]

思想与行动的关系也许是海涅更有兴趣的话题。本来，自从复仇延宕问题提出以后，思想与行动脱节、缺乏行动能力几乎成了哈姆雷特最本质的特征。如前所述，在海涅之前，已经有许多思想家，从行动是存在的主要目的的观念出发，对哈姆雷特这一形象作了许多批判性的分析；与此相应，堂吉诃德的不顾一切的行动精神，以及在行动过程中所表现出的道德崇高性，也受到人们的普遍赞扬与欢迎。但对于海涅，思想与行动的关系问题，具有更大的迫切性与现实性：它与德意志民族文化精神的发展有着密切的联系。歌德在比较英国与德国国民性时，就已经指出：“德国人在劳心焦思以求解决哲学问题时，英国人却本着他们的实践方面的理解力在讥笑我们。”[31]歌德因此发出这样的感慨：“如果我们能按照英国人的模子来改造一下德国人，少一点哲学，多一点行动的力量，少一点理论，多一点实践，我们就可以得到一些拯救，用不着等到第二个基督出现了。”[32]海涅在行动、实践方面可能比歌德走得更远，在他看来，歌德的作品的最大缺陷，恰恰在于不会激起人们的行动，他说“行动是语言的产儿，歌德那些优美的语言是无儿无女的”，他以为这是艺术的“厄运”。[33]因此，海涅对于只知从事理论、缺少实践的德国，充满了仇恨。在著名的《德国，一个冬天的童话》里，他沉重地写道：“大陆属于法国人俄国人，海洋属于不列颠，但是在梦里的空中王国，我们有统治权不容争辩。”[34]在他看来，这绝不是德国的光荣，而是一种不可忍受的耻辱。因此，他在《论德国宗教和哲学的历史》里大声疾呼“思想要变成行动，语言要变成肉体”，他设想真正的思想“就是这样一个灵魂，一直到我们把它促成感性的现象为止，它是不会让我们安静的”。[35]他不无自豪地宣言：“记住吧，你们这些骄傲的行动者！你们不过是思想家们不自觉的助手而已。……马克西米利安·罗伯斯庇尔不过是卢梭的手而已，一只从时代的母胎中取出的一个躯体的血手，但这个躯体的灵魂却是卢梭创造的。”[36]

由此而产生了海涅式的预想。他说：“思想是在行动之前，就像闪电走在雷鸣之前。”[37]他从德国正在进行的哲学革命中，预见到了即将到来的政治革命，“革命力量是通过这些学说（康德、黑格尔、费希特的哲学——引者注）发展起来的，它只期待着那日子的到来，那时，它要爆发出来，使全世界震惊”[38]。他因此劝告人们：“不要讪笑那个期望精神领域中已经出现的同一革命也要在现象领域中出现的梦想家。”这劝告之所以值得重视，就因为他预言了未来革命的推动者，将是一些梦想家，即现代堂吉诃德们。他说：

> 那时武装起来的费希特主义者，也要登上舞台，在他们的意志狂热主义中，绝不会被威逼利诱所制服；因为他们生活在精神

> 中，不介意物质，像初期的基督徒一样，既不能被肉体的苦痛又不能被肉体的快乐所征服；是的，这些先验的唯心主义者们在社会的变革期甚而要比初期的基督徒更加刚毅，因为，初期的基督徒们仅仅为获得天国的幸福而忍受地上的苦难。但先验唯心主义者们却把这苦难本身看做空虚的假象，他们在自己思想的堡垒中是无懈可击的。[39]

海涅这里所说的先验唯心主义与意志狂热主义可以看做是对堂吉诃德精神的十分深刻的哲学概括；海涅同时描绘了一个生活在精神中，不介意物质，不为肉体的欢乐与痛苦征服的道德完善的圣徒形象。而海涅强调，将要登上舞台的是武装起来的费希特主义者（即先验的唯心主义者），则是对堂吉诃德形象内涵的一个新的开掘：重读塞万提斯的小说，人们才注意到，原来那位名叫参孙·加尔拉斯果的骑士当时就称堂吉诃德为“拿枪杆子的光辉榜样”[40]，堂吉诃德本人呢，不仅自称“耍枪杆子是我的职业”[41]，而且还有一番“对于文武两行的奇论”[42]：“法律不靠枪杆子就站不住；因为民主国家的自卫，王国的存在，城市的保障，公路的安全，海上盗寇的肃清，全靠枪杆子。”[43]堂吉诃德因此义愤填膺地说：“谁说拿笔杆子的行业比拿枪杆子的高，那就请他们滚出去！”[44]如此说来，堂吉诃德早已是一个枪杆子崇拜者（在某种意义上这也是一种自我崇拜），但人们直到三百年后才因海涅而认识他的这一特质，这自然是意味深长的。

在海涅对未来革命作出种种预测的时候，他的心情并不轻松。他让人们注意“在古日耳曼人中间常见的斗争意欲，这种斗争意欲不是为了破坏，也不是为了胜利，而只是为了斗争而斗争”，“基督教——这是它的最美妙的功绩——固然在某种程度上缓和了日耳曼粗野的斗争意欲，但仍旧未能摧毁它；当这个起着驯服作用的符咒、十字架一旦崩坏时”，“古代战士的野性，以及为北方诗人讽咏已久的帕则喀的愤怒（“帕则喀”是北欧传说中的勇士，发怒时能使敌人慑服，他的十二个儿子得到他的遗传，也以这种怒气和勇猛著称——引者注）必将霍然苏醒过来”[45]。对这样的从德国古老的民族性中苏醒过来的野性力量（即通常所说的革命暴力），对它所能发挥的作用，可能产生的后果，海涅和他的同类知识分子是既喜且忧又惧的。他们既为革命暴力将摧毁一切腐朽力量而欣喜，又忧虑于堂吉诃德式的理想、信仰、热情与早已存在于民族性格、传统中的非理性精神、斗争意欲结合起来，造成社会与文化的灾难性破坏。其实，这种复杂的感情更是由于现实的法国革命的启示而诱发产生的。海涅的老师弗·史雷格尔早就发表过这样的意见：法国大革命固然是各国历史上最伟大、最值得注意的现象，是一次世界性的大地震，但也是时代最可怕的怪事、最深刻的偏见，它把时代推入一个残酷的天翻地覆之中，交织成一出人类的悲喜剧，法兰西民族性格中一切悖理的东西都压缩在这场革命中了。[46]歌德也发表过类似意见：法国革命“它的恐怖行动离我太近，每日每时都引起我的震惊，而它的有益后果当时还看不出来”[47]。不难看出，史雷格尔、歌德与海涅对于革命的负面意义与民族文化、国民性格弱点的关系的思考与忧虑是极其相似的。尽管海涅在政治上时时表现出极端过激主义，他确实曾被法国1848年的革命所吸引，但他在写给出版商康培的信中，又批评说：“这是全面的无政府状态，世界大混乱，上帝狂妄的暴露……如果这一切继续下去，就应该把上帝老头也关起来。”[48]他对法国大革命有着更多的肯定，但他却又经常不断地重复他的保证，说他不是雅各宾分子，甚至从来也不是共和主义者。[49]海涅确实曾经说过，行动者的罗伯斯庇尔是思想家的卢梭的“手”，这只是一方面的认识；现在，他警觉到罗伯斯庇尔实行的雅各宾专政的某些行为有可能背离卢梭思想的初衷——这一方面的认识也许有更高的价值。

由此而产生了思想与行动的后果的关系问题。本来，对行动后果的疑惧，是莎士比亚笔下的哈姆雷特所固有的。而现在，海涅却是从一个更高的角度来重新思考行动的后果问题，从而将传统的思考推向一个新的层面。在著名的《德国，一个冬天的童话》第六章里，总有一个“乔装假面的客人，阴森森站在我的后边”；我问：“你是谁？你要做什么？”他回答：“我具有实践的天性”，“我把你所想的变为实际，你想，可是我却要实行”。到第七章里，“那阴暗的形体”真的将“我”的“清除”过去的遗骸的思想付诸实践，“他走过来，举起刑刀，把可怜的迷信遗骸砍得粉碎，他毫无怜悯，把他们打倒在尘埃”，“所有的圆屋顶都响起，这一击的回声，使人震惊！我胸怀里喷出血浆，我也就忽然惊醒”。[50]——这里，对于行动可能产生的后果的惊恐不安，是再明白不过的了。而在《论德国宗教和哲学的历史》一文中，则有更明晰的理论表述：海涅预言，可能会出现这样的后果——

> 它们可能变成一些最危险的现象……可能像疯狂的酒神节游行队伍那样冲击一切国度……可能用酒杖打烂我们那些最为纯洁的花朵……可能打进我们的医院把那害病的旧世界从病床上赶走——这自然会使我的心非常悲伤，并且我本人也将在这种情况下受到损害！因为，唉！我本人其实也不幸属于这个害病的旧世界……我在你们所有人中是一个病得最重的人……[51]

这里，集中了一系列十分深刻的矛盾：既包含着对于行动，特别是群众的非理性的暴力行动必然造成的破坏性后果（包括“打烂我们那些最纯洁的花朵”这样的对于精神、文明的摧毁）的不安、恐惧，以及自身应对这些后果负责的负疚感，又孕育着自身既反叛“害病的旧世界”（旧传统）为其所不容，又“属于这个害病的旧世界”（旧传统），将伴随之而毁灭的无可归宿的悲剧性命运的自省。这一切，又最终归结为“思想的实现即思想自身以及思想者的毁灭”的命题——这正是作为现代思想者的知识分子的最大困惑。

于是，就产生了海涅式的两难选择：“假如在我手中掌握了世上所有思想的话”，是“不放走它们”，将其禁锢起来，还是不计后果地“把它放出去”？这显然是哈姆雷特的“思想，还是行动”的矛盾的生发和深化。而海涅的选择却是——

> 无论如何我决不把它们长期地关闭起来。我是不宜于去做思想的狱吏的。凭上帝发誓！我要把它们放出去。尽管它们可能变成一些最危险的现象……[52]

这就是说，尽管提出的问题——思想与行动及其后果的关系完全是哈姆雷特式的，海涅因此再三强调近代文学与哲学里的沉潜到思维深处的怀疑精神，他对于自身既反叛又属于旧世界地位的审视，更是将自我怀疑精神发展到了极致：他所开始的是将哈姆雷特精神现代化的历史任务，但对于问题的解答——不计后果，知其不可为而为之——却又是典型的堂吉诃德式的：对于海涅来说，思想的自由与行动的权利是至高无上的；而这又都是那位西班牙骑士所最为醉心的（参看本书第一章有关分析）。

海涅是一个有着“饱满的政治情绪和政治思想”的“政治诗人”[53]，因此，他对思想与行动及其后果关系的思考，必然与他在现实政治中的选择紧密联系在一起。文学史家勃兰兑斯称海涅为“在他所处的时代”的“激进主义者中走得最远的人”[54]——正是海涅在共产主义运动刚刚兴起时，就“从真正的本质上发现了共产主义并且充当了它的热情洋溢的预言者”[55]，海涅与马克思、恩格斯的友谊是人所共知的。海涅曾一再公开承认共产主义“对我的心灵具有一种使我不能抵御的魔力”[56]；从他的有关论述，可以看出，这种魔力主要来自三个方面。在他看来，共产主义运动的宗旨是“建立一个同等光荣，同等神圣，同等幸福的众神的民主”[57]，“是对一切民族的博爱，是财富归众人，归地球上所有自由公民所公有”[58]，正是这种社会平等的理想深深迷住了海涅——海涅研究专家指出，对于海涅，“他的第一主题：面包是人民的权利”，这明显“盖上了圣西门主义的印记”，带有浓厚的乌托邦的色彩[59]；而海涅本人则说：“一种可怕的三段论法把我捆住了，如果我不能反驳‘人人都有吃饭的权利’这个命题，那就得遵从这个命题引出来的一切结论”[60]，这又似乎回到我们曾经讨论过的构成堂吉诃德精神实质的逻辑、语言的迷宫上来了。这在共产主义运动及其成员的关系上是一个极重要的问题，海涅所提出的这一思想萌芽的意义自是不言而喻。而尤其使海涅动心的，是这种人人都有饭吃的权利，并不限于狭隘的民族范围，共产主义者“信奉的根本信条是绝对的世界主义”，是所谓全人类的幸福，海涅说：“这个基本信条从前福音书上也宣扬过，比起那些所谓的德国爱国者来，比起一个排外民族的心胸狭隘的战士来，共产主义实际上是更好的基督徒。”[61]共产主义运动对海涅这样的知识分子的吸引力还来自“从理论转到行动，转到一切思想的最终目的”的强有力的实践品格[62]，以及给敌人“以致命的打击”的意志与力量。有意思的是，无论是对平等社会的向往，还是对行动、意志的渴求，都恰恰与塞万提斯笔下的那位西班牙骑士有着内在的精神的相通，至少可以说海涅对共产主义运动的同情，是带有几分堂吉诃德气的。但正如勃兰兑斯所说，尽管海涅“不时表现出极端过激主义”，他“同一时间里既是一个伟大的追求自由的人，又是一个明显的贵族分子”[63]，他最害怕借口平等而对“天才和富有探索精神的智者充满仇恨”[64]，造成精神的平庸——他曾在一首诗里，这样讥讽“每头驴都有权担任最高的官职，可狮子却竟然让它驮着口袋到磨坊”去的“严格的平等”[65]。因此，海涅也毫不隐讳自己对于共产主义运动及将由这个运动建立起来的新的社会的憎恶和恐惧：“他们将用长满老茧的手毫不怜惜地砸碎我心爱的大理石雕像；他们将摧毁诗人所钟爱的一切光怪陆离的装饰品和供人玩乐的艺术品；他们将要砍掉我的桂树丛林，在那里栽种大豆……唉，我的歌集将被杂货商折成纸袋给未来的老太婆装咖啡和烟草。唉！我预见到这一切，每当我想到毁灭，心里就感到一种说不出的悲哀……”[66]从海涅对于未来的毁灭的疑惧和悲哀里，人们似乎又嗅到了某种哈姆雷特气。在某种意义上可以说，海涅对于共产主义运动既赞赏又疑惧的态度，正是他身上的堂吉诃德气与哈姆雷特气的反映，而这都是来自知识分子的本性的：他们既天生地有着追求群体平等的人道主义倾向，又本能地对个体精神自由、个性发展持有特殊的热情与敏感。海涅在共产主义运动兴起时所面临的两难选择，是“共产主义运动与知识分子关系”问题的最初思考，以后人们将不断地回到这个命题上来，海涅的思考也就越发显示出其深远的影响与意义。就本书所讨论的堂吉诃德与哈姆雷特的东移问题而言，海涅则无意中完成了由人性层面的困境的探讨向政治层面的选择的转变。这种转变，同样也是影响深远的。

注 释

[1][2][3] 海涅：《精印本〈堂吉诃德〉引言》（1837），钱锺书译，《海涅选集》（理论卷），第409—410页，第411页。

［4］［5］［6］［7］［8］［9］ 海涅:《卢卡城》第十五章，韩世钟译,《海涅选集》（游记卷），人民文学出版社，1990 年，第 423 页，第 428–430 页。

［10］《堂吉诃德》下册，第 118—119 页。

［11］ 海涅:《莎士比亚笔下的少女和妇人》，刘半九译,《海涅选集》（理论卷），第 499—500 页。

［12］ 同上书，第 442—448 页。

［13］ 海涅:《精印本〈堂吉诃德〉引言》（1837），钱锺书译,《海涅选集》（理论卷），第 421 页。

［14］ 海涅:《论浪漫派》，张玉书译，第 94 页。

［15］ 钱锺书:《精印本〈堂吉诃德〉引言》“译者后记”,《海涅选集》（理论卷），第 427 页。

［16］［17］ 转引自《精印本〈堂吉诃德〉引言》注释①。

［18］ 参看本书第三章有关部分。

［19］ 海涅:《论浪漫派》，张玉书译，第 95—96 页。

［20］ 海涅:《论德国宗教和哲学的历史》（1833），海安译,《海涅选集》（理论卷），第 226 页。

［21］ 海涅:《论浪漫派》，张玉书译，第 8 页。

［22］ 同上书，第 66 页。

［23］ 同上书，第 68 页。

［24］ 海涅:《论德国宗教和哲学的历史》（1833），海安译,《海涅选集》（理论卷），第 253 页。

［25］ 海涅:《论浪漫派》，张玉书译，第 57 页。

［26］ 同上书，第 59 页。

［27］ 同上书，第 57 页。

［28］ 同上页，第 96 页。

［29］ 同上书，第 95 页。

［30］ 海涅:《卢卡城》第十五章，韩世钟译,《海涅选集》（游记卷），第 423 页。

［31］《歌德谈话录》，朱光潜译，第 196 页。

［32］ 同上书，第 172 页。

［33］ 海涅:《论浪漫派》，张玉书译，第 49 页。

［34］ 海涅:《德国，一个冬天的童话》，冯至译，人民文学出版社，1978 年，第 43 页。

［35］［36］ 海涅:《论德国宗教和哲学的历史》（1833），海安译,《海涅选集》（理论卷），第 291 页。

［37］［38］ 同上书，第 339 页。

［39］ 同上书，第 338 页。

［40］《堂吉诃德》下册，第 53 页。

［41］ 同上书，第 204 页。

［42］《堂吉诃德》上册，第 354 页。

［43］ 同上书，第 355 页。

［44］ 同上书，第 351 页。

［45］ 海涅：《论德国宗教和哲学的历史》（1833），海安译，《海涅选集》（理论卷），第 338 页。

［46］ 参阅 F. 施莱格尔：《雅典娜神庙断片》第 421 节，见《F. 施莱格尔选集》卷一，1980 年德文版，转引自刘小枫《诗化哲学》，山东文艺出版社，1986 年，第 12 页。

［47］《歌德谈话录》，朱光潜译，第 23 页。

［48］ 转引自贝尔格《我用我巨大的痛苦作成一首首小诗——以〈回忆〉一诗为例论海涅晚期抒情诗》，张玉书编《海涅研究》，北京大学出版社，1988 年，第 23 页。

［49］ 勃兰兑斯：《十九世纪文学主流》第六分册《青年德意志派》，高中甫译，人民文学出版社，1986 年，第 119 页。

［50］ 海涅：《德国，一个冬天的童话》，冯至译，第 37、40、47、48 页。

［51］ 海涅：《论德国宗教和哲学的历史》（1833），海安译，《海涅选集》（理论卷），第 291—292 页。

［52］ 同上书，第 291 页。

［53］ 勃兰兑斯：《十九世纪文学主流》第六分册《青年德意志派》，高中甫译，第 116 页。

［54］ 同上书，第 120 页。

［55］ 梅林：《纪念海涅》（1906 年 2 月），《梅林论文学》，人民文学出版社，1982 年，第 203 页。

［56］ 海涅：《卢苔齐亚》法文版前言，转引自梅林《海涅评传》，《梅林论文学》，第 203 页。

［57］ 海涅：《论德国宗教和哲学的历史》（1833），第 291 页。

［58］ 海涅：《卢苔齐亚》法文版前言，转引自梅林《海涅评传》，《梅林论文学》，第 203 页。

［59］ 胡其鼎：《瓦格纳与海涅》，张玉书编《海涅研究》，第 370 页。

［60］［61］ 海涅：《卢苔齐亚》法文版前言，转引自梅林《海涅评传》，《梅林论文学》，第 203 页。

［62］ 海涅：《论述德国的书信》“第一封信”，张玉书编选《海涅选集》（理论卷），第349页。

［63］ 勃兰兑斯：《十九世纪文学主流》第六分册《青年德意志派》，高中甫译，第119、121页。

［64］ 同上书，第123页。

［65］ 同上书，第201页。

［66］ 海涅：《卢苔齐亚》法文版前言，转引自梅林《海涅评传》，《梅林论文学》，第202—203页。

第六章

19世纪的俄国怎样成为堂吉诃德与哈姆雷特东移中的第二个中介：从普希金、别林斯基、赫尔岑到车尔尼雪夫斯基、杜勃罗留波夫。

当德国的思想家、作家们纷纷与堂吉诃德、哈姆雷特认同时，这两位不知疲倦的旅行者、漂泊者又把目光转向德国的东方：那广袤无边的俄罗斯黑土。而这时，正在为创造自己的民族文学苦斗的俄罗斯的先进知识分子也在向西方四处寻求精神力量，就像一百多年后的中国一样。一个历史性的相遇就这样出现了。

时间是在18世纪末19世纪初。据说，1769年出现了一个《堂吉诃德》的不完全译本（译者不详），1791年由H．奥西普夫译出了《堂吉诃德》全译本。而在此之前，普希金的先驱、俄国作家与历史学家卡拉姆泰于1787年翻译出版了莎士比亚《恺撒大将》的散文译本，是从法文转译的。《哈姆雷特》则由M．N．伏伦琴科于1828年译成俄文。

曾经在德国发生的历史似乎又在俄国重演：真正发现与认识莎士比亚、塞万提斯的作品的价值，并对它们在俄国的传播、生根产生深远影响的，也同样是俄国的“莱辛”、现代俄国民族文学的奠基者——普希金。俄国文学发展的历史起点，也是从移植、模仿欧洲文学，首先是法国文学开始。在叶卡捷琳娜时代，如高尔基所说，“是把法兰西唯物主义哲学、自由主义，连同骄奢淫逸的风气一起自由地输进俄国来的时代”[1]，在文坛上，占支配地位的也是高乃伊、拉辛的法国式古典主义戏剧。到普希金的时代就面临着一个新的选择。普希金在《论民众戏剧和戏剧〈玛尔法女市政长官〉》里就是这样提出问题的：“我们的悲剧是按照拉辛悲剧的范例而形成的，它是否能够摆脱自己的贵族习气呢？它怎么能从自己节奏铿锵的、正大堂皇的、彬彬有礼的对话，转变为人民热情的粗野流露和广场意见的自由抒发呢？它怎么能突然停止卑躬屈节，怎么能摆脱习以为常的规则，摆脱那强使一切俄国的东西向一切欧洲的东西看齐的做法呢？在欧洲，能向谁学习民众所懂得的惯用语呢？……我们的悲剧能在哪里找到同情？”[2]很显然，普希金给自己提出的任务，是要创造真正属于俄国民族和民众自己的戏剧，除了继承本民族文学传统外，他需要有新的借鉴，寻找新的同情。在同一篇文章里，普希金特意提出了“民间的莎士比亚式的悲剧”来与“宫廷的拉辛式的戏剧”相对照，他要人们注意两者之间的重要差别[3]。这同样预示着一种转变：由拉辛的法国偶像转向莎士比亚的英国偶像。正像别林斯基在《文学的幻想》里说：“在那时，即在二十年代（1817—1824）我们这里隐约地传出了在欧洲进行着的智能革命的回声；在那时，纵然胆怯而模糊地，人们开始诉说，喝醉酒的野蛮人莎士比亚是不可测量地高出于古板的拉辛之上。”[4]这里显然存在着斗争，正如一位研究者所说，“那些想从所谓古典主义派的陈旧的规律与法则中解放出俄国文学的斗争的先导者们充分理解到莎士比亚的重要性，而那些古典主义的拥护者们却给他一个野蛮人的称号”[5]。据高尔基在《俄国文学史》里介绍，连茹科夫斯基也称哈姆雷特为“怪物”，认为这个人物是“古怪的虚构”[6]。正是普希金第一个保障了莎士比亚在俄国的胜利，他一再地提醒人们注意伟大的莎士比亚研究与表现人和人民——人的命运、人民的命运的人文主义传统[7]，学习莎士比亚创造“活生生的，具有多种热情、多种恶行的人物”的现实主义艺术。[8]普希金自称是俄国文坛上的“外交部长”，他在竭力塑造莎士比亚的权威形象的同时，也不遗余力地向俄国文坛和读者引荐但丁、塞万提斯、歌德等世界文学的大师的著作。他的目的是要把俄国文学的眼光引向世界。我们从果戈理的《一个作家的自白》里得知，普希金在向果戈理提供《死魂灵》的情节的同时，还提醒他要注意借鉴塞万提斯的《堂吉诃德》的创作经验——后来，别林斯基在为果戈理的创作辩护时就这样说：喜剧和悲剧“这两种矛盾的因素在他身上不可分割地、完整地融合成一个统一的，锁闭在自身里面的个性”，“在所有一切著名的欧洲文学作品中，这样的把严肃和可笑，悲剧性和喜剧性，生活中的琐屑和伟大的、美丽的东西交融在一起的例，甚至还是不完全的例，仅见于塞万提斯的《堂吉诃德》”。[9]据说，普希金还有塞万提斯《吉波茜女郎》的粗略的翻译草稿[10]，也从一个侧面显示了普希金介绍塞万提斯著作的热情。

普希金之后，别林斯基可以说是介绍莎士比亚与塞万提斯给俄国读者大众的第一人。别林斯基曾在一篇文章里坦然宣布：“我们俄国人，是整个世界的继承人，还不仅是欧洲生活的继承人而已。”[11]他正是从世界文学发展的全局，评价莎士比亚与塞万提斯都是近代新艺术的奠基者，他指出：“莎士比亚和塞万提斯所创始的我们的新艺术，既不是古典主义的，因为我们既不是希腊人，又不是罗马人；又不是浪漫主义的，因为我们不是骑士，也不是中世纪田园诗人”，“新艺术”是“古典主义艺术和浪漫主义艺术的协调，同一”。[12]在著名的《论俄国中篇小说和果戈理君的中篇小说》里，别林斯基又高度赞扬他的两位文学前辈“在16世纪，完成了艺术方面最后的改革：塞万提斯用无与伦比的《堂吉诃德》击败了诗歌的虚伪理论倾向，莎士比亚则使得诗歌和现实生活永远调和、结合了起来”。别林斯基显然认为，俄国作家是莎士比亚与堂吉诃德开创的新艺术的当然继承人，他对他们怀有一种几乎是天生的亲切感。

别林斯基公开承认：莎士比亚与荷马、普希金一起，是他艺术上“三个崇拜的神”[13]。他最为重视的是莎士比亚艺术世界的无比真实与无比博大。他把莎士比亚放到世界文学星座中作比较，得出了这样的结论：“如果拜伦探测了恐怖和苦难，如果他仅仅领悟了、表现了心的痛苦，灵魂的地狱，那么，这就是说明：他仅仅领悟了宇宙生活的一面，仅仅给我们表现了、显示了它的一面。席勒给我们传出了天上的秘密，仅仅像他自己理解那样地显示了美好的生活，仅仅给我们唱出了他所珍爱的沉思和梦想：在他的笔下，生活的恶，不是写得不真实，就是夸张地被歪曲；席勒在这一点上是和拜伦一样的。可是，莎士比亚，那神通的、伟大的、不可企及的莎士比亚，却领悟了地狱、人间和天堂；他是大自然的主宰，他同样地考察善与恶，在富有灵感的透视中诊断宇宙脉搏的跳跃！他的每一出戏都是一幅世界的缩影……”[14]在另一篇文章里，他干脆说，“莎士比亚是一个象征的字眼，它的意义和内容像宇宙一样伟大和无限”，但他同时又强调，“莎士比亚所创造的世界不是偶然的，也不是特殊的，却就是我们在自然中，在历史中，在我们自身中所看到的那同一世界”。[15]在别林斯基的眼里，莎士比亚的世界既是“异乎寻常的崇高伟美”，又是“朴素、平凡和自然的”。[16]以这样的莎士比亚观看《哈姆雷特》，别林斯基认为，它就是“那位前无古人后无来者、全体人类所加冕的戏剧诗人之王的灿烂王冠上面的一颗最光辉的金刚钻”[17]。他如此深情地写道：“哈姆莱脱！……你懂得这个字眼的意义吗？——它伟大而又深刻：这是人生，也是人，这是你，这是我，这是我们每一个人，或多或少，在那崇高或是可笑，但总是可悯又可悲的意义上……”[18]——

这不仅是别林斯基个人与莎士比亚以及他的哈姆雷特的认同，更是俄罗斯民族精神与莎士比亚以及他的哈姆雷特的英国文化精神的认同：这博大、深刻、真实、朴素的诗之精灵是不能不使人想起俄罗斯母亲广袤无际的大地之魂的。别林斯基本人也是这样思考与提出问题的，他要人们注意研究俄国文学的历史："腐朽而又虚弱的法国古典主义怎样若即若离"地"接种在泼辣强大的俄罗斯精神上面"，从普希金开始，"在短促的时间内，德国和英国人生动的灵感怎样跟俄罗斯精神紧密地结合起来"。他显然是从后者那里看到了俄罗斯现代文学发展的希望。别林斯基还这样谈到俄、德两国文化精神的联系："我们在精神的局部表现上和德国人毫无共通之处，可是在精神的基础、本质和实体上都和他们有许多共通之处。"[19]借用前述勃兰兑斯对赫尔德"想把莎士比亚德国化"的评价，我们也可以说，从普希金到别林斯基，所要完成的，也是将莎士比亚俄国化的任务。而这两者之间，又似乎存在着某种承接关系。

因此，别林斯基对哈姆雷特的探讨，以歌德的经典评论为基础，就不是偶然的了。别林斯基认为，歌德在《威廉·麦斯特的学习时代》里提出的"认识责任后意志的软弱"的概念，"包含着整个剧本的基本思想"，是"天才理解了天才"。[20]在另一篇文章里他也沿着歌德的思路，把哈姆雷特概括为"有着伟大的思想却只有幼童似的意志的人"[21]。但他并不满足于此，又进一步指出，哈姆雷特最终还是"从斗争中解脱了出来，就是说，他战胜了意志的软弱。因此，意志的软弱并不是基本的概念，却只是另外一个更普遍、更深刻的概念的表现——这就是分裂的概念，分裂是怀疑的结果"[22]。他解释说，所谓分裂，"是从精神上的幼稚的、不自觉的和谐与自我享乐走向不和谐与斗争的过渡"。这就是说，父亲的无辜遇害使作为深思的梦想家的哈姆雷特陷入了"现实与他的生活理想之间的不相适应"，他终于看到“生活的梦想和生活本身完全不是同一个东西”，而开始懂得“美好的只是实有的东西，却不是按照他个人对事物的主观看法所应该有的东西”。[23] 别林斯基对于精神幼年时期梦想家的哈姆雷特的分析，很容易使人们联想起堂吉诃德。在别林斯基看来，哈姆雷特与建立在梦想基础上的和谐的分裂（也即与堂吉诃德的主观梦幻的决裂），尽管因此暂时失去了自持力，出现了短暂的疯狂，表现出某种意志软弱（别林斯基强调：“这只是分裂的结果，却不是他的天性造成的”[24]），但却是“人的共同的不可避免的命运”。它不但引导人们如哈姆雷特那样因此走向斗争，而且“是走向精神上的雄伟的自觉的和谐与自我享乐的过渡的必要条件”。别林斯基的结论是：“一个人精神越崇高，他的分裂就越是可怕。他对自己的有限性的胜利也就越是辉煌，他的幸福也就越是深刻和神圣。这便是哈姆雷特的软弱的意义。”[25]——与他的前人相比，别林斯基给予了哈姆雷特以更加积极的肯定评价；在他的心目中，这位丹麦王子始终有一个“美丽而且伟大的灵魂”[26]，他在“软弱时也是伟大而强有力的，因为一个精神强大的人，即使跌倒，也比一个软弱的人奋起的时候高明”[27]。这种积极评价或许正是表现着在别林斯基的时代俄国对于知识分子的一种期待吧。

尽管别林斯基认为哈姆雷特摆脱堂吉诃德式的主观梦幻是一种成熟，但他仍然以崇敬的心情谈论着这位西班牙骑士：“堂吉诃德不讲旁的，总是一个赞赏的豪侠的人物；一个不知畏惧，不怕谴责的真正的武士。”更准确地说，别林斯基的态度是矛盾的：一方面，他充分地肯定堂吉诃德的品质、意志和追求精神，另一方面他又清醒地看到，堂吉诃德“他永远不能将他伟大的心脏中的丰富的宝藏，使用于适当的时候，确切的机会与正当的动机”，而且，别林斯基看得很清楚，“无论哪儿及一切时代中”，都存在着这种堂吉诃德式的“精神偏执狂”，“他们是聪敏的，可是仅限于他们的梦的领域中；他们是能够自制而克己的，可是仅仅为了个幻影；他们是有天赋的，可是这些天赋都未能结成果实”。[28]——这里是否也同样包含着对俄罗斯知识分子的自省呢?

几乎与别林斯基同时，另一位著名的俄国启蒙思想家、作家赫尔岑，也对莎士比亚和塞万提斯的创造，给予了极高评价，说“塞万提斯用辛辣的讽刺向世界宣告骑士的软弱和不合时宜”，莎士比亚则“结束了艺术浪漫主义时代，开辟了新时代”，因为他“天才地揭示了人的主观因素的全部深度，全部丰富内容，全部热情及其无穷性；大胆地探索生活直至它最隐秘的禁区，……这已经不是浪漫主义，而是超越了浪漫主义”。[29]赫尔岑尤其倾心于《哈姆雷特》，他在写给女友的信中说：“《哈姆雷特》我已经读过十遍，它的每一个字都渗透着残酷和恐怖。”[30]在另一封信中，他又说自己在观看《哈姆雷特》演出时，“不但两眼流泪，而且号啕大哭”[31]。赫尔岑对《哈姆雷特》的评价也颇引人注目。他认为，哈姆雷特可以看做莎士比亚“全部作品的典型”[32]，“这本伟大的作品……它包含着人生的最阴暗的一面，以及人类生活的一个整个的时代”[33]，“哈姆雷特的性格达到了全人类普遍性的程度，尤其在这怀疑与沉思的时代”[34]。赫尔岑的这些意见，在某种程度上是反映了时代认识水平的；也就是说，到了19世纪五六十年代，俄国思想文化界对哈姆雷特的关注以及一定程度上对堂吉诃德的关注，除了前述知识分子的自省意义外，同时开始了对于人物内含的全人类普遍性的探索与思考。

俄国民主主义批评家也同样重视莎士比亚与塞万提斯的意义。车尔尼雪夫斯基高度评价莎士比亚“对于纯艺术发展的功绩是无限地巨大的：在他的学术完善上，在他作品心理分析的深刻上，对于艺术的命运，有着巨大而良好的影响”，并且认为，莎士比亚“还以迂曲的方式”，不但在英国，同时还在德国、法国、俄国，“从一般方面影响到人类的发展”。[35]车尔尼雪夫斯基对哈姆雷特也有深刻的理解，指出：哈姆雷特“他的装疯卖傻，其实是智者、哲人的人类弱点与愚蠢的嘲弄，他的笑，是对自己以及对人们的同情的微笑”[36]。在同一篇文章（《论崇高与滑稽》）里，还对塞万提斯作品里的冷嘲给予了很高评价[37]。车尔尼雪夫斯基同时又不断提醒人们注意：在“反对过分热心模仿法国作家的原因已经过去了”以后，“再给莎士比亚无上权力来左右我们的美学见解，不管对不对头，老是把他的悲剧中的全部的美作为范例”，“已经不是很自然了”。[38]——应该说，超越要求的提出，不仅是必然的，而且表明俄国作家对莎士比亚以及塞万提斯传统的接受已经达到了一种成熟。另一位年轻的民主主义批评家杜勃罗留波夫的评价也显示了认识上的超越。他认为莎士比亚的意义，已经超出文学本身，他完全可以“跻身于一群能够促进人类彻底认识自己的活跃的力量和自然倾向的历史活动家的队伍”，“他的剧本中有许多东西，可以叫作人类心灵方面的新发现”，“他指出了人类发展的几个新的阶段”，“这就是莎士比亚所以拥有全世界意义的原因。”[39]而这评价本身也显示了一种世界性的眼光。

于是，历史的发展终于到了这样的时刻：在1864年莎士比亚三百年祭的时候，一位著名的俄国作家作出了如下判断：“他（莎士比亚）对我们已经不仅是一个伟大的名字，使我们从远隔的时间与空间来敬奉他；他已经成为我们继承的对象，并且是我们自己的血肉之一。”这位作家还这样说道：“在他的一个剧本公演的时候到戏院里去……看所有观众们，瞧一下他们的脸，听一下他们的谈论，你就可以相信，在你的眼前是那位诗人与观众间的一道密切而活生生的交流。戏剧里所有的人物对每个观众都是亲切而熟悉的。从莎士比亚的无所不包的灵魂之宝库中所倾泻出来的真实而智慧的语言是那么明白而亲密。”[40]可以毫不夸大地说，历史发展到19世纪五六十年代，包括《哈姆雷特》在内的莎士比亚的作品以及塞万提斯的《堂吉诃德》已经在俄罗斯土地上扎下根来，内化为俄罗斯文学的一个有机组成部分，俄国也就成了堂吉诃德和哈姆雷特东移中的第二个中介。

注　释

[1] 高尔基：《俄国文学史》，缪灵珠译，上海译文出版社，1979 年，第 157 页。

[2] 普希金：《论民众戏剧和戏剧〈玛尔法女市政长官〉》，李邦媛译，曹葆华校，《古典文艺理论译丛》第 2 册，人民文学出版社，1961 年，第 150 页。

[3] 同上书，第 148 页。

[4] 别林斯基：《文学的幻想》，满涛译，《别林斯基选集》第 1 卷，第 71 页。

[5] 李嘉：《俄国作家论莎士比亚及西万蒂斯》，《文艺月报》第 3 卷第 1、2 期，1941 年 12 月 10 日。

[6] 高尔基：《俄国文学史》，缪灵珠译，第 93 页。

[7] 普希金：《论民众戏剧和戏剧〈玛尔法女市政长官〉》（论文提纲），李邦媛译，《莎士比亚评论汇编》上册，第 426 页。

[8] 普希金：《关于莎士比亚的〈罗密欧与朱丽叶〉》，李邦媛译，《莎士比亚评论汇编》上册，第 426 页。

[9] 别林斯基：《答莫斯科人》，满涛译，《别林斯基选集》第 2 卷，第 340 页。

[10] 转引自李嘉《俄国作家论莎士比亚及西万蒂斯》。

[11] 别林斯基：《〈冯维辛全集〉和札果斯金的〈犹里·米洛斯拉夫斯基〉》，满涛译，《别林斯基选集》第 2 卷，第 6 页。

[12] 别林斯基：《智慧的痛苦》，《别林斯基选集》第 2 卷，第 92 页。

[13] 转引自李嘉《俄国作家论莎士比亚及西万蒂斯》。

[14] 别林斯基：《文学的幻想》，满涛译，《别林斯基选集》第 1 卷，第 22 页。

[15] 别林斯基：《莎士比亚的剧本〈汉姆莱脱〉——莫恰洛夫扮演汉姆莱脱的角色》，《别林斯基选集》第 1 卷，第 491 页。

[16] 同上书，第 493 页。

[17] [18] 同上书，第 442 页。

[19] 别林斯基：《〈冯维辛全集〉和札果斯金的〈犹里·米洛斯拉夫斯基〉》，满涛译，《别林斯基选集》第 2 卷，第 6 页。

［20］ 别林斯基:《莎士比亚的剧本〈汉姆莱脱〉——莫恰洛夫扮演汉姆莱脱的角色》,《别林斯基选集》第 1 卷，第 445、453 页。
［21］ 别林斯基:《文学杂感》，转引自李嘉《俄国作家论莎士比亚及西万蒂斯》。
［22］ 别林斯基:《莎士比亚的剧本〈汉姆莱脱〉——莫恰洛夫扮演汉姆莱脱的角色》,《别林斯基选集》第 1 卷，第 446 页。
［23］ 别林斯基:《莎士比亚的剧本〈汉姆莱脱〉——莫恰洛夫扮演汉姆莱脱的角色》,《别林斯基选集》第 1 卷，第 494 页。
［24］ 同上书，第 497 页。
［25］ 同上书，第 496 页。
［26］ 同上书，第 546 页。
［27］ 同上书，第 497 页。
［28］ 别林斯基:《俄国作家苏高洛夫的论文》，转引自李嘉《俄国作家论莎士比亚及西万蒂斯》。
［29］ 赫尔岑:《科学中的不求甚解》,《莎士比亚评论汇编》上册，第 460 页。
［30］ 赫尔岑:《致娜·阿·查哈琳娜（1837）》,《莎士比亚评论汇编》上册，第 458 页。
［31］ 同上书，第 459 页。
［32］ 同上书，第 458 页。
［33］ 赫尔岑:《致 N. A. 闸哈依娜（即娜·阿·查哈琳娜）的书信（1837. 4. 13）》，转引自李嘉《俄国作家论莎士比亚及西万蒂斯》。
［34］ 赫尔岑:《往事与随想》(1852—1868),《莎士比亚评论汇编》上册，第 462 页。
［35］ 车尔尼雪夫斯基:《果戈理时期俄国文学概观》,《莎士比亚评论汇编》上册，第 496 页。
［36］ 车尔尼雪夫斯基:《论崇高与滑稽》,《莎士比亚评论汇编》上册，第 492 页。
［37］ 同上书，第 491 页。
［38］ 车尔尼雪夫斯基:《论亚里士多德的〈诗学〉》,《莎士比亚评论汇编》上册，第 487 页。
［39］ 杜勃罗留波夫:《黑暗王国的一线光明》,《莎士比亚评论汇编》上册，第 499 页。
［40］ 转引自李嘉《俄国作家论莎士比亚及西万蒂斯》。

第七章

1860年屠格涅夫的著名演讲怎样展开了堂吉诃德与哈姆雷特内在精神联系的主题。从《罗亭》到《处女地》：屠格涅夫发现俄国贵族知识分子与平民知识分子“新人”都是丹麦王子和西班牙骑士的精神兄弟。屠格涅夫还发现了女性堂吉诃德，人们由此而联想到包法利夫人和她的“主义”。陀思妥耶夫斯基的《白痴》又将堂吉诃德升华到一个宗教的高度。

在莎士比亚三百年祭纪念时，宣布莎士比亚已经是“我们自己的血肉之一”的俄国作家，是伊凡·谢尔盖耶维奇·屠格涅夫——这位俄罗斯杰出的小说家正是堂吉诃德和哈姆雷特东移中，继德国诗人海涅之后，又一个关键人物。

屠格涅夫是他所生活的时代，最具有世界眼光的俄罗斯作家之一。他出身贵族家庭，在1833年他十五岁时就读于莫斯科大学语文系时，因为米·格·巴甫洛夫教授的影响，开始对德国哲学产生了浓厚的兴趣。一年后，他又转入彼得堡大学哲学系语文班学习；据他的传记作者介绍，由于彼得堡大学的教育系采用德国的方法，所以，“屠格涅夫和所有的同学都一样，经过一段热衷于形而上的时期。当时流行的是歌德，尤其以黑格尔为最。哲学的用语通常都是把不管如何单纯的行为，都套上了一层神圣的不明确”[1]。也正是在彼得堡大学学习期间，屠格涅夫开始接触莎士比亚的作品，立刻为之吸引，并在毕业那一年（1836 年），自己动手将莎士比亚的《奥赛罗》、《李尔王》译成俄文。两年以后，屠格涅夫又到德国柏林大学学习了将近四年。屠格涅夫在回忆自己这一段生活时写道："我学哲学、古代语言、历史，并且在韦德尔教授的指导下特别勤勉地研究黑格尔的著作。"[2] 1847 年到 1850 年屠格涅夫曾在法国居住了三年，在这期间，他不仅目睹了法国 1848 年革命，而且勤奋地学习西班牙语，深入地钻研了塞万提斯的《堂吉诃德》[3]，并确认它是"西班牙与世界文学中最伟大的作品"，打算以后将它译成俄文[4]。这样，在广泛接触和研究欧洲文学以后，屠格涅夫终于选定莎士比亚与塞万提斯作为他自己的思想与艺术之神；他的这一选择，与他对德国文学、哲学的钻研及所受影响，似乎又存在着某种内在的联系：这些都是值得注意的。但屠格涅夫并没有因为自己这一倾向性选择而封闭了通往更广阔的世界文学的大门。1852 年屠格涅夫因发表《悼果戈理》一文，被沙皇下令逮捕，此后被迫开始了长期国外流亡的生活，特别是在巴黎期间，与福楼拜、左拉、都德、莫泊桑、龚古尔兄弟等法国作家有了广泛的接触；在著名的"福楼拜午餐会"上，屠格涅夫经常"随身带来普希金、歌德、莎士比亚的著作，他坐在深圈椅上，流畅地把这些大作家的作品译给法国朋友们听"[5]。屠格涅夫几乎是竭尽全力地促进俄罗斯文学与欧洲文学的交流，他在自己的回忆录里这样写道："血统、语言和信仰把俄国和西欧这么紧密地联结在一起……在语言学家和民族学家看来，我们斯拉夫民族不是印度、日耳曼族的一个主要支脉吗？……有什么理由不许这个无论怎样说都是同源同种的世界对我们发生影响？"[6] 正是在屠格涅夫的帮助下，普希金、果戈理、克雷洛夫、莱蒙托夫等的作品译成了法文、英文和德文，他又努力地设法将福楼拜、莫泊桑、海涅的作品推荐给俄国杂志[7]。1878 年巴黎举行国际文学大会，屠格涅夫被一致推举为副会长，他是当之无愧的。莫泊桑说得好，屠格涅夫“他的文学观点之所以具有重大的价值和分量，是因为他不单单是以我们都赞成的那种狭隘专门的角度来表示出个人的看法，而是把他深谙的世界各民族的各种文学进行某种比较，从而把天南地北用不同语言写出的两本书进行比较，扩大自己的视野”[8]。

最能显示屠格涅夫这种世界性的眼光，将“用不同语言写出的两本书进行比较”的代表作，即是1860年1月10日屠格涅夫为贫苦文学家学会救济协会而作的公开演讲《哈姆雷特与堂吉诃德》——这是堂吉诃德和哈姆雷特东移中的一个里程碑。

屠格涅夫在这篇著名的演讲里，首先强调的是这两部伟大诗篇所特具的“永恒的生命”，他指出，“对它们的看法，也像一般地对人生的看法一样，可能无限地多种多样，甚而互相矛盾——但同时又同样地正确”，因此，对于这两个“真正无穷无尽的典型的研究”也将是永无止境的。[9]——这自然是对迄今为止的对于《哈姆雷特》与《堂吉诃德》的研究、接受历史所作的一个科学总结；而且，也将他自己以下将要展开的对于这两个典型的比较研究，置于一个科学的地位：它只是代表了一个时代的、民族的认识水平，因而必然加深了人们的认识，却不可能、也不企图穷尽这种探讨。

而事实上，不仅对这两个典型的接受，而且包括两个典型创造的本身，都只能放到人类对于自身的认识历史中去探讨，才能真正把握其内在的精神本质[10]。因此，屠格涅夫强调：“我感到《堂吉诃德》与《哈姆雷特》的同时出现是值得注意的。”它标志着人类通过文学的手段，对自身的认识达到的一个阶段水平，“这两个典型体现着人类天性中的两个根本对立的特性，就是人类天性赖以旋转的轴的两极”。——我们已经说过，在18世纪末19世纪初，已经出现了从共同人性的角度来探讨哈姆雷特与堂吉诃德的典型意义的趋向，在俄国本土，赫尔岑也提出了“哈姆雷特的性格达到了全人类普遍性的程度”的意见，屠格涅夫的观察自然是这一趋向的发展：他第一次从人类天性对立两极中揭示与展开了哈姆雷特与堂吉诃德两个文学典型的内在精神联系。

在屠格涅夫看来，莎士比亚与塞万提斯的天才发现，首先是人的本性中“为自己而存在”与“为他物而存在”的两种对立倾向，他称之为“二元论”的“分裂”。他指出，“哈姆雷特表现了大自然的基本的向心力，由于它，一切生物都认为自己是创造的中心，而把其他一切都只看做为他而存在”[11]，他的理想来自自身之内[12]，即“他整个是为自己而生存”[13]，屠格涅夫强调，“没有这种向心力（利己主义的力量），大自然就不能存在”[14]，“同样地，没有另一种力量——离心力，大自然也是不能存在的，按照离心力的法则，一切存在之物只是为了他物而存在”[15]。堂吉诃德正是这种离心力的体现：他在“自身之外”即他人、社会、国家的利益中寻找个人“生存的基础和目的”[16]，“一个年老孤独的人却担负了要在全世界除暴安良（完全与他陌生的人）的重任”[17]，“他不关心自己，他整个儿都充满了自我牺牲精神”[18]。屠格涅夫强调，“为己”与“为他人”而存在的二元对立，又表现为守旧与运动、保守与进步的两种力量。两种对立的发展倾向，是“一切存在的基本力量”，两者的对立统一，“说明了植物的生长”，“也给了我们一把理解各个最强大民族的发展的钥匙”。[19]

在堂吉诃德与哈姆雷特身上，还体现着信仰与怀疑的二元对立（分裂）。屠格涅夫说：“堂吉诃德本身表现了什么呢？首先是表现了信仰，简言之，对超出个别人物之外的真理的信仰”，“他之所以珍视自己的生命，就是因为生命能作为他在世界上实现理想、确立真理与正义的手段”。[20]信仰给堂吉诃德带来巨大的精神力量：“他有信仰，强烈地信任着而毫无反悔。因此他是大无畏的，能忍耐的，满足于自己贫乏的食物和简单的衣服：这些他是不在意的”，尽管“永远追求同一目的使得他的思想有些单调，使得他的才智有些片面”，但“他的意志（却）是不可动摇的意志”。[21] 与堂吉诃德相反，哈姆雷特是一个怀疑主义者：他“缺乏信仰”[22]，“即使真理本身具体地呈现在哈姆雷特眼前，他也是不敢担保这就是它，是真理”[23]，而对自我毫不留情的怀疑则表现了他的怀疑主义的彻底性——他“永远注视着自己的内心深处，他透彻地了解他的一切缺点，蔑视它们，也蔑视自己”，他“永远感受着自我的孤独”[24]，“在整个世界上找不到他的灵魂可以依附的东西”[25]，“由此产生了他那与堂吉诃德的热情相对立的冷嘲”，他用“一把双刃锋利的自我分析的利剑”折磨着自己，“他的痛苦比起堂吉诃德来更深切更刺心”[26]。屠格涅夫指出，这种怀疑主义与信仰主义的二元对立，以及由此而衍生出的思想与意志的分裂，表现了“人类生活的悲剧性的一面”[27]。

可以看出，当屠格涅夫从人的本性的二元对立的角度，对比性地同时考察了哈姆雷特与堂吉诃德时，他对这两个人类不朽典型的认识就达到了一种深化：不仅哈姆雷特的利己主义的生存哲学是前人所未曾论及的新发现，而且那个怀疑主义的、否定自己的、灵魂无所归依的哈姆雷特更是具有新的时代特色。屠格涅夫高度评价了哈姆雷特的怀疑主义所体现的否定的因素，并因此发现了哈姆雷特与歌德创造的靡菲斯特的内在联系，甚至说“哈姆雷特也就是那个靡菲斯特”，但哈姆雷特的否定是对于善的怀疑，即“不相信真理在目前可以实现，所以不调和地与虚伪为敌”，因而就成为那个他所不完全相信的真理的一个主要捍卫者，同时“它不怀疑恶而与恶进行残酷的搏斗”。[28] 屠格涅夫发出警告：“否定也像火一样，有着破坏的力量。”在他看来，“如何控制这一力量”，是时代所提出的新课题。

屠格涅夫还进一步发展了海涅在《论浪漫派》里所提出的堂吉诃

德与桑丘的关系的命题，将海涅所着意强调的精神与物质的关系引申为有思想、有理想的个人与群众的关系问题，并据此对堂吉诃德与哈姆雷特作了全新的考察。他指出："哈姆雷特之流的的确确对群众毫无用处，他们什么也不能给予群众，不能把群众引导到任何地方去，因为他们自己哪里也不去"，何况他们"还是蔑视群众的"。[29] 而堂吉诃德这样的"被心灵牵引着的人"，尽管群众（如桑丘）不断地"嘲弄，甚而加以诅咒和追击"他们，他们却不怕这一切，"勇往直前，全神贯注于只有他们才看到的目标上面，探寻着，跌倒了又爬起来，终于找着了……"他们正是凭着这样的精神力量吸引着群众，使群众经常"处在幸福而诚实的迷惑状态之中"，进而对他们产生一种忠诚，"完全依赖地跟随"着他们走。[30]——这是第一次比较明确地提出了思想型与行动型两种不同类型的知识者个人与群众的关系问题，自是意义深远。

但仔细研究屠格涅夫这篇著名演讲，仍不难发现其中的矛盾：当屠格涅夫以一种历史的眼光，描述着堂吉诃德与哈姆雷特所体现的人类天性中有两个根本对立的特性（如为己生存与为他人生存、怀疑与理想、思想与意志……）时，他的态度是客观的，承认二元对立统一的双方对于人性的健全发展都是不可或缺的；但当他一旦进入道德评价的领域，他的价值判断就不由自主地倾斜于堂吉诃德方面：一再地颂扬堂吉诃德具有"坚强的道德观念"，"这位疯狂的游侠骑士是世界上最道德的人"，"他的精神伟大而勇敢"，"性格中有着崇高的自我牺牲因素"。[31] 屠格涅夫甚至为堂吉诃德的可笑辩护，认为"在那些负有创立伟大的新事业的使命的人们的行为中，在他们自己的性格中必然掺和着某些可笑的成分"，"没有这些可笑的怪物兼发明家，人类就不会有进步"。[32] 另一方面，对于哈姆雷特，屠格涅夫却以一种近乎严厉的语调，对他进行道德审判，说他"总是关心自己"[33]，说他

“是一个肉欲的甚至私下里还是一个好色之徒”，只是“漫不经心地装假在爱”，说他“像个暴发户”，“有时甚至粗暴无礼，装模作样”[34]，“是暴躁的好压制别人的人”[35]，说他“有时狡诈，甚至残酷”[36]，等等。这样，屠格涅夫就用一种道德化的眼光，既将堂吉诃德英雄化的倾向发展到了极点，又开始了对哈姆雷特的道德谴责——这些，都会对以后的接受，特别是20世纪中国人的接受产生深远的影响。

无论是屠格涅夫特意关注的问题——前述为己与为他人、怀疑主义与信仰主义、理想与意志力……的二元对立，以及他自身所有的上述矛盾，无不是打上时代与民族的烙印的。屠格涅夫再三强调“所有的人都或多或少地属于这两个典型中的一个。我们几乎每一个人或者接近堂吉诃德，或者接近哈姆雷特”[37]，“完完全全的哈姆雷特，正如完完全全的堂吉诃德一样是没有的”[38]，正是在提醒我们：他对于堂吉诃德与哈姆雷特的分析，和他的德国前辈一样，带有很大的民族的与个人的自我审视的性质。这种审视，构成了这一时期（从19世纪50年代至70年代）屠格涅夫对占据时代中心位置的包括他自己在内的俄国知识分子的艺术探讨的一个重要组成部分。

1849年创作小说《希格雷特的哈姆雷特》，是屠格涅夫探索俄国知识分子中的哈姆雷特气质的开端，这也是时代对他的启示；赫尔岑在谈到1940年代的俄国知识分子时，曾这样写道：“我们时代的缺点是犹豫不决。我们不想向前迈进一步，不想了解它，我们无限期地停在一处，像哈姆雷特一样，考虑来，考虑去……总是不行动；我们贪婪地谈论过去和现在以及我们和其他人所接触到的一切，寻找根据和答案，探究思想和真理，我们周围的一切都遭到激烈意见的批评。这是过渡时代的病症。”[39]屠格涅夫笔下的这位希格雷特的绅士，同样是习惯于毫无成果的闲谈，崇拜空头饶舌家，却既无行动的能力，也无行动的欲望，不知道怎样将滔滔不绝的理论应用到我们人类生活上去，结果一事无成：这都是赫尔岑所说的时代病的反映。但屠格涅夫也有自己的独立的艺术发现：这位绅士自诩研究过德国哲学，自称利己主义者，老是独来独往，拼命地反省，并且追求“要有自己的气息”[40]——屠格涅夫在十年后的前述著名演讲里所概括的哈姆雷特特征在这里已初见端倪。有意思的是，这位俄罗斯绅士还同时喜欢幻想，喜欢夸张，又似乎有某种堂吉诃德气。屠格涅夫笔下的俄国知识分子从一开始就同时兼备哈姆雷特与堂吉诃德气（当然，各有所侧重），这是很值得注意的。这位希格雷特的哈姆雷特，正像他自己所说的那样，像一只“可怜的黄雀”，在俄罗斯乡村的沉滞的、平庸的空气的熏陶下，失去了生命的活力，“憔悴了，不再唱歌了”[41]——不仅没有了那位英国王子复仇的行动、勇气，以至愿望，连谈谈、仅仅谈谈德国哲学、爱情、精神的永远的光明，以及其他辽远的主题的兴致与能力都已丧失殆尽。就连真正地爱一个女人（哪怕是堂吉诃德那样的幻想的爱）他们也不曾有，有的只是似乎觉得存在的爱，而且最终还不免要逃走，精神的贫乏、怯懦，竟至于此。并且，也许是更为重要的，这位当年的利己主义者，现在彻底地失去了自我，用他自己的话来说，已经“不配有独特的姓名”[42]。“我是一个多么无聊的，不足道的，没有用的，不奇特的人！”[43]从这一声叹息里，人们强烈地感到，对于这位希格雷特的绅士来说，所谓哈姆雷特气，已经是一种过去式的光荣的回忆；而一位苏联研究者则干脆认为，“这些人是模仿莎士比亚的哈姆雷特的一种滑稽角色”，“四十年代许多（俄国）贵族知识分子里的哈姆雷特精神只是哈姆雷特精神的一种荒谬的复制”。[44]

因此，沿着同一思路于1850年写出的《多余人的日记》，有着更多的感伤情调，是可以理解的。小说主人公已经完全丧失了与外部世界打交道的能力（他的唯一的一次恋爱，不仅是失败的，简直是可笑的），他只能把自己关闭起来，费劲地对付自个儿，以一种可怕的惊惶，把自己分析得体无完肤："在我这一辈子里我老是发觉我的位置给人家占去了，也许因此我找的位置不是我该坐的"，"我这个人构造得不合格，在我的感觉和思想中间——以及表达这种感觉和思想中间——存在着某种毫无意义，不可理解，牢不可破的障碍"[45]，总之，作为人的某些部件出了毛病；不仅如此，连存在本身也成了问题："我妈妈生下了我，可就是打错了牌啦"，"自然没有指望我出现"，我是"多余的""定额以外的人"——"人们有的是恶毒的，善良的，聪明的，愚蠢的，讨人欢喜和惹厌的；可是多余的……那就没有了"。[46]哈姆雷特式的自我怀疑与否定，彻底到这个地步，是内含了一种相当深刻的绝望与悲凉的。

请注意以下的时间表：1855年，屠格涅夫开始写作《罗亭》；1856年开始构思《哈姆雷特与堂吉诃德》一文[47]，同年，发表《罗亭》，并着手《贵族之家》的写作；1857年，开始论文《哈姆雷特与堂吉诃德》的撰写，继续创作《贵族之家》；1859年，《贵族之家》发表，并开始创作《前夜》；1860年，屠格涅夫在彼得堡为文学基金会募捐的第一次公开朗读会上作题为《哈姆雷特与堂吉诃德》的讲演，并将该文在《现代人》1860年第1期上发表，《俄罗斯导报》第1、2期同时刊载《前夜》，同年开始创作《父与子》；1861年，《父与子》完稿。——也许不需要再作更多的论证，就可以得出如下结论：《哈姆雷特与堂吉诃德》一文是与《罗亭》、《贵族之家》、《前夜》、《父与子》等小说同时酝酿成熟的，或者说，是同一个思考、探索、构思过程的产物。因此，用哈姆雷特与堂吉诃德的精神、气质来对照《罗亭》等小说所塑造的俄国知识分子形象，探讨他们之间的内在相通、相异与发展变化，大概不会有太大的偏差，至少这是一个可供选择的角度。

于是，我们很自然地注意到了《罗亭》里小说快结束时的如下描写——

> “您可记得”，当马车从庭院中走到枞树夹道的大路上的时候，罗亭开始说道，“您可记得堂吉诃德离开公爵夫人的宫殿的时候对他的随从所说的话么？‘自由’，他说，‘我的朋友山差（又译桑丘——引者注），自由是人的最宝贵的财产。能有上帝赐给一片面包而不必仰人鼻息的人，有福了！’堂吉诃德在那时所感到的，现在我也感到了……愿上帝赐福，我亲爱的巴西斯托夫，您也有一天会体验到这种感情的”。
>
> 巴西斯托夫紧握着罗亭的手，这个诚实的青年人的心在他那热情的胸膛里强烈地跳动着。罗亭一路谈到了车站，他谈到人的尊严，真正的自由的意义——谈得非常热情、崇高、公正——而在分手的当儿，巴西斯托夫再也忍不住地扑在他的颈上，呜咽起来了。罗亭自己也涕泪交流；但是他并不是因为要和巴西斯托夫分别而落泪，他的眼泪是为了自己的自尊心而流的。[48]

不仅在罗亭的自我感觉里，他是与堂吉诃德相通的；而且，读者也从罗亭高谈自由、人的尊严的语言的雄辩，对于诚实的青年的吸引力，以及他的自我迷恋自我感动里，看到了那位西班牙骑士的影子。

事实上，屠格涅夫笔下的罗亭，给人最强烈的印象，是他的堂吉诃德精神，而不是传统研究中着意强调的哈姆雷特气。不妨看看小说开头罗亭与毕加索夫的论战。在论战之前毕加索夫就已经在与女主人达里雅谈话中，高谈利己主义，而论战一开始，罗亭就猛烈地攻击毕加索夫是个怀疑主义者；毕加索夫也直言不讳地承认，他确实怀疑“您这大吹大擂的知识，它竟能值几文？”[49]他还怀疑：“真理是什么？它在哪里，这个真理？”甚至怀疑自己，他说：“大概是因为我研究我自己的心的结果，发现我自己的心一天不如一天地更卑鄙了。”[50]最后，罗亭对毕加索夫下了这样的断语：“他可并不是傻瓜。

但是他走错了路……否定——完全的、全盘的否定——这是毫无好处的。"[51]而另一面呢，罗亭自己则口口声声要"去追求真理，或是生活于真理之中"[52]，要有"他所信赖的坚强的原则"，"能够辨明自己人民的需要、使命和将来"[53]，"牺牲自己的小我来为大我谋福利"[54]，等等。只要略略对照屠格涅夫在那篇著名演讲里的理论概括，就不难看出，罗亭与毕加索夫的论战，在某种意义上，正是俄国堂吉诃德与哈姆雷特之间的一场思想交锋。

自然，罗亭身上的堂吉诃德气，最显著的特征，如上文所说，还是他的雄辩，以及他自身及周围人对于这种语言雄辩的迷恋。在罗亭出场之前，人们就这样议论他："真是口若悬河，会把您淹没的"；而他一出场，就出现了这样的场面——

> ……一刻钟以后，客厅里就只能听见他的声音。大家都挤作一圈，将他团团围住。[55]
>
> ……词句是左右逢源地、自由自在地流到他的唇边的，每一个字都好像径直从他的灵魂深处迸涌出来，燃烧着全部信仰的火焰。罗亭掌握了一种几乎是最高的秘密——辩才的音乐。他知道怎样去挑起一条心弦，而使其余一切的弦全部轰鸣起来，颤动起来。也许有的听众也并不确切明白他讲的是什么；但是他们的胸臆为之掀动，好像有什么帷幕就在他们面前揭开，有什么光辉就在他们眼前闪耀。
>
> 罗亭的一切思想似乎都投向了未来；这使得他的思想显得热情奔放，朝气蓬勃……他站在窗边，也并不一定望着什么人，只顾谈着——在普遍的同情和注意的鼓舞之下，在青年女性的接近和夜的美丽的激发之下，他不禁情感洋溢，达到了雄辩的高潮，诗的极致——凭他说话的声音，恳切而且温柔，就增加了语言的

> 魅力；好像有什么崇高的魔力从他的唇边流吐出来，连他自己也吃惊了……[56]

这里一再说到了语言的魅力，我们甚至可以说是一种魔力；语言的描述竟能产生如此的迷惑力、感化力、煽动力，简直难以想象，确实是惊人的。语言的魅力、魔力只是一种外观形态，隐藏其后的是信仰的火焰，是思想的丰富，是一切从灵魂深处迸涌出来的自然、真挚的情感、人格力量。因此，我们可以说，这是思想、信仰的魅力、魔力，与情感、人格的魅力、魔力，语言自身的魅力、魔力三者的结合。本来，内在的思想及与之相关的信仰、情感、人格与外在的语言是知识者的存在形态，现在，这两方面都发挥到了极致，屠格涅夫把它叫做"诗的极致"。这既是知识者价值的充分自由的发挥，也是人的灵性、神性方面的充分自由的发挥。既是灵性、神性，自然有其神秘的、不可言说的方面，称之为魅力、魔力就是这个意思。堂吉诃德的魅力，究其实质，也就是这种人的精神、灵性、神性的魅力。现在，似乎在罗亭身上复活了。

因此，罗亭之被英雄化以至神圣化乃是必然的，如同堂吉诃德一样。毕加索夫说他"活像我们小说里的英雄"[57]，自然含有讥讽之意，但却说出了真实：至少可以说，罗亭成了巴西斯托夫、娜达丽亚这样真诚、幼稚的青年和妇女心目中的偶像。不仅巴西斯托夫继续崇拜罗亭，对他所说的每一句话都不敢遗漏，甚至连达里雅·米哈伊洛夫娜这样以赶时髦为天职的贵妇，离开了罗亭就过不了日子。跟他谈谈自己，听听他的议论，对她已经成了一种必需。有趣的是，如果最初的出发点，是对于思想、信仰、情感、人格、语言的综合迷恋，但在发展过程中，却不知不觉地变成了一种单纯的语言迷恋；所谓听听他的议论成了一种必需，就已经不再注重他议论了什么，魅力就在议论、言说本身。这种语言迷恋，又常常伴随着语言炫耀。就拿这位达里雅·米哈伊洛夫娜来说，在迷恋罗亭语言的同时，也不忘记炫耀一下自己对祖国语言的知识的。当然，更加沉湎于语言炫耀中的是罗亭本人，正像小说中列兹涅夫所说，“捞一个说话的机会，露一露漂亮的口才”逐渐成为目的自身[58]，当他感到好像有什么崇高的魔力从他的唇边流吐出来，连他自己也吃惊了时，他自己是处于一种沉醉状态中的。不知不觉之间，罗亭逐渐陶醉在语言的雄辩所制造的幻觉之中，而完全忘记了现实的世界。这样，从语言迷恋、语言炫耀到沉湎于语言幻觉，就逐渐成为一种病态——风行一时的俄罗斯知识分子沙龙中的通病。这些堂吉诃德式的知识分子所扮演的角色，就从英雄逐渐转化为戏子——语言的雄辩不再与丰富的思想，崇高的信仰、追求相联结，而成为一种纯粹的表演。有趣的是，当俄国人都为罗亭的雄辩入迷时，一位听俄国话仍很费力的旁观者，法国家庭女教师彭果小姐却凭直觉认定“罗亭大概是乐师或是戏子一类的人物”[59]；而另一位俄国绅士列兹涅夫，当他冷眼批评罗亭缺乏内在激情，“冷得像块冰，他自己也知道，可是还装作火热的样子”时，就尖锐地指出“他在玩一种危险的把戏”，甚至刻薄地把罗亭唤作“一个戏子，一个卖俏的娘儿们”。[60]人们该记得，三百年前，塞万提斯就已经发现他的堂吉诃德性情里带有一些表演成分，但他的主要着眼点，还是在揭露酷爱充当看客的国民怎样将堂吉诃德变成一个供大众取乐的“戏子”（参看本书第二章的有关分析）；而现在，屠格涅夫却在俄国堂吉诃德罗亭身上发现了更多自觉的表演意识，尽管有些沉重，也免不了要发出讥讽的微笑。

当然，称罗亭为俄国堂吉诃德是极有限度的。因为当罗亭完全为语言所俘虏，或者将小说中的人物列兹涅夫的话略加发挥来说，当不但舌头成为罗亭的仆人，而且罗亭自身也成为舌头的仆人时，罗亭雄辩的语言就完全转化为一种纯粹精神的空谈，不打算、也没有能力转变为物质的行动，罗亭就落入了语言、思想与行动脱节的传统的哈姆雷特模式，而且比之哈姆雷特显得更加怯懦，如小说中娜达丽亚谴责他的那样，“空谈和行动还相差很大一段路呢，于是，您就退缩起来了”[61]。罗亭不但成了懦夫，而且他的不会变成行动的美丽的空话也会扰乱一颗年轻的心，也会把她毁了的，以至于在客观上成了一种欺骗。以往的研究在罗亭身上发现了哈姆雷特，这并没有错，缺陷仅在于人们忽略了在罗亭身上也许是更为重要的堂吉诃德气，而且没有看到二者的渗透与转化——而这恰恰是把握罗亭这个人物的关键。可以说，罗亭的下半截是哈姆雷特式的，上半截却是堂吉诃德式的。

这样，屠格涅夫笔下的罗亭形象，从人性发展的角度看，他是一个人的精神、灵性、神性方面发展得过分成熟，因而不免发生畸变的典型。但从他在俄国现实生活所扮演的角色看，他又是一个俄国19世纪40年代启蒙主义的贵族知识分子的典型。批评家杜勃罗留波夫在《真正的白天何时到来》里就明确指出，屠格涅夫笔下的罗亭、拉夫列茨基“他们是把新思想灌输到某部分人中间去的传播者，是启蒙者，宣传鼓动家”。当罗亭在高谈“人不能单靠感官来生活；他们要是害怕思想，不信任它，那就大错特错了”[62]，“一个人必须剔除自己身上顽固的私心，使自己的人格得到自由表现的权利”[63]时，他确实是在将科学理性精神，将新的世界观带给沉睡中的俄国，他完全无愧于充当渴求着真理的俄罗斯人的“导师”和“领袖”[64]。他的雄辩，以至他的语言魅力都显示了一个启蒙主义者的魅力。而当人们倾听了他的热情鼓动，“胸臆为之掀动，好像有什么帷幕就在他们面前揭开，有什么光辉就在他们眼前闪耀”[65]时，他已经达到了自己的目的。但小说中的一个人物列兹涅夫（人们一般认为，列兹涅夫的态度几乎就是作者的态度）很快就发现，人们在接受罗亭的新思想的同时，又不得不忍受着他的支配。在小说的另一处，列兹涅夫又埋怨说："他于是着手来替我们剖析我们自己，剖析我们的关系，以及我们应该怎样待人接物；他暴君似的硬要我们去弄清我们的感情和思想"[66]；小说中另一个不满意于罗亭的人物伏玲采夫则当着罗亭的面，尖锐地指出："照我看，没有什么比那种所谓聪明人的专横还要坏的了。让他们见鬼去吧！"[67]——屠格涅夫在罗亭形象上所概括的"启蒙者的专横"，是一个极为重要的发现。也许，这是现实生活对他的启示，据有关材料介绍，作为罗亭形象原型之一的俄国著名的启蒙思想家、革命家巴枯宁本人就是"立论武断，惯于对他人事务横加干涉，常以领袖自居，动辄训人"[68]的。这并不仅仅是个人的品质，实际上是表现了俄国这样的文化落后的国家的启蒙主义者的某些特征的：他们的启蒙，并不是真正立足于唤起对象的自觉与独立自主，而是以领袖、导师的身份，居高临下地将自己的主观思想灌输于对象。灌输即带有某种强制性，是干预式而非启发式的。这是一种隐藏在堂吉诃德式的热情无私教诲背后的专横，不仅启蒙者自身不自觉，连被启蒙者也很难察觉；即使像小说中的列兹涅夫这样，已经敏感到这种试图征服自己的强制力量，但仍然表示自己是倾心相从的，并且不无苦恼地要人们注意这一点——"是我同意他这样做的——妙就妙在这里"，困惑也正是在这里：这是崇高的理想、道德追求、目标下手段的专制，人们往往为了目标的崇高而自觉、半自觉地接受这种专制。一方面是一种人格的魅力的吸引，另一方面又是专制所必然带来的灾难性后果，人们常常因为这两者的巨大反差而在对堂吉诃德的专制的评价上产生摇摆。在一本《屠格涅夫传》（莫洛亚著）里，作者还提出了一个"专制主义的浪漫主义者"、"独裁政治的堂吉诃德"的概念。而另一位堂吉诃德的研究者则谈到了拿破仑，指出"拿破仑本人在实现了自己疯狂的梦想，使欧洲陷于灾难之后，他不可能看出堂吉诃德作品中的讽刺意味”，暗示拿破仑也是一个堂吉诃德；据这位研究者介绍，拿破仑的传记作者拉斯·卡斯告诉我们，在圣爱勒纳岛上，有一次，同他的随从们一起吃完饭以后，拿破仑朗读了《堂吉诃德》的片段，在几个滑稽地方，他都停下来，放下书说道，在那种时候要对那些琐碎平凡的细节发笑，的确得有些勇气才行。[69]“拿破仑与堂吉诃德”，这显然是一个饶有兴味，也极有价值的课题。

现在我们再回到本题上来：尽管罗亭在缺乏行动性这一点上，迥异于堂吉诃德，而接近哈姆雷特，但他确实在很多方面都发展了堂吉诃德的内在精神气质。例如本书第一章曾谈到了堂吉诃德的漂泊感和最后的归来，这在塞万提斯的小说里是稍有涉及而没有充分展开的。而现在，罗亭却自称为“漂泊的犹太人”[70]，由此而展开了漂泊的主题（这是小说的一个潜在主题）。在小说开始，罗亭与娜达丽亚一见面就告诉她：“到处漂流，已经令我感到疲倦，应该是休息的时候了。”[71]在罗亭离开达里雅·米哈伊洛夫娜的家，开始新的奔波时，罗亭在写给娜达丽亚的告别信中又说：“我曾经希望过我至少找到了一个暂时栖身之所……现在我又要在这世界上漂泊无依了。”[72]小说结尾罗亭回到自己的田庄（这很容易使人们想起著名的堂吉诃德的归来），在与列兹涅夫邂逅时，在后者的眼里，他处处“表现出一种极端的疲乏，一种隐秘而平寂的悲哀，这和他从前惯于装出的那种半真半假的忧郁是完全不同的”；罗亭自己则嘴上叨叨地述说着：“我十分疲累，到处漂泊，不仅在肉体上，在精神上也一样”[73]，“有多少次我苍鹰般疾风高举——结果却像个碎了壳的蜗牛，爬回原地！”[74]“我绝对没有什么可以隐瞒，我完完全全地，彻头彻尾地，是一个安善良民了。”[75]——到这里，罗亭算是完成了从英雄到安善良民的转化过程；但这并非最后的觉醒（与堂吉诃德不同），而是一个挣扎者的失败记录。

但罗亭却受到了曾经是他的尖锐批判者列兹涅夫的高度评价——这一点似乎出乎读者意料。列兹涅夫在大学里与罗亭同是波科尔斯基（他在生活中的原型叫“斯坦凯维奇”）小组的成员，大概也是个堂吉诃德。但在小说中出现时，他已经懒懒散散、冷冷冰冰，他对别人说：“你老是需要火；但是火是毫无用处的。它闪一阵光，冒一阵烟，就完了。”尽管他承认火会“给人温暖”，但他更看到、也更重视：火“也在把人焚烧”。[76]但这位过去的堂吉诃德心中的火并没有真正熄灭；小说结尾处，他才那么热烈地为罗亭身上的堂吉诃德气辩护：“他有热情；而这正是——请相信我，我自己就是一个够冷淡的人——这正是我们时代的最可宝贵的品质。我们大家都变得不可容忍地理智、淡漠，而且懒惰了；我们沉睡了，僵冷了，所以只要有谁能够唤醒我们，温暖我们，哪怕只是一瞬间，我们也应该感谢他的”，“不能够在哲学的幌子下，对于任何对真理和理性的诚实的向往，都一概加以攻击”，“无论你开始从事什么事业，结果每一次都是无可避免地牺牲自己的利益”，“也许你命该终身飘泊，也许，你正因此在完成着你自己还不知道的崇高的使命”[77]，等等。列兹涅夫最后举杯高呼：“干杯！为青春，为青春的希望，憧憬，信念和真诚，干杯！为二十岁时我们的心曾为之跳动的一切，为比我们在生活中已经领略到和将要领略到的还更可贵的一切，干杯！”[78]可见列兹涅夫为罗亭身上的堂吉诃德精神辩护，就是为每一个人都曾有过的青春时代辩护，为更接近自然本性的人的精神辩护。这倒是抓住了堂吉诃德的精神实质的。这就是说，尽管屠格涅夫发现并且揭示了罗亭与哈姆雷特的精神联系，但他更重视、或者更为倾心的，还是他的上半身，即作为堂吉诃德精神继承人的罗亭，于是才如此深情地发出祝福——“愿上帝帮助所有无家可归的流浪者吧”，并且着意为罗亭安排了一个堂吉诃德式的结局：罗亭参加了 1848 年法国巴黎工人起义，牺牲在巴黎街垒上，他依然是那么“高大”，“灰白蓬乱的头发”，“腰束红带”，“挥舞着旗帜和马刀”[79]——他最后的英雄形象，与其说是现实生活的反映，不如说是表达了作者的某种追求与理想。

我们在屠格涅夫的这部小说里停留的时间或许是过长了，这实在是因为罗亭的形象在堂吉诃德与哈姆雷特的东移过程中占有一个特殊的地位：不仅罗亭形象第一次达到了堂吉诃德精神与哈姆雷特精神某种程度上的渗透、融合，而且罗亭形象及其价值判断的复杂性——如作者在书中所描写的，他既是英雄，又是戏子；既是思想的启蒙者与解放者，又是施行思想强制的暴君；既是什么也没有做、永远不能开花结实的失败者，又是漂泊的犹太人、永远的探索者：这正是标志着人们对于堂吉诃德与哈姆雷特精神认识上的深化，同时意味着知识分子对于自身的认识达到了一个新的水平，或者说在一定程度上显示了俄国知识分子的自审精神所达到的历史深度。

在《罗亭》的结尾，下半身是哈姆雷特、上半身是堂吉诃德的罗亭，代表他那个时代的俄国知识分子痛苦地问道：“为什么我的才能总是不能开花结实？”“我只求达到最近的目标，做一点哪怕是微不足道的于人有益的事，但是，不！怎么也不成！这是什么意思？是什么东西使我硬是不能和别人一样生活，一样行动？……这一切都是为什么？请给我解开这个谜！”[80]小说中另一个人物列兹涅夫实际上是对这个谜作了解答的，他指出：“罗亭的不幸在于他不了解俄国”，“世界主义只是胡说，世界主义等于零——不，比零更坏！离开了民族性，就既没有艺术，也没有真理，也没有生命”。[81]——这其实也正是屠格涅夫自己的思考；对于曾经是世界主义者的作家本人，这一结论自然是十分严重的。

在继《罗亭》之后问世的《贵族之家》里，屠格涅夫继续深化了他的这一思考。小说主人公拉夫列茨基从小生活在孤独中，喜欢沉思，性情疏懒，“生活阅历和教育给他养成的怀疑主义，完全深入了他的心灵”[82]，显然这是一个哈姆雷特型的知识分子。小说中曾写到拉夫列茨基和他大学时代的同学米哈列维奇的一场从深夜吵到黎明的争论，仍然可以看做是俄国哈姆雷特与俄国堂吉诃德的一次交锋——类似的交锋在当时的俄国是经常发生的，正像作者所说：“这是唯有俄国才会有的无休止的争论。经过在两种不同环境里度过的多年的离别，他们二人还没有把对方的、甚至自己的思想弄个清楚，就抓住对方的片言只语，用同样的话来反驳，为了一些极为抽象的问题辩论起来——好像辩论的是他们生死攸关的问题。”[83]正是在这场论战中，自称“已经在苦难的熔炉里得到净化”，“真心实意地关心着人类的命运和自己的使命”，堂吉诃德气十足的米哈列维奇大声攻击拉夫列茨基是个不可救药的怀疑主义者、利己主义者，直到第二天早晨告别时，这位俄国堂吉诃德身披“西班牙式斗篷，还在发挥他关于俄罗斯命运的高论，在空中挥动着一只黝黑的手，好像是在播着未来生活的种子……”拉夫列茨基尽管不同意他，却感到在这个“心地善良”的人面前，“没有人能够抗拒他”[84]——道德崇高的堂吉诃德甚至使怀疑主义的哈姆雷特都无以抗拒，为他的精神所吸引，这是很有意思的。

在论战中，拉夫列茨基对米哈列维奇的唯一反驳是，你得“让我看看周围的情况呀”。后来，他在与高喊着要“改造一切”的世界主义者潘申的辩论中，更加明确地提出“如果不真正地了解祖国，没有对理想（哪怕是消极的理想）的真正信仰，那么，跃进和居高临下的改造是不可能的”，他并且“要求首先要承认人民当中有真理，对这真理，必然抱有虚怀若谷的态度”。[85]要求改变居高临下的改造者自居的姿态，而落在实地上，与俄国的现实结合，虚心地向人民的真理学习：拉夫列茨基所表达的，正是一种时代的新思潮。因此，小说在写到拉夫列茨基从漂泊中回到俄罗斯故土之上时，是分外动情的——

> “现在，我可沉在河底了”，拉夫列茨基又想，这里的生活永远是：任何时候都是这么平静悠闲……在这里，不用激动，不必苦恼；在这里，只要像种田人犁地那样，不慌不忙，一步一步地往前走就成。在这四周，有着怎样的力量，在这无所作为的寂静中，蕴藏着多么健康的生命！……[86]

这里，重又响起了知识分子命运中的归来主题的旋律，屠格涅夫进一步地把它诗化了。但俄罗斯大地的沉静是既能使人奋发，也能使人沉没的。拉夫列茨基归来的目的本在于休息休息，他很快就沉浸于对个人幸福的追求之中，这本来自有一种积极的意义，小说中他对所追求的纯情少女丽莎说：“千万不要没有爱情，而只是出于一种义务感，出于自我牺牲或者什么去结婚。”[87]这是显示了他的一种觉醒的。但他很快又为俄罗斯文化中的惰性力量所支配，正像米哈列维奇在前述辩论中尖锐批评的那样，“你是个有思想的人——可是你却躺着；你是可以有所作为的——然而你却什么也不干”[88]，这位博学的懒汉终于没有从理想、追求与行动脱节的哈姆雷特的传统模式中走出，最后连追求个人幸福也不可得：“一切都完了——在没有开始之前”[89]；又陷入了哈姆雷特式的自我谴责之中：“难道说，我真是个无用的孩子？”[90]这在一定程度上，也表示了屠格涅夫对空谈而懒散的俄国哈姆雷特的失望：他们即使已经意识到，却也不能完成与俄罗斯现实与人民相结合的历史使命。后来，赫尔岑、高尔基都曾讨论过这类俄罗斯的哈姆雷特，赫尔岑称之为“聪明的废物”，高尔基则进一步指出，他们是“两种文化的相遇”的产物，“他们是欧洲思想的儿子，但是在‘本质’上还是俄国生活条件的儿子”，他们从西方认识了真理，却无力将其变为俄国的现实，就成了聪明的废物，而且“欧洲思想与俄国秩序的结合”，还会继续在俄国有计划地产生这样的聪明的废物。[91]

屠格涅夫在《贵族之家》里写到拉夫列茨基从国外回到家乡的归途中，插入了一个短暂的梦："拉夫列茨基忽然竟会想起罗伯斯庇尔……想起法国历史……他想起假如他身为将军，他会怎样打个胜仗，他也仿佛听到枪声和呐喊……"[92]这一细节具有某种象征性，暗示着法国社会革命思想正在取代德国谢林或黑格尔的哲学，成为19世纪40年代俄国占支配地位的中心思想。正像杜勃罗留波夫在他的《真正的白天何时到来》里所说，"在一定的思想和问题得到承认的阶段之后，在社会上就应出现一个实现它们的阶段；在思考和谈话之后，应该继之以行动"，"目前我们需要的不是那种能够进一步把我们提高在周围现实之上的人，而是那些自己能够或者教会我们把现实本身提高到我们已认识到的那些合理要求水平的人"。新的思潮宣布"罗亭（拉夫列茨基）时代"的结束（更准确地说是罗亭的下半截哈姆雷特精神的结束），要求着"新的行动的人"的出现。于是，我们在屠格涅夫继《贵族之家》之后的新作《前夜》里，听到了这样的呼唤："在我们中间，还没有一个人；任凭您朝哪儿看去，都找不到一个真正的人来。到处——不是小气鬼，就是胡混混，不是小哈姆雷特，就是自我陶醉的英雄……[93]""我们的时代什么时候才能来？在我们中间什么时候才能有人呢？""哦，你俄罗斯的土壤！哦，你拥有强大威力的人！你在哪里？"[94]——响应着这一时代（与心灵）的呼唤，英沙诺夫从《前夜》里走来；但他却是一个保加利亚的革命者，这一设计自是意味深长：屠格涅夫在俄国本土没有发现他所呼唤的真正的人，但他仍要在异国国土上实现他的追求，表现了他对于现实及自己的理想的同样忠实。正因为如此，《前夜》一发表，"英沙诺夫是怎样一个人"就成为评论界注意的中心。据说，在读者中有广泛影响的《俄罗斯的话》杂志当时即指出："英沙诺夫就是屠格涅夫在《哈姆雷特与堂吉诃德》讲演中同哈姆莱特相比较的堂吉诃德。"[95]应该说，《俄罗斯的话》的这位评论家的观察是敏锐的：在小说中，英沙诺夫曾以轻蔑的口气谈到俄国整整一代青年，用“不过是些空话匣子罢了”轻轻一句话就结束了这一代人的哈姆雷特气质。他斩钉截铁、不容置疑地宣称：“我们哲学谈得够了，现在，我们需要实践，实践。”[96]因此，英沙诺夫“在他所说的每一个字里，都可以听出一种唯一的、永远燃烧着的激情和专心致志的思考”[97]，他完完全全地“献身给那艰苦的，不望感激的事业”，甘愿“经历危难，忍受贫困、屈辱”[98]，“不愿意为了个人情感的满足就不忠于自己的事业和自己的义务”[99]。这些，固然都表现出一种典型的堂吉诃德精神；但这位保加利亚人最引人注目之处，还是他的坚决的行动性。小说女主人公叶琳娜在日记里这样谈到他：“他也不只是空谈——他行动，还会永远行动下去。”[100]更重要的是，他还具备了与行动相适应的各种品质：他性格非常坚强，“是一个钢铁的人”[101]；他有着不屈的意志，他决不会变更自己的决心，也正和他决不会不履行自己的诺言一样，他的“这种比德国人更甚的严格”，从一个彻头彻尾的俄国人看来，“似乎是很奇怪的，甚至是可笑的”[102]；他还有一个小小的团体，并对于团体表现出极大的忠诚与纪律性，如此等等。这位保加利亚的堂吉诃德与同样是屠格涅夫笔下的罗亭形成鲜明对比：不但英沙诺夫绝没有罗亭缺乏行动性的哈姆雷特气，即使是与罗亭身上的堂吉诃德精神相比，英沙诺夫也显示出独特的色彩。小说曾写到女主人公叶琳娜第一次见到英沙诺夫时所感到的意外：他“平静的镇定和平凡的单纯”与她期待中的英雄形象相差实在太远，而他对人的平等态度，使她没有任何自卑感，也让人暗暗吃惊[103]——与叶琳娜见惯了罗亭式的居高临下的，甚至是盛气凌人的英雄气和贵族气相比，英沙诺夫的平民化特征给读者留下深刻的印象。而小说中另一个人物法国文化的崇拜者舒宾却对英沙诺夫作出如下鉴定：“天才，没有；诗情，无”，“枯燥，枯燥，第三个枯燥”，“没有魅力，没有诱惑力”[104]。言辞虽不免刻薄，却也道出了真实：英沙诺夫既缺乏罗亭那样的雄辩的语言魅力，他始终是怯于言语的，即使是爱的激情喷发时，他也保持着沉默；英沙诺夫也没有罗亭式的洋溢的才情、迷人的骑士风度，以及与丰厚的文化素养相联系的精神魅力，更缺少堂吉诃德所特有的梦幻色彩。而在敏感的、感情柔弱细腻的妇女的观察与感觉中，他的这种枯燥，甚至气质中的坚强、坚定、不屈不挠，似乎都隐含着某种凶恶的、危险的东西。在目睹他以钢铁的意志与惊人的力量严惩调戏妇女的德国军官的义举以后，叶琳娜在日记里写道：“他的脸又是多么狠啊，几乎是残酷的！……那简直叫我惊呆了。……是的，他是一个不容小视的人，同时也是一个勇敢的保卫者。可是，为什么要那么狠，嘴唇上也那么颤栗，眼睛也发着怒火呢？也许，那是不可避免的么？难道做一个人、做一个战士，就不能依旧温柔、依旧和善么？……”[105]这里，叶琳娜对英沙诺夫态度的困惑，其实也属于作者自己。小说还特地安排了这样一个情节：雕塑家舒宾为英沙诺夫塑了两座雕像：胸像题为“志在拯救祖国的英雄”，英沙诺夫被赋予“极优美的表情：诚实、崇高、勇敢”；另一尊立像题为“当心腊肠贩子！”“那青年保加利亚人被表现成一只竖起前腿，举角待触的公羊，可笑的庄严、傲慢、顽固、愚蠢，褊狭”。[106]这在一定程度上是表现了屠格涅夫这样的俄国贵族知识分子对于不同于罗亭式的俄国贵族骑士的平民化的堂吉诃德的双重评价与矛盾态度：他们一方面清醒地意识到，正是这些有着坚强意志、行动能力的组织起来的堂吉诃德将担当起拯救祖国与改造社会的历史重任，将掌握未来历史的命运；但他们又本能地为必然出现的愚蠢、褊狭、粗暴、残酷，乃至暴力，感到疑虑，以至恐惧，因为这一切都会导致对于精致的精神、文明产品的破坏，以及在这一过程中，作为精神贵族的自我的毁灭。那位醉心于“谈谈夜莺，谈谈玫瑰，谈谈美丽的眼睛和青春的笑颜”的艺术家舒宾就这样预言：“他真能把你我全部碾成屑末”[107]。对未来的堂吉诃德的这种双重评价，自然使人们联想起当年曾经使海涅困惑不已的两难选择——而这样的有着历史连续性的思考必然也还将继续下去。

在某种意义上，《前夜》里的英沙诺夫是作家对即将出现而尚未出现的“新人”的一个预感，或者说一种想象，因此，赋予了这个人物以浓重的“平民堂吉诃德”的色彩。而有趣的是，当期待中的新人在俄罗斯大地上真正出现，作家敏锐地将其捕捉，化作了《父与子》中的巴札罗夫时，他所发现与强调的却是新人身上的哈姆雷特气质：屠格涅夫在同年（1860 年）所作的著名演讲里，揭示的哈姆雷特式的怀疑主义与否定的因素，在巴札罗夫的形象上，得到了充分的体现与展开，可以说发展到极致，并且有了新的理论概括，屠格涅夫在小说里径直称之为“虚无主义”，并因此成为俄国以至世界现代思想史上的一个专有名词。小说里，巴札罗夫一出场即公开宣言自己这一代人“从前是黑格尔主义者，现在是虚无主义者”[108]。什么是虚无主义者？巴札罗夫和他的崇拜者阿尔卡狄解释说，虚无主义者是“一个用批评的眼光去看一切人的人”，“是一个不服从任何权威的人，他不跟着旁人信仰任何原则，不管这个原则是怎样认为神圣不可侵犯的”。[109]在另一次谈话中，巴札罗夫又声称他们的口号是“否认一切”，历史赋予这一代人的使命仅仅是“先把地面打扫干净”。[110]人们不难看到，巴札罗夫在发布上述宣言时，口口声声“我们”如何如何，他是以一个群体的代表自居的；这一群体意识在英沙诺夫身上已露端倪，现在，巴札罗夫就更加自觉，从此，人们所面对的，将是有组织的群体哈姆雷特（或有组织的群体堂吉诃德），这是一个重大的变化，不可忽视。随着小说情节的进展，巴札罗夫式的虚无主义、怀疑主义与否定主义得到了进一步的展开；于是，我们发现了巴札罗夫对于哲学、艺术的怀疑与否定："您肚子饿的时候，我想，您用不着逻辑来帮您把一块面包放进嘴里去吧。这些抽象的字眼对我们有什么用处？"[111]"念普希金的诗……那是没有一点儿实际的用处的"，"应该把这种废物扔掉"[112]，这里，表现了十分浓重的实利主义的倾向。"有什么用"成为巴札罗夫价值取向的基本尺度，即使他肯定科学，也仅仅因为"一个好的化学家比二十个诗人还有用"[113]。巴札罗夫的信条是："凡是我们认为有用的事情，我们就依据它行动"，"原则是不存在的，……只有感觉，一切都依靠着感觉"。[114]巴札罗夫同样用实用主义的眼光去看待过去、现在与未来的关系，他问："我们去谈论、去思索'未来'有什么用处呢？"[115]对于他来说，最重要的是把握现在，这又是一种典型的现实主义。而巴札罗夫所看重的现世与实利是一种群体性的，因此，他同时又往往表现出对于个体的忽略与蔑视。他公然宣称，"研究个别的人只是白费功夫。所有的人，在身心两方面都是彼此相似的"，"在合理的社会组织里面，一个人不管是愚蠢，是聪明，是坏是好，都是一样的"。[116]从这样的观念出发，他对诸如个人与他人的权利与尊严的尊重与保护这类的英国式的自由主义、个人主义的原则完全嗤之以鼻，称之为"一堆外国的……没用的字眼"[117]。因此，人们从巴札罗夫身上，嗅到专制的气味是不奇怪的。巴札罗夫自己似乎也不否认这一点，他公开扬言："我们要压倒别的人！我们要去改变别人的性格！"[118]并且对别人说："对一个真正的人……别人对他只有两个办法：不是服从他，就是恨他。"[119]屠格涅夫自己也说，他笔下的巴札罗夫是和那位农民皇帝普加乔夫"相仿者"，是"一个阴沉、粗犷、胆大，从土壤中探出半截身躯、坚强、凶狠、忠诚的人物"[120]。应该说，巴札罗夫的实利主义、现世主义与反个人主义、自由主义的专制倾向，以及他同样强烈的实践性与行动性，都超出了（或者说不同于）传统的哈姆雷特模式；而这样一些特征出现在有可能掌握未来俄罗斯命运的革命者身上——屠格涅夫在写给斯卢切夫斯基的信里曾宣称，他笔下的巴札罗夫这样的新人必定是革命者——就不能不引起人们的极大关注。小说中的一个人物正是这样提出问题的："您不是一个寻常的人，您还年轻——您前面有一个远大的前程。您究竟准备做什么呢？您打算有一种什么样的前程呢？……您想达到什么样的目的呢？您向着什么地方走呢？您心里想些什么呢？一句话说，您是什么人呢？"[121]这在一定程度上也是代表作者提出的；由于历史的发展还处于新人刚刚出现的起始阶段，屠格涅夫还不可能对新人的上述精神特征及其可能产生的后果，作出明确的判断与预测，他只是忠实地描绘他已经看到、感觉到的一切，但他的关注仍是历史性的，随着时代的发展，人们会不断注意并进一步思考屠格涅夫的这些发现。

巴札罗夫的出现，引起了"父与子"两代人的冲突。有意思的是，在巴札罗夫这样被称为子辈的新人看来，父辈都是一些理想主义、浪漫主义的骑士。这样，子辈们在以批判的眼光审视父辈时，他们实际上就是在对堂吉诃德精神提出自己的怀疑。小说这样写道："巴札罗夫很喜欢女人和女性美；可是那种理想的，或者照他自己所说的浪漫主义的爱情，他认为是荒唐，是不可宽恕的愚蠢，他把骑士的感情看做一种残疾，一种病症。"他不止一次地谈到他很奇怪"那一切恋爱诗人和浪漫诗人为什么不给送进疯人院去"[122]。在他看来，一切精神的追求、梦幻般的理想、情感的欲望，都是"神经过敏"，"浪漫主义，荒唐无稽，腐败同做作"[123]。但也许是要着意考验巴札罗夫反浪漫主义、反堂吉诃德气的意志与决心，小说又写到了安娜·谢尔盖叶夫娜在巴札罗夫的心中所唤起的感情，据说这感情是既使他痛苦，又使他愤怒的。小说这样写道："他跟安娜·谢尔盖叶夫娜谈话的时候，他所表示的对一切带有浪漫色彩的情感的淡漠的轻蔑，比在什么时候都更厉害；可是只剩下他一个人的时候，他就会生气地承认他自己也有了浪漫的情感了，这个时候，他就会跑到树林里，迈着大步走来走去，弄断那些拦路的树枝，又低声咒骂她同他自己。”[124]这是极其真实而重要的一笔——尽管后来巴札罗夫终于从这强烈的痛苦、激情中挣扎出来，控制住了自己，并自豪地宣布：“一个女人也不会把我毁掉”[125]，但他的挣扎本身即是证明了：这位虚无主义者的哈姆雷特的内心，仍然深藏着堂吉诃德式的浪漫主义、理想主义的激情——这种激情来自人的本性，可以抑制，却是永远摆脱不掉的。

如果说小说中的巴札罗夫在反浪漫主义上还存在矛盾，那么，现实生活中的巴札罗夫们则要坚定得多。《父与子》问世不久，一位年轻的批评家皮沙列夫就站出来宣布：“他（指巴札罗夫——引者注）是我们年轻一代的代表。”在一篇题为《巴札罗夫》的文章里，他把巴札罗夫的立场推到了极端，指出“在灰暗寡趣的劳动生活环境中最能培养出无情而又充满信心地否认所有他人公认为高尚、美好事物的个性”：劳动与幻想是无缘的，因此，劳动的无产者“习惯于把幻想看成懒惰成性和老爷们养尊处优而固有的胡思乱想，他们开始认为精神痛苦与幻觉，精神向往和功勋是臆造的和荒唐的”；对于劳动者来说，饥饿的严峻的忧虑掩盖、压倒了一切，在他们看来，“那些闲暇无事，整日悠哉游哉的人们生活的各种尚待解决的问题，尚未澄清的疑问，尚未确定的关系，都是渺小琐碎，不值一提，而且是人为地制造出来的东西”，他们“对所有不是建立在实际上，不是建立在摸得到的力量之上的意图都会产生自然而然的，不可遏制的厌恶之感”。这样，现实中的巴札罗夫们就用劳动者的铁的逻辑，不但否定了堂吉诃德的精神幻觉和精神的追求冲动，也否定了哈姆雷特的精神痛苦，即以物质的东西抹杀了全部精神，也就否定了知识分子赖以生存的基础。这一劳动者与知识者对立的命题以后还会继续出现。

屠格涅夫笔下的巴札罗夫形象的丰富性、复杂性，还表现在他对俄国人民的态度上。当小说中的父辈代表巴威尔·彼得罗维奇攻击巴札罗夫与俄罗斯人民的关系，说“您一面跟他们讲话，一面轻视他们”时，巴札罗夫坦然承认：“为什么不可以呢，倘使他们应当受人轻视的话。”[126]他反驳说：“我们就反对了（人民）又怎样？人民不是相信打雷的时候便是先知伊里亚驾着车在天空跑过吗？那么怎样呢？我们应该同意他们吗？”[127]巴札罗夫和他的同伴显然不同意将人民理想化的倾向（屠格涅夫笔下《贵族之家》里的拉夫列茨基，以至《前夜》的英沙诺夫多少都有这样的倾向），因此，他完全同意对于俄国人民的如下批评：“他们把传统看做神圣不可侵犯的，他们是喜欢保持古风的；他们没有信仰便不能够生活。”[128]巴札罗夫实际上是明确意识到自己的否定一切的批判意识与俄国人民的传统保守倾向之间的对立的，在他看来，“俄国农民是个神秘的未知数”[129]。小说也写到了俄国农民对于巴札罗夫的保留：尽管巴札罗夫自以为懂得怎样跟农民谈话，但在农民眼里，巴札罗夫“不过是一个逗人发笑的小丑”[130]。屠格涅夫在《父与子》里所涉及的知识分子（包括巴札罗夫这样的平民知识分子）与以农民为主体的俄罗斯人民的关系问题，在他十五年以后（1877）所写的《处女地》里又得到了正面的描写与展开：这是因为在这一期间，经过了1860年代的反动时期，1870年代由民粹党人掀起的“到民间去”运动中，这个问题又成为了时代的中心。而在《处女地》里所充分展开的这一知识分子与人民关系的主题，在某种程度上，也正是屠格涅夫自己在那篇著名演讲中所提出的堂吉诃德、哈姆雷特与桑丘们的关系问题，只是由于时代的发展，《处女地》的描写，也就展现了新的时代内容，显示了一些新的时代特征。在1860年的演说里，屠格涅夫曾断言，哈姆雷特们从根本上蔑视群众，“他们什么也不能给予群众”，因此他们注定是与群众隔离的；但现在在

1877年发表的《处女地》里，被人视为“俄罗斯的哈姆雷特”的主人公涅日达诺夫出于对“简直是一座监狱”（它让人们想起哈姆雷特对丹麦王国的愤怒控诉）的俄罗斯沙皇统治的憎恨，也为时代风尚所趋，却渴望着与自己的人民——俄罗斯农民相结合，他卷入了已经成为时代中心的社会主义运动中，热情地响应民粹党人“到民间去”的号召，极力设法与农民、工人接近。他在一封信里对想象中的俄罗斯人民这样说：“我们并不认识你们，可是我们却拿我们的整个身心，我们的每一滴心血爱着你们……请接待我们，不要太冷淡了，教导我们吧，我们应当从你们那儿学到什么呢？”[131]这确实是一个知识分子和人民结合的罗曼史的开端，这些俄罗斯的哈姆雷特在发现和承认自己的软弱时，就把“人民”（抽象的，他们所不熟悉的，因为不熟悉，在想象中就有了一种神秘感）美化，以至神圣化，沉湎于只要和人民打成一片，就能把整个世界翻转过来的浪漫主义的神话里。怀着几分空想、几分忏悔、几分利他主义的神圣感，天真的、激情澎湃的知识分子渴望着和人民打成一片，为他们服务，抛掉自己原有的一切——在他们看来，那都是贵族的罪恶。跟普通的老百姓完全一样，做一个“简单化”的人，成为他（她）们真诚的内心追求；小说中的索洛明正是这样教导玛利安娜，玛利安娜也是如此自觉努力的：“您要做个洗锅子、拔鸡毛的邋遢姑娘”，“您也许就会拯救祖国呢”！[132]

但现实主义者的屠格涅夫却以更大的艺术力量，发现与写出了这些俄罗斯的哈姆雷特在走向人民以后的处处尴尬、种种矛盾。涅日达诺夫在他的日记里这样写道：

> ……我想自己去影响他们，可是，怎么样呢？怎样办到这个呢？看来是这样：我同老百姓在一块儿的时候，我始终只是低声下气，听他们讲话，要是碰上我开口——那就糟极啦！我自己

觉得我不成。我就像一个坏演员，扮着自己不擅长的角色，是非心和怀疑都不中用了，连那种挖苦我自己的可怜的幽默也不中用了……这一切连一个铜板也不值！……我很讨厌看见我穿的那身破衣服，瓦西里叫这做化装跳舞会的打扮！人们说，我们应当先学老百姓的语言，了解他们的习惯同脾气。……废话！废话！废话！人应当相信自己说的话，他才可以说自己想说的话……

啊，我在那些时候，多么诅咒我的神经质、敏感、感受性强，喜欢挑剔，这一切我那个贵族父亲留给我的遗产！他有什么权利把我送到这个世界上来，却又给了我那些跟我的生活环境不适应的器官呢？……生出一个美学家——又扔他到污泥里面！让我做了一个民主主义者，一个热爱老百姓的人，可是一闻到那个讨厌的伏特加，那个'俄国烧酒'的气味，我就发恶心，甚至呕吐起来，这又怎么说呢？[133]

他终于发出了这样的内心的呼声——

啊，哈姆雷特，哈姆雷特，丹麦王子，怎样才可以摆脱你的鬼影呢？怎样才可以不事事都模仿你，连那种可耻的自怨自艾的乐趣也要模仿呢？[134]

这里所谓"美学家"与"革命实践家"的矛盾（小说在另一处写道："一个搞美学的人要去跟实际生活接触，那太艰难，太艰难了！"[135]）实际上是属于作者自己（还可以上溯到他的前驱海涅）这样的知识分子的。而作家在这里展现的知识分子在走向人民过程中的表演感，自卑、自怨、自我谴责、自我诅咒，以至自我嘲讽……都具有极大的历史真实性与概括力，它不仅为哈姆雷特的传统性格注入了新的时代内容，而且也为哈姆雷特与人民的时代新课题，提供了一个新的心理模式，而保持着长久的生命力。

而俄罗斯的哈姆雷特终于作出了不同的选择：小说男主人公涅日达诺夫最后坦然承认自己“对事业本身并不相信”[136]，即对民粹党人的社会主义乌托邦理想与到民间去与农民相结合道路本身表示根本的怀疑，因而卸下了因为虚假而不堪承受的精神重负之后，平静地选择了“把自己整个涂掉”[137]，实际上是坚持哈姆雷特式的知识分子自我的人生归宿。而小说的女主人公玛利安娜则因为坚持信仰（她宣称，自己“全心全意地相信——我要把我这一生完全献给这个事业！一直到最后一口气！”[138]）而坚定地与索洛明（这是作者笔下的一个“新人”）们走在一起，尽管仍然存在着矛盾，小说写道：“她感觉到她所努力追求的那个世界的真正气息了……而且它的粗暴与暗影使她战栗。她正要把自己奉献给她的是一位什么样的太阳神呢？”[139]——屠格涅夫只是如实地写下了这一切，他把判断留给了历史本身。

小说中另一位曾经是涅日达诺夫同志的人物马尔凯洛夫也引起了人们的注意与深思。作者告诉我们，与小说的男女主人公不同，马尔凯洛夫思想简单，“他那有限的智力只能专门注意某一点，他所不了解的事物对他并不存在”，在他头脑里却“装满了各种各样社会主义计划”，他“正直，天性富于热情而带阴郁”，并且“憎恨、轻视虚伪和欺骗的行动”，他真诚地同情被压迫的人，憎恨高高在上的反动派，为此“不惜干任何事情”，“在某种场合他可以做出残酷、凶狠的举动”[140]——显然，这又是一个堂吉诃德，只是失去了那位西班牙骑士梦幻的诗意，而多了一些俄罗斯平民的残酷性。对于马尔凯洛夫，走向人民当然不会像涅日达诺夫们那样艰难，作者介绍说“对人民他很忠实；对农民，他却像对待弟兄一样的和气”，但他走向人民的结局却颇出人意外。人们大概还记得，屠格涅夫在1860年的著名演讲里，曾断言，尽管群众（桑丘们）不断地嘲弄，甚而加以诅咒，追击堂吉诃德，但最终仍然会完全依赖地跟随他们走；但是，现在，当马尔凯洛夫到农民中去作宣传鼓动时，农民们非但没有跟着他走，反而将他捆起来送交官府，带头人竟是一位被他看做是“俄国老百姓的化身”的农民。[141]这样的结局使马尔凯洛夫本人发生疑问：“所有那些社会主义者和思想家的著作、文章同书本（在他看来每个字都是天经地义的），这一切全是废话吗？”[142]这也反映了作家的某些困惑：屠格涅夫早已在写给赫尔岑的信中认定：“您们崇拜的人民是十分的保守主义者……他们总是把肚子塞到胃发炎的程度，并且讨厌任何的公民职责和独创精神。”[143]他对马尔凯洛夫们（也即俄国堂吉诃德）所选择的这条发动农民进行暴力反抗的道路实际上是存有保留的——屠格涅夫在1877年1月3日给斯塔秀利雅维奇的信中表示，他写《处女地》，是要“表现优秀人物从事虚伪的和没有生命力的事业”。

我们已经跟随屠格涅夫走完了俄国近代思想变迁史上最重要的一段历程（19世纪40—70年代），我们有幸结识了从罗亭（《罗亭》）、拉夫列茨基（《贵族之家》）、英沙诺夫（《前夜》），到巴札罗夫（《父与子》）、涅日达诺夫（《处女地》）这一大批俄国知识分子：他们都是丹麦王子和西班牙骑士的精神兄弟。但在叙述中，却有意识地遗漏了屠格涅夫小说中的女主人公；因此，在结束这段旅程之前，我们还得再结识一批俄国历史上最优秀的女性。

这是娜达丽亚（《罗亭》），一提起她，人们立刻想起了她倾听罗亭讲话时的神态——

> 娜达丽亚的脸上泛起了一阵红晕，目光一动不动地注视着罗亭，眼睛里一时感到迷糊，一时又发出异样的光彩。[144]
>
> 她如饥似渴地倾听着他的言语，极力探索它们的意义，把自

> 己的思想，自己的怀疑，都交给他来判断；他成了她的导师，她的领袖。[145]
>
> 神奇的美丽的世界，在她的无限期待的眼睛之前展示开来；从罗亭手中的书的篇页里，奇妙的憧憬，新的，光辉灿烂的思想，如淙淙的流泉一般地流入了她的灵魂，而在她那受伟大感情的崇高喜悦所鼓舞的心灵里，圣洁的热情的火光就静静地燃成烈焰了……[146]

这完全是一种迷恋，对于书本，对于语言的迷恋，进而达到对讲话者、写书的人（甚至向自己提供书、介绍书的人）的迷恋。所谓迷恋，是一种精神恍惚、梦幻般的境界，正是语言（书本）唤起了这位纯洁的少女无羁的想象力，在想象形成的幻觉中，泯灭了语言（口头的与书面的）描述的世界即艺术的世界与现实世界的界限，进而用前者代替了后者；这种幻觉却具有如此的魔力，使得人不由自主地将自己的思想、情感、意志无条件交出，成为类似宗教徒那样的信徒，并唤起人内在的神性，无限的忠诚、热情与勇气：这正是我们所熟悉的堂吉诃德精神，由于女性特别富有的浪漫幻想而被发挥到了诗的极致。于是，我们终于结识了一位"女性堂吉诃德"；女性美与堂吉诃德精神的结合，使屠格涅夫笔下的娜达丽亚具有极大的魅力，尤其到了小说的结尾，当需要将言辞制造的理想变为行动的时候，被视为导师、领袖的罗亭怯懦地退却，露出了哈姆雷特的下半身，娜达丽亚却勇敢地宣布："我已经下了决心，不顾一切！""我准备了迎接任何困难。"[147]而如一位研究者所说，"她采取行动不是从逻辑公式出发，而是出自直接的感情"[148]。人们终于发现，女性一旦被唤醒，就决不会回头，并且要以女性特有的极端性与韧性，将已经作出的选择坚持到底，她们才是真正彻底的堂吉诃德，而男性中却更多的是罗亭那样的半截

（半吊子）堂吉诃德。

屠格涅夫对女性堂吉诃德始终保持着浓厚的兴趣，在他以后创作的几部小说中的女主人公都具有类似的特征，当然，也有各自不同的意义。例如，《贵族之家》的丽莎一再表白她“没有自己的语言”[149]，她的自我是在别人的话语灌输中塑造成功的。小说写道，从她童年时候起，乳母就向她讲述圣母的传记，苦行者、圣徒和女殉道者的行传，“丽莎听她讲着——于是，无所不在，无所不知的上帝的形象，便以一种甜美的力量进入她的心灵，使她的心灵充满了纯洁虔诚的敬畏，基督对她就成为亲近的，熟悉的，几乎像亲人一般了”[150]。人们也许会由此而得到启发：堂吉诃德精神的魅力与宗教的诱惑力及其传播、影响途径，似乎存在着某种内在的相通。《前夜》里的叶琳娜对于平民堂吉诃德英沙诺夫的倾心，也许更为主动，更有其内在的动因：小说一再渲染不断骚扰她内心的飞的欲念，她在日记中写道：“为什么我看着鸟儿飞过，心里也感觉着羡慕？我真想跟它们一道儿飞去呢——飞到哪儿去，自己也不知道，只是远远地，远远地离开这儿吧。”[151]她总是“以隐秘的崇敬和惊愕，谛听着那些新奇的，不曾听过的话语”[152]，她的思想是在遥远的地方，时时感到有一种声音“正在向她召唤”[153]。同时，“从儿时起，她就渴慕着行动，积极地善行；贫乏的，饥饿的，病弱的人们，使她思念，使她不安，使她苦恼；她常常梦想见她们……她诚心诚意地布施，感到不自主的庄严，甚至情绪的悸动”[154]。可以说，堂吉诃德精神早已潜伏在她灵魂深处，只等别人（英沙诺夫）唤醒。这就从一个侧面揭示了堂吉诃德精神的实质：它是根源于人（尤其是女人）的本性，出自人（尤其是女人）的本能要求。有的研究者指出，屠格涅夫总是“把神经质的懦弱青年和热情而意志坚强的姑娘彼此之间的对照，还有过分自我分析的男人和勇敢委身于人生的女人之间的对照”[155]。男人与女人偏向于哈姆雷特与堂吉诃德两极，这一现象颇值得注意。

也许不需要再一一举例，我们已经对女性与堂吉诃德精神的深刻联系，留下强烈的印象。这其实并非屠格涅夫个人的发现，据说早在18世纪中叶，就有一位出生于美国的英国女人夏洛特·列诺克斯写过一本题为《女性的堂吉诃德》的小册子，另一位名叫塔比萨·坦尼的美国人也在1800年写过一本讨论《女性堂吉诃德主义》的专著，到19世纪40年代（1843年）克尔凯戈尔也曾呼吁应有女性的堂吉诃德问世。[156]十三年以后，即1856年，屠格涅夫的《罗亭》在《现代人》第1、2期上发表的同一年，法国《巴黎杂志》12月号也发表了法国著名作家福楼拜的《包法利夫人》。屠格涅夫与福楼拜曾有过密切的交往，都德说："在他们两个天才的性质中有一种联系，有一种朴素善良的相通"，他们共同都具有某种堂吉诃德气质。[157]福楼拜在写给屠格涅夫的第一封信中就这样写道："真好像读《堂吉诃德》时，我就想骑着马在烟尘滚滚的路上行走，在悬崖阴背处嚼食齐墩果和生葱那样，我在读《俄罗斯生活风貌》（这是屠格涅夫的中篇小说选集——引者注）时，我就想乘着马车在白雪茫茫的原野上颠簸，听着狼群的凄嗥……"[158]现在，在他们几乎同时写出的两部杰作里，两位女主人公又不约而同地具有了浓重的堂吉诃德气。福楼拜在写给朋友的信中，曾经谈到他笔下的爱玛是"一个属于虚伪的诗与虚伪的情感的女人"[159]。这就是说，"所有她诗化的情感，不是生成的、一个真正的诗人的，是从书本、从教育孕养起来，代替了她遗传的天性"[160]。这正是典型的堂吉诃德式的语言（书本）迷恋：她根据书本提供的观念，经过女性所特有的浪漫幻想，臆造出一个想象的世界、想象的自我。她逃出了她真实的人格、她的真实身份与周围真实的环境，"走进一个只有热情、销魂、酩酊的神奇世界，周围是一望无涯的碧空，感情的极峰在心头明光闪闪，而日常生活只在遥远、低洼、阴暗的山隙出现”，“她于是想起她读过的书里的女主人公”，“就像自己变成这些想象的真正一部分一样，实现了少女时期的长梦，从前神往的情女典型，如今她也成为了其中的一个”[161]；在她给情人写信时，“见到的恍惚另是一个男子，一个她最热烈的回忆，最美好的读物和最殷切的愿望所形成的幻影”，“他仿佛一尊天神，众相纷纷，隐去真身”[162]；在幻觉中，她甚至“隐约看见她憧憬的极乐世界，浮游半空，和天体成为一体”，她自己也“变成一位圣者”[163]：她就生活在这个由书本形成的幻影里，而且满怀信心，不顾一切，她狂热地、执拗地，也可以说是勇敢地与周围的世俗环境，与她自己真实的存在对抗着，尽管一再碰壁，她想象中的天神，现实生活中卑俗的男人们一再地背弃她，她仍然要尽力“维系她虚伪的存在——因为这里虚伪就是真实，想象就是生存”[164]，批评家高尔地耶把这叫做“包法利主义”，而在我们看来，这是可以同时叫做“堂吉诃德主义”的。只是福楼拜在他的小说里，将古老的堂吉诃德观念现代化，在传统的堂吉诃德式的实际生活和浪漫想象的冲突中注入了自己的时代内容——读者自不难从小说主人公爱玛最后的死亡中听出作者对自己时代的控诉。而在今天的读者看来，塞万提斯的西班牙骑士经历种种曲折、复杂的过程，终于演变成俄罗斯贵妇少女与法国外省小镇富裕佃农的独养女，这个事实也许是更有意义的。

1868年——屠格涅夫《父与子》出版六年，《处女地》发表前八年，也就是说，屠格涅夫关于俄国哈姆雷特与堂吉诃德命运的文学思考还在继续的时候，俄国文坛上又出现了一部表现俄国的堂吉诃德的杰作——《白痴》，作者是被认为与屠格涅夫、托尔斯泰并列的俄国三大伟大作家之一的陀思妥耶夫斯基。可以毫不夸大地说，陀思妥耶夫斯基是莎士比亚、塞万提斯的俄国崇拜者中最引人注目的一位——研究陀思妥耶夫斯基复调小说的专家告诉我们，莎士比亚与塞万提斯，

“同属欧洲文学中复调萌芽接近成熟的那一发展趋向”，而陀思妥耶夫斯基则是“这一发展趋向的完成者”[165]，他们之间有着深刻的文学与精神联系。陀思妥耶夫斯基热情赞扬莎士比亚所创造的永垂不朽的世界经典的普遍性、广博性以及不可测的深度，他这样谈到自己阅读《哈姆雷特》时的感受：“人是多么的没有自信而多疑呀！哈姆雷特！哈姆雷特！当我想到那些狂暴而粗野的话。在那里我们听到苦恼的世界的呻吟，于是悲哀的诉苦或是谴责都不能使我的胸襟狭小！……那灵魂是被忧患如此捣碎着，使它自己怕去了解它，诚恐它会因苦痛而毁了它自己。”[166]陀思妥耶夫斯基在他影响很大的《作家日记》里，更是以最极端的字眼，高度评价《堂吉诃德》：“世界上再没有比这部小说更深刻有力的了，实则现在它是人类思想中最终的、最伟大的词语，它是人类所能表现的最辛辣的讥讽。假如世界到达了它的末日，而是进入了另一个世界中，人们问：你是否已经理解了你在大地上的生活，你所到达的结论是什么？——人只能指着堂吉诃德说：‘这就是我对生活所到达的结论’——你能够因此责难我吗？”[167]因此，当他写作《白痴》，企图创造一个“十全十美的人”[168]时，他首先想到的就是堂吉诃德。在小说写作过程中，他在写给侄女的信中这样写道：“长篇小说的主要思想是描绘一个绝对美好的人物。……美是理想，而理想，无论是我们，还是文明的欧洲，还远未形成。在世界上只有一个绝对美好的人物——基督。因此，这位无可比拟、无限美好的人物的出现也是永恒的奇迹。”他接着指出：“在基督教文学的美好人物当中，堂吉诃德是最完整的一个。但他之所以美好，唯一的原因是他同时又滑稽可笑。……对被嘲弄的和非常可贵的美产生了同情，因此引起读者的好感，激起同情，这是幽默的奥秘。”[169]正像一位研究者所指出的，陀思妥耶夫斯基显然是完全自觉地要将他具有耶稣精神的理想的“绝对美好的人物”梅思金公爵“和堂吉诃德之间造成一种平行”[170]——小说中一再暗示这一点：梅思金公爵曾给他的女友阿格拉耶一封信，阿格拉耶将信夹在一本硬皮的厚书里面，过了一星期，才发现那本书就是《堂吉诃德》，阿格拉耶“哈哈大笑起来”[171]。后来阿格拉耶又当着梅思金公爵面“用深刻的意义和极度的真诚”朗读普希金的《贫穷的骑士》；而据阿格拉耶的解释，“这首诗描写着一个人，他具有理想。在找到理想之后，他又能够相信它，在相信之后，又能够盲目地把生命贡献给它”，“诗人大概是想把一个纯洁而高尚的骑士的中古世纪的骑士风，柏拉图式的爱情所有的真谛都添到一个光辉的形象里去。自然，这一切全是理想。但是在‘贫穷的骑士’的身上，这种情感已经达到最高阶段，达到了禁欲主义”，她最后特地点明：“‘贫穷的骑士’就是堂吉诃德，不过是正经的，而不是滑稽的”。除此之外，阿格拉耶还说了一句十分重要的话：“在现在的时代，是难以遇见这种人的。”[172]这就决定了梅思金这个人物的两重性：一方面，他作为作者心目中的堂吉诃德，一个纯洁理想的化身，体现着基督教爱的哲学：对一切人无所不在的兄弟般的同情、理解与仁爱（他尤其“能够‘穿透’别人的生活躯体，深入到别人的深层的‘我’中去”[173]，这是他能够理解与爱一切人，一切人也都爱他的奥秘所在），以及为了这种爱压抑乃至放弃自我一切欲望，以至达到了禁欲主义的圣洁。但另一方面，“从一般的生活逻辑角度看，梅思金公爵的一切举动，一切感情，都不合时宜而且十分奇特”[174]，也就是说，他“被排除在普通生活中的人们关系之外而游离”，在“好像不具备生活的躯体，不能以它在生活上占上一个确定的位置”[175]这一点上，梅思金公爵是最接近那位西班牙骑士的——我们已经一再说过，在纯理想、精神、领域的幻想世界里，堂吉诃德是充满了智慧与自由感的，但只要一进入现实世界，他就处处显得不合时宜，以至疯狂。而梅思金公爵更处处表现出一种天真的性质，仿佛他的的确确是个白痴，作者实际上是想强调他的自然人的特质，在小说中，梅思金公爵一再承认“我自己完全是一个孩子，简直就是一个婴儿，只是身材和脸部像成年人，至于在发育、心灵、性格，也许在智慧方面，我都不是成年人，即使我活到六十岁，我也会这样的”[176]。而他的每一次病的发作，却都导致了他的精神生命的极度升华：“发病前的瞬间是自我意识的特别增强，同时，自我感觉达到最直接的地步”，“那一瞬间的感觉是极度的和谐和极度的美丽，能够给人一种前所未听到或想到的完整、均衡、和睦，与最高的生命综合，热烈和虔诚地融合的感觉”。作者分析说：“假使在这一秒钟，也就是发病前最后的有意识的瞬间，他能够很明确地，有意识地对自己说：‘是的，为了这一瞬间，人可以将整个生命献出去！’那么，这一瞬间当然是值得用整个生命来换取的。然而，他不能够坚持他的结论的辩证部分。因为，他将看到愚钝、苦闷、白痴状态是这‘最崇高的一瞬间’的明显后果。”[177]所有这些描写、分析，以及由此得出的“有癫痫症的穆罕默德”的意象、概念都具有陀思妥耶夫斯基式的深刻性：他从达于极致的精神美（以及它的化身：教主、圣徒等等）的崇高中看到了病态与可笑，这二者原是密不可分的，这可以说是他从堂吉诃德中得到的启示，如前文所引，他说过，堂吉诃德“之所以美好，唯一的原因是他同时又滑稽可笑的”，他从中领悟到了“被嘲弄的和非常可贵的美”；但另一方面也可以说，陀思妥耶夫斯基所创造的梅思金公爵将塞万提斯所创造的西班牙骑士的堂吉诃德精神发挥到了极端，从而更清晰地显示出其内在的形而上意义，或者说，升华到了一个宗教的高度。

注 释

[1] 莫洛亚：《屠格涅夫传》，江上译，台湾志文出版社，1984年，第29页。

［2］ 转引自鲍戈斯洛夫斯基《屠格涅夫》，冀刚、慧芬、希泉译，上海译文出版社，1983 年，第 48 页。

［3］ 据说他的朋友波丽娜·维亚尔多的丈夫路易·维亚尔多给了他很大帮助。路易很早就把《堂吉诃德》译成了法文（鲍戈斯洛夫斯基：《屠格涅夫》，第 162 页）。

［4］ 转引自鲍戈斯洛夫斯基《屠格涅夫》，冀刚、慧芬、希泉译，第 162、163 页。

［5］ 同上书，第 398 页。

［6］ 屠格涅夫：《回忆录》，蒋路译，人民文学出版社，1962 年，第 4 页。

［7］ 转引自鲍戈斯洛夫斯基《屠格涅夫》，冀刚、慧芬、希泉译，第 399 页。

［8］ 同上书，第 400 页。

［9］ 屠格涅夫：《哈姆雷特与堂吉诃德》，尹锡康译，《莎士比亚评论汇编》上册，第 465 页。

［10］ 屠格涅夫在同一篇演讲里，还强调了这两个文学典型的民族与地方色彩，指出：哈姆雷特精神“是一个北方人的精神”，而“沉睡在堂吉诃德身上”的是一种“南方人的精神”（屠格涅夫：《哈姆雷特与堂吉诃德》，尹锡康译，收《莎士比亚评论汇编》上册，第 678 页）。

［11］ 屠格涅夫：《哈姆雷特与堂吉诃德》，尹锡康译，《莎士比亚评论汇编》上册，第 477 页。

［12］ 同上书，第 466 页。

［13］ 同上书，第 468 页。

［14］［15］ 同上书，第 477 页。

［16］ 同上书，第 466 页。

［17］ 同上书，第 471 页。

［18］ 同上书，第 468 页。

［19］ 同上书，第 478 页。

［20］ 同上书，第 467 页。

［21］［22］ 同上书，第 678 页。

［23］ 同上书，第 471 页。

［24］ 同上书，第 474 页。

［25］ 同上书，第 468 页。

［26］ 同上书，第 469 页。

［27］［28］ 同上书，第 476 页。

［29］［30］ 同上书，第 473 页。

［31］ 同上书，第 466 页。

［32］同上书，第482页。

［33］同上书，第414页。

［34］同上书，第480页。

［35］同上书，第481页。

［36］同上书，第482页。

［37］同上书，第466页。

［38］同上书，第483页。

［39］《赫尔岑文集》（三十卷集）第2卷，莫斯科1954年版，第49页，转引自韩凌译普斯托沃依特《屠格涅夫评传》，人民文学出版社，1991年，第28页。

［40］屠格涅夫：《希格雷特的哈姆雷特》，收《猎人笔记》，丰子恺译，人民文学出版社，1962年，第302页。

［41］同上书，第311页。

［42］同上书，第318页。

［43］同上书，第316页。

［44］普斯托沃依特：《屠格涅夫评传》，韩凌译，人民文学出版社，1959年，第56页。

［45］屠格涅夫：《多余人的日记》，海岑译，平明出版社，1954年，第96—97页。

［46］同上书，第95—96页。

［47］据《哈姆雷特与堂吉诃德》中译本译者尹锡康《译后记》，《莎士比亚评论汇编》上册，第485页。

［48］屠格涅夫：《罗亭》，陆蠡译，丽尼校，人民文学出版社，1957年，第121页。以下引此小说均据这一版本。

［49］同上书，第32页。

［50］同上书，第36页。

［51］同上书，第44页。

［52］同上书，第36页。

［53］同上书，第33页。

［54］同上书，第37页。

［55］同上书，第34页。

［56］同上书，第40页。

［57］同上书，第62页。

［58］同上书，第100页。

［59］同上书，第57页。

［60］同上书，第69、71页。

[61] 同上书，第 108 页。
[62] 同上书，第 33 页。
[63] 同上书，第 37 页。
[64] 同上书，第 64 页。
[65] 同上书，第 40 页。
[66] 同上书，第 80 页。
[67] 同上书，第 90 页。
[68] 转引自鲍戈斯洛夫斯基《屠格涅夫》，第 78 页。又据该书第 224 页介绍，屠格涅夫自己曾明确指出："我在罗亭身上相当忠实地表现了他（指巴格宁）的影子。"
[69] 参看哈利·列文《吉诃德原则：塞万提斯与其他小说家》，《比较文学研究资料》，第 369—370、371、365 页。
[70] 屠格涅夫：《罗亭》，第 157 页。
[71] 同上书，第 65 页。
[72] 同上书，第 123 页。
[73] 同上书，第 144 页。
[74] 同上书，第 145 页。
[75] 同上书，第 153 页。
[76] 同上书，第 5 页。
[77] 同上书，第 155、157 页。
[78] 同上书，第 137 页。
[79] 同上书，第 158 页。
[80] 同上书，第 154 页。
[81] 同上书，第 136 页。
[82] 屠格涅夫：《贵族之家》，磊然译，人民文学出版社，1955 年，第 62 页。以下引此小说均据这一版本。
[83] 同上书，第 89 页。
[84] 同上书，第 98 页。
[85] 同上书，第 124 页。
[86] 同上书，第 75 页。
[87] 同上书，第 112 页。
[88] 同上书，第 91 页。
[89] 同上书，第 172 页。
[90] 同上书，第 167 页。

[91] 高尔基:《俄国文学史》，缪灵珠译，第 357 页。
[92] 屠格涅夫:《贵族之家》，第 70 页。
[93] 屠格涅夫:《前夜》，第 167 页。
[94] 同上书，第 168 页。
[95] 转引自鲍戈斯洛夫斯基《屠格涅夫》，第 300 页。
[96] 屠格涅夫:《前夜》，第 189 页。
[97] 同上书，第 61 页。
[98] 同上书，第 109 页。
[99] 同上书，第 99 页。
[100] 同上书，第 94 页。
[101] 同上书，第 57 页。
[102] 同上书，第 60 页。
[103] 同上书，第 66 页。
[104] 同上书，第 67 页。
[105] 同上书，第 96 页。
[106] 同上书，第 114、115 页。
[107] 同上书，第 67 页。
[108] 屠格涅夫:《父与子》，巴金译，人民文学出版社，1979 年，第 228 页。以下引此小说均据这一版本。
[109] 同上书，第 228 页。
[110] 同上书，第 262 页。
[111] 同上书，第 261 页。
[112] 同上书，第 265 页。
[113] 同上书，第 232 页。
[114] 同上书，第 262 页。
[115] 同上书，第 329 页。
[116] 同上书，第 300 页。
[117] 同上书，第 260、261 页。
[118] 同上书，第 432 页。
[119] 同上书，第 363 页。
[120] 屠格涅夫:《给斯卢切夫斯基的信》，转引自卢那察尔斯基《六十年代文学》。
[121] 屠格涅夫:《父与子》，第 328 页。
[122] 同上书，第 316 页。

［123］ 同上书，第 241—242 页。
［124］ 同上书，第 316、317 页。
［125］ 同上书，第 362 页。
［126］［127］［128］ 同上书，第 263 页。
［129］ 同上书，第 401 页。
［130］ 同上书，第 437 页。
［131］ 屠格涅夫：《处女地》，巴金译，人民文学出版社，1987 年，第 228 页。以下引此小说均据这一版本。
［132］ 同上书，第 255 页。
［133］ 同上书，第 261—263 页。
［134］ 同上书，第 136 页。
［135］ 同上书，第 259 页。
［136］ 同上书，第 325 页。
［137］ 同上书，第 335 页。
［138］ 同上书，第 326 页。
［139］ 同上书，第 284 页。
［140］ 同上书，第 82、83 页。
［141］［142］ 同上书，第 314 页。
［143］ 普斯托沃依特：《屠格涅夫评传》，韩凌译，第 125 页。
［144］ 屠格涅夫：《罗亭》，第 35 页。
［145］ 同上书，第 64 页。
［146］ 同上书，第 65 页。
［147］ 同上书，第 108 页。
［148］ 叶菲莫娃：《罗亭》，高文凤编译《屠格涅夫论》，第 184 页。
［149］［150］ 屠格涅夫：《贵族之家》，第 135 页。
［151］ 屠格涅夫：《前夜》，第 91 页。
［152］ 同上书，第 34 页。
［153］ 同上书，第 35 页。
［154］ 同上书，第 33 页。
［155］ 莫洛亚：《屠格涅夫传》，江上译，第 40 页。
［156］ 哈利·列文：《吉诃德原则：塞万提斯与其他小说家》，《比较文学研究资料》，第 37 页。
［157］ 莫洛亚：《屠格涅夫传》，江上译，第 35 页。

［158］转引自鲍戈斯洛夫斯基《屠格涅夫》，第 396 页。

［159］福楼拜 1875 年给尚特比女士的信，转引自李健吾《福楼拜评传》，湖南人民出版社，1980 年，第 33 页。

［160］李健吾：《福楼拜评传》，第 100 页。

［161］福楼拜：《包法利夫人》，李健吾译，人民文学出版社，1958 年，第 161 页。

［162］同上书，第 196 页。

［163］同上书，第 210—211 页。

［164］李健吾：《福楼拜评传》，第 107 页。

［165］巴赫金：《陀思妥耶夫斯基诗学问题》，白春仁、顾亚铃译，三联书店，1988 年，第 67 页。

［166］［167］转引自李嘉《俄国作家论莎士比亚及西万蒂斯》。

［168］陀思妥耶夫斯基 1868 年 1 月 12 日给阿・尼・迈科夫的信，见《书信选》，冯增义、徐振亚译，人民文学出版社，1986 年，第 188 页。

［169］陀思妥耶夫斯基 1868 年 1 月 12 日给索・亚・伊力诺娃的信，见《书信选》，第 191 页。

［170］哈利・列文：《吉诃德原则：塞万提斯与其他小说家》，《比较文学研究资料》，第 365 页。

［171］陀思妥耶夫斯基：《白痴》，耿济之译，王珍校，人民文学出版社，1958 年，第 233 页。以下引此小说均据这一版本。

［172］同上书，第 307、308 页。

［173］巴赫金：《陀思妥耶夫斯基诗学问题》，白春仁、顾亚铃译，三联书店，1988 年，第 242 页。

［174］同上书，第 241 页。

［175］同上书，第 242 页。

［176］陀思妥耶夫斯基：《白痴》，第 88 页。

［177］同上书，第 280 页。

下　编

堂吉诃德、哈姆雷特在中国
（20 世纪：20—40 年代）

第八章

经过三个世纪的长途跋涉，堂吉诃德与哈姆雷特怎样来到了神秘的东方古国：1922年，两部世界文学经典与屠格涅夫的阐释同时被介绍到中国。历史的回顾：新文学运动与五四浪漫主义，中国现代堂吉诃德的乌托邦试验。周作人的“归来”：“还思想予思想者”，对堂吉诃德、哈姆雷特命题的根本消解。

这确实是一个漫漫无尽的跋涉：从大西洋海岸走到俄罗斯大草原，岁月流逝，已经整整三百年。

但堂吉诃德与哈姆雷特仍不肯停歇。仿佛为一种不可知的力量所驱赶，步履踉跄地奔向天际隐约显露着的遥远的世界——“那在空间上隔得极远，而在心灵上相距甚近的广阔的世界”[1]……

呵，那是中国，一个神秘的东方古国！在三个世纪的漫游中，曾经听到多少人在谈论着她，用各种色彩编织着关于她的神话、她的梦……

不用说塞万提斯关于在中国建立西班牙语言学院的天才预想[2]，以及堂吉诃德随口编造出来的西班牙美人安杰丽加公主“接位做了中国的女皇”的故事[3]，单是德国人，就说过多少关于中国的梦话与醒话！那位创造了哈姆雷特与堂吉诃德最强有力的精神兄弟——浮士德的歌德，就发现了“中国人在思想、行为和情感方面几乎和我们一样，使我们很快就感到他们是我们的同类人”，他心目中的中国，“人和自然是生活在一起的”，“你经常听到金鱼在池子里跳跃，鸟儿在枝头上歌唱不停，白天总是阳光灿烂，夜晚也总是月白风清”。[4]而另一位德国诗人海涅，他在《论浪漫派》里大谈堂吉诃德与哈姆雷特的同时，也说到了中国。他问：“你们可知道中国，那飞龙和瓷壶的国家？”在他看来，中国“全国是座古董店，四围耸立着一道其长无比的城墙”，“无论是大自然还是人都像一幅荒诞不经的漫画”，而中国公主“破坏成性的爱娇妩媚和她狂荡妖艳的痴态疯劲，使我们的灵魂充满了阴郁凄怆的快感和欲火如焚的恐惧”。[5]两位德国诗人就这样为人们描述了两个极端的中国图景：在诗人的想象中，中国被理想化或漫画化了。比较而言，也许俄国人对中国的了解与理解，要更切合实际：屠格涅夫在小说里，将他的罗亭比作“中国泥人，总是头重脚轻”[6]。这不仅对罗亭上半截的堂吉诃德与下半截的哈姆雷特的特征是一个极好的概括，而且暗示着中俄知识分子内在精神的相通（有趣的是，在屠格涅夫《罗亭》发表八十五年以后，毛泽东在著名的《改造我们的学习》的讲演里，也引用了一副对子，嘲笑中国知识分子是“墙上芦苇，头重脚轻根底浅”[7]），这是不是又预示着两位西方文学典型及其俄国兄弟的幽灵，将要在中国知识分子身上重现呢？……

无论如何，这位丹麦王子和他的旅伴西班牙骑士，经过了德国与俄国的中介，到19世纪末20世纪初，总算走到了中国的门槛前……

1895年，终于传出了第一个历史的足音：严复翻译的赫胥黎的《天演论》一出版，即震动了中国知识界。而严复在《天演论》卷上“导言十六，进微”篇中介绍了“狭斯丕尔”（莎士比亚）：“万历间英国词曲家，其传作大为各国所传译，宝贵也”[8]，卷下“论五，天刑”篇中又插入了哈姆雷特的故事：“罕木勒特，孝子也。乃以父仇之故，不得不杀其季父，辱其亲母，而自刺刃于胸，此皆历生人之至痛极酷，而非其罪者也”[9]，寥寥数语，却是第一次将著名的丹麦王子介绍给中国读者。[10]

又过了八年，1903年，上海达文书社出版了《澥外奇谭》，这是兰姆姐弟《莎士比亚故事集》的第一个古文中译本，其中《报大仇韩利德杀叔》篇讲了一个完整的哈姆雷特的故事，译者却没有署名。

第二年即1904年，林纾、魏易又将《莎士比亚故事集》译为中文，取名为《吟边燕语》，由上海商务印书馆出版，哈姆雷特故事译名为《鬼诏》。林纾在译序中，称“莎氏之诗，直抗吾国之杜甫；乃立义遣词，往往托像于神怪”，这可算是中国文人对莎士比亚戏剧的最初接受与理解。

时间再过几年，大约是1908年，两个中国留学生从坐落在日本东京桥三丁目的丸善书店兴冲冲地走回住宿地，手里捧着一叠刚从德国邮寄来的文学书籍，其中有一本是德国莱克朗氏万有文库本的《堂吉诃德》德译本（64开平装本）[11]。从此，这部17世纪西班牙文学大师创造的世界名著就与20世纪中国两位文学大师结下了不解之缘——我们说的正是鲁迅与周作人。十七年后，周作人在回顾这段文学姻缘时，仍然有几分动情，他说：“《吉诃德先生》（全名是《拉曼差的聪敏的绅士吉诃德先生》）是我所很喜欢的书的一种。我在宣统年前读过一遍，近十多年中没再读，但随时翻拢翻开，不晓得有几十回，这于我比《水浒》还要亲近。”[12]鲁迅不但一直珍藏着这本莱克朗氏万有文库本，而且在二三十年代，还陆续搜集了日本岛村抱月、片上伸合译，大正四年（1915年）东京植竹书院再版的《堂吉诃德》精装本（二册），以及法国著名画家陀莱的插图单印本《机敏高贵的曼却人堂吉诃德生平事迹画集》（共一百二十幅，1925年德国慕尼黑约瑟夫·米勒出版社出版），并且同时收藏了塞万提斯另一部长篇小说《埃斯特拉马杜拉的嫉妒的卡里扎莱斯》[13]，对于这位西方文学巨匠可谓一往情深。

人们自然会注意到日本在其中的沟通作用。近代日本素有“世界窗口”之称，日本出版界、读书界对西方的思想文化潮流有着特殊的敏感，早就着手有计划地介绍西方经典名著。1875年（明治八年）即有关于《哈姆雷特》的介绍，1882年（明治十五年）《东洋学芸杂志》上发表了尚今居士的《ハムレット》的译文；1893年博文馆出版了松居松叶翻译的《堂吉诃德》(译名为《钝机翁冒险谭》)，以后又陆续出版了《哈姆雷特》与《堂吉诃德》的多种译本。日本书店还负责代读者直接邮购世界各国原版图书，这就更有力地发挥了日本在中国与西方文化交流上的桥梁作用。就以鲁迅、周作人兄弟而言，他们不仅通过日本读书出版界有幸与塞万提斯结缘，还在日本购置、阅读了屠格涅夫的著作[14]、海涅的作品[15]，以及诸如勃兰兑斯《十九世纪文学主流》、克鲁泡特金《俄国文学的理想与事实》等文学史著作，不仅对这两位德国和俄国文学史家本人的思想有了深切的理解，而且直接、间接地了解了对于堂吉诃德与哈姆雷特的许多重要阐释[16]，这样，在堂吉诃德与哈姆雷特的东移中，日本也构成了一个重要环节[17]。

但暂时这一切都是在默默之中进行的——又有谁会注意到，20世纪初，几个年轻的、无名的中国留学生在日本东京的一间六席的房子里读什么书呢？而且在仍为历史的惰力所支配的中国知识界，尽管知道了莎士比亚与塞万提斯的名字——鲁迅在写于1908年的《科学史教篇》里还大声疾呼：“人群所当希冀要求者，不惟奈端（牛顿）已也，亦希诗人如狭斯丕尔（莎士比亚）”[18]，但要真正将他们的作品介绍到中国，还需要时间。这就是说，在19世纪末20世纪初，中国人分明已经听到了堂吉诃德与哈姆雷特的敲门声，但要真正实现历史的相会，还得耐心等待。

而且，这一等，就将近二十年。其间，也不断传出各种讯息。例如，1916 年 3 月上海笑舞台演出了根据林纾、魏易译《燕边吟语》(即《莎士比亚故事集》) 改编的《窃国贼》(即《哈姆雷特》),《民国日报》广告上有关于剧情的简单介绍——“为人臣而窃君窃国，私通君后；为人弟而盗嫂盗政权。父仇不共戴天，而母且夫事乎杀父之仇，不得已装疯做戏，以娘心，到头来大家难逃一死，此其惨为何如惨”[19]，显然意在迎合市民观众的趣味。对《哈姆雷特》与《堂吉诃德》真正作出科学评价的，是出版于 1918 年的周作人的《欧洲文学史》(此为周作人在北京大学上课的讲稿，据周作人介绍，鲁迅曾为讲稿“修正字句”)。周作人书中这样介绍《堂吉诃德》:“Cervantest (塞万提斯) 以此书为刺，即示人以旧思想之难行于新时代也，唯其成果之大，乃出意外，凡一时之讽刺，至今或失色泽，而人生永久之问题，并寄于此，故其书亦永久如新，不以时地变其价值。书中所记，以平庸实在之背景，演勇壮虚幻之行事。不啻示空想与实生活之抵触，亦即人间向上精进之心，与现实俗世之冲突也。Don Quixote (堂吉诃德) 后时而失败，其行事可笑。然古之英雄，先时而失败者，其精神固皆 Don Quixote (堂吉诃德) 也，此可深长思者也。”[20] 在论及《哈姆雷特》时，周作人指出，莎士比亚悲剧，“至 *Hamlet* (《哈姆雷特》) 等作，则不涉宿命说，而以人性之弱点为主。盖自然之贼人，恒不如人之自贼，纵有超轶之贤，气质性情，不无偏至，偶以外缘来会，造作恶因，辗转牵连，不能自主，而终归于灭亡，为可悲也。犹疑猜妒，虚荣野心，皆人情所常有，但或伏而不发，偶值机缘，即见溃决。如僭王之于 *Hamlet* (《哈姆雷特》) ……皆为之先导，终乃达其归宿，破国毁家，无可幸免，令观者竦然有思”[21]。——这样的理解，已有相当的深度；周作人的《欧洲文学史》标志着五四时期中国对《堂吉诃德》与《哈姆雷特》的接受所达到的历史高度。

1921 年 6 月 15 日出版的《少年中国》第 2 卷第 12 期上，发表了田汉(当时他正在日本留学)翻译的《哈孟雷特》第一幕第一、二、三场;第二年即1922年,全书作为“沙翁杰作集”第一种,由中华书局出版。田汉在“译叙”中说:“读Hamlet(哈姆雷特)的独白To be or not to be,that is the question(活下去还是不活,这是问题),不啻读屈子《离骚》。”也是1922年,塞万提斯的《堂吉诃德》第一部由林纾、陈家麟译为《魔侠传》,由上海商务印书馆出版。这年9月4日,周作人又在《晨报副镌》上发表《魔侠传》一文,向中国读者全面介绍《堂吉诃德》与《哈姆雷特》。这样,1922年就作为两部西方文学经典东移史上具有决定意义的一年,载入了史册。

人们注意到,周作人在他的介绍文章里,一开始便引述了屠格涅夫的著名阐释——“这两大名著的人物实足以包举永久的二元的人间性,为一切文化思想的本源:堂吉诃德代表信仰与理想,汉列忒(即哈姆雷特——引者注)代表怀疑与分析”,并且强调,“这两种性格虽是相反,但正因为有他们在那里互相撑拒,文化才有进步”。周作人对“吉诃德是理想的化身,山差便是经验的化身”的传统阐释也很感兴趣,并特地引述了屠格涅夫的发挥:“本来民众常为运命所导引,无意的跟着曾为他们所嘲笑、所诅咒、所迫害的人而前去。”这样,由于周作人的介绍,中国读者对《堂吉诃德》与《哈姆雷特》的接受,从一开始便受到了屠格涅夫的俄国阐释的影响,这自然是有一种特殊意义的。当然,周作人也有自己的创造性阐释:他明确地提出了堂吉诃德的“归来”命题——

> 至于全书的精义,著者在第二部七十二章里说得很是明白:主仆末次回来的时候,山差望见村庄便跪下祝道,“我所怀慕的故乡,请你张开眼睛看他回到你这里来了——你的儿子山差邦札,他身上满是鞭痕,倘若不是金子,请你再张了两臂,接受

你的儿子吉诃德先生，他来了，虽然被别人所败，却是胜了自己了。据他告诉我，这是一切胜利中人们所欲得的（大）胜利了……"，这一句话不但是好极的格言，也就可以用作墓碑，纪念西班牙与其大著作家的辛苦而光荣的生活了。[22]

周作人在1922年，也即五四新文化运动高潮刚刚过去不久，注意并强调堂吉诃德与哈姆雷特在人性与文化健全发展中的互补性、堂吉诃德与桑丘（民众）的关系，并提出“堂吉诃德的归来”问题，这都是具有某种现实的针对性的，可以说是周作人对五四新文化运动以及他自己及其同类知识分子在五四新文化运动中所扮演的历史角色的一个历史性的反省与反思。

周作人在同时期以及以后的著作中，曾多次谈到，“五四”时期他是一个“理想派”[23]，信仰“世界主义”[24]，“梦想过乌托邦”，具有浓重的“梦想家与传道者的气味”[25]。我们在本书第一章里已经讨论过塞万提斯的《堂吉诃德》与盛行于他所生活的时代的乌托邦思潮的内在联系：这位西班牙骑士所热烈追求的，不惜为之献身的黄金世界，其实就是一个乌托邦的理想国。因此，当中国的现代知识分子——周作人和他的同时代人，作为一个乌托邦的梦想家出现在20世纪初的中国历史舞台上时，他们就注定了要扮演现代堂吉诃德的角色。而中国现代知识分子与塞万提斯笔下的堂吉诃德，从一开始便在乌托邦理想这一根本点上，取得精神的共鸣与契合，这对于20世纪中国堂吉诃德的命运，以至某种程度上的未来中国的历史的发展，都有着深远的影响。

据周作人介绍，“五四”时期的乌托邦理想，集中体现在“对于新村有着极大的憧憬”[26]。人们也许至今仍对“五四”时期的新村运动以及相类似的“工读互助团”等运动缺乏足够的重视。其实，新村运动在“五四”时期是风靡一时的，不仅为五四新文化运动大部分领导人所关注，更对五四运动中成长起来的一代年轻人产生了巨大的吸引力，其倡导者、活动分子中，除周作人外，就有蔡元培、李大钊、陈独秀、胡适、罗家伦、王光祈、毛泽东、蔡和森、恽代英……这样一些在当时及今后对中国的命运发生过重大影响的人物。以后，随着中国社会与他们自身思想的发展，新村运动的乌托邦理想以及与之相适应的堂吉诃德的精神气质被逐步扬弃、超越，同时又更加深刻地渗透于新的历史选择中，以更加隐蔽的、不易为人们所知觉的方式，对这些历史人物的历史活动持续地发生影响。因此，当人们回顾历史时，就不能不重新注目于这段历史的源头。自然，这是一个大题目，需要作详尽的专门研究，却不是本书的任务。这里，仅在本书研究范围内，就与堂吉诃德精神有关的问题，作一粗略的勾勒与讨论。

当年堂吉诃德曾表示对于“不分彼此，同在一盘儿里吃，一个杯子里喝”的社会平等理想的向往[27]，并这样描绘他的乌托邦的“黄金时代”：“那时候的人还不懂得分别‘你的’和‘我的’，在那个太古盛世，东西全归公有。”[28]四百年后，堂吉诃德的梦在遥远的东方，得到了历史的回应：五四新文化运动的活跃分子，以后成为中国共产党创始人之一的恽代英在一篇题为《未来的梦》的文章里，十分生动地描述了他和他的伙伴们一起“畅谈梦话”的情景，据说“谈得醺然欲醉，真是想得令人觉得犹有余味”。他们的梦话的中心话题是要在中国“造一个圆满快乐的黄金世界”；而他们心目中的黄金世界首先是一个平等的社会，人人不分彼此地平等地工作，又人人平等地享受的，实行公有制的共同生活体：“男女都做工六小时，不给薪资，衣、食、住由团体供给，儿童公育，老年公养”[29]，也即全然共产，实行“各尽所能，各取所需”的“经济平等”[30]。这人人平等地工作、享受的共同生活体的设想，其理论基础是克鲁泡特金的无政府共产主义的互助进化论，即强调“人人有生存的权利，无代价地取得衣食住，且各尽对人类、社会应尽劳动的义务”[31]，在此基础上，实现人类的“协力”与“互助”[32]，其基本思路还是延续着法国启蒙学者的天赋人权的观念和理性原则。

仔细考察人们有关新村运动的讨论与设想，还可以发现另一个思路，即曾被鲁迅称为“二十世纪文化始基”的“个人主义”（即“无政府个人主义”）的思路[33]，即否认作为一定的类的个人是平等的假设，而强调个人发展自己的独异的，不同于他人与群体的个性的选择的自由。周作人在描述新村的理想时，反复申说的正是这一点：“新村的理想是人的生活，是一个大同小异的世界。物质的生活是一律的，精神的生活是可以自由的。以人类分子论，是一律的，以个人论，不妨各个差异，而且也是各个差异的好。”[34]他警告说：“倘若藉口大同，迫压特殊的文化与思想，那又是一种新式的专制，是不应该有的。”[35]他明确地划清了大同与统一的界限，指出“大同与统一截然不同。文化与思想的统一，不但是不可能，也是不能堪的。假使统一的世界居然出现，大家只用数目相称，作息言动，都是一样。所知道的大家都知道，不知道的大家也都不知道，无论社会进化必不可期，就是这生活的单调与沉闷，也就够难受了”[36]，因此而得出结论：新村的生活实质是“个人主义的生活”，必须以真的个人主义“立脚”[37]。在周作人看来，离开了个人主义的基点，“要去为社会服务，便容易投降社会”[38]。但在“五四”时期的周作人，还不愿意将这种以个人精神自由的追求为中心的个人主义发展到极端（鲁迅在20世纪初即已在《文化偏至论》里提出了“极端之个人主义”的概念），而希望与前述对社会平等、互助、协力的追求结合起来，实现无政府共产主义与无政府个人主义两种思潮的统一。他因此而提出经济平等与精神自由的二重理想。他说：“新村的理想，简单地说一句话，是人的生活。这人的生活可以分为物质的与精神的两个方面”，物质方面是“各尽所能，各取所需”，“精神方面是自由的发展”。[39]他认为“人类兼有自己保存与种族保存的两种本能”，“为我与兼爱都是人性里所有的”，因此，“协力与自由”、“互助与独立”相结合的思想是最为理想的[40]。

周作人关于个人主义的思路，是鲁迅早在20世纪初即已提出的，而且鲁迅比周作人更彻底：在他看来，社会平等与个人自由的要求之间是存在着矛盾的；他提醒人们注意，绝不能将“社会平等”理解为“夷隆实陷，是为指归，使天下人人归于一致，社会之内，荡无高卑”，而实行的结果，“大都夷峻而不湮卑，若信至程度大同，必在前此进步水平以下”[41]，并导致“灭人之自我，使之混然不敢自别异，泯于大群”[42]，“全体以沦于凡庸”[43]。鲁迅以及周作人对剥夺个人精神自由与个性发展的危险的警惕，不禁使人们想起了他们的先驱海涅的著名疑惧。值得注意的是，鲁迅对个人精神自由的强调，也是总结法国革命的历史经验的结果。他指出，法国大革命“扫荡门第，平一尊卑，政治之权，主以百姓，平等自由之念，社会民主之思，弥漫于人心。流风至今，则凡社会政治经济上一切权利，必悉公诸众人，而风俗、习惯、道德、宗教、趣味、好尚、言语暨其他为作，俱欲去上下贤不肖之闲，以大归乎无差别。同是者是，独是者非，以多数临天下而暴独特者，实十九世纪大潮之一派，且曼衍入今而未有既者也”[44]。鲁迅对于必然导致对少数明哲之士实行民众专政（即所谓“众制”）的法国革命的民主政治和平等原则的怀疑[45]，与海涅的疑惧一脉相承，自然构成了对前述以社会平等为追求目标的乌托邦理想的质疑。这正是表明，无论是在20世纪初，还是在“五四”时期，对于社会平等与个体自由本身的理解，以及它们之间关系的理解，在新文化营垒内部，以至新村运动的鼓吹者内部，都存在着根本的分歧。正是这些分歧，导致他们以后走上了不同的道路。对于周氏兄弟而言，他们对于社会平等原则所可能产生的后果的批判性审视，是他们以后转向哈姆雷特的深刻内因。

周作人对新村理想还有过这样的概括：“这将来合理的社会，一方面是人类的，一方面也是注重个人的。”[46]这说明了“五四”时期人们理想的两极性：既追求个人的自由与解放，又热衷于人类的自由与解放。而介于“我”与“人类”之间的家、国、阶级、民族在他们看来，“都是进化的阻障，生活的烦累，应该逐渐废除”[47]。“五四”时期热心提倡“少年中国”运动的王光祈曾这样宣言：“我是一位梦想世界大同的人。我将中国这个地方，看做世界的一部分……我的脑筋里，没有国界的存在，我们为人类谋幸福的活动，原不必陷于中国境内，……我理想中的‘少年中国’就是要使中国这个地方——人民之风俗、制度、学术、生活等等——适合全世界人类进化的潮流，而配得上为大同世界的一部分。”[48]后来，毛泽东在回忆他们这一代人时，曾这样说：“这是一小批态度严肃的人，他们不屑于议论身边琐事，……我的朋友和我只愿意谈论大事——人的天性，人类社会，中国，世界，宇宙！”[49]也许正是这种对“世界大同”理想的执著追求，放眼世界、胸怀宇宙的胸襟，最能体现“五四”时期中国知识分子的理想主义与浪漫主义精神，构成了中国现代堂吉诃德的一大精神特征。——塞万提斯笔下的西班牙骑士在某种程度上可以说也是有世界眼光的：他不仅热心于把自己的事迹“传遍世界各国”[50]，而且把作为英国保护神的圣乔治、法国主教圣马丁、西班牙护国神狄艾果都看做是自己的“以奋斗为生”的“同行”[51]。这同样也使我们联想起海涅所说的，他之所以为共产主义运动所吸引，是因为不同于狭隘的爱国主义者，共产主义者“信奉的根本信条是最绝对的世界主义”。事实上，中国“五四”时期的新村运动的信奉者，有许多人最后都成为为人类的解放而奋斗的共产主义战士，这也是一个深刻的内因，或者说，这其间确实存在着一种思想发展的顺理成章的客观逻辑。

李大钊在写于1919年9月（“五四”以后）的《“少年中国”的“少年运动”》一文里这样写道：“我所理解的‘少年中国’，是由物质和精神两面改造而成的‘少年中国’”，“我们‘少年运动’的第一步，就是要作两种的文化运动：一个是精神的改造的运动，一个是物质改造的运动”。[52]这表明，五四乌托邦理想中，精神改造被置于与物质改造同样重要，甚至更加突出的地位。这意味着在物质与精神关系这一传统命题上向精神的倾斜。这不仅由于中国社会经济、物质力量的落后，使人们不得不到主观精神那里去寻找力量，更有着深刻的文化背景：当处于农业文明阶段的中国知识分子迫不及待地向工业化的西方社会寻找真理时，却目睹了工业化以后所产生的种种负面现象，由此而引发了避开工业文明弊端的种种思考与设想。早在20世纪初，周作人和鲁迅即看到现代科学固然创造了“直傲睨前此二千余年之业绩”的物质文明，但至“十九世纪后叶，而其弊果益昭”——“诸凡事物，无不质化，灵明日以亏蚀，旨趣流于平庸，人惟客观之物质世界是趋，而主观之内面精神乃舍置不之一省。重其外，放其内，取其质，遗其神，林林众生，物欲来蔽，社会憔悴，进步以停，于是一切作伪罪恶，蔑弗乘之而萌，使性灵之光，愈益就于黯淡”[53]，由此而发出了“物质果足尽人生之本也耶”[54]的疑问。这实质上正是对科学理性的一种失望与怀疑。作为一个落后国家的知识分子本身已深感现代物质不足之苦与封建精神文明的束缚，现在却又预感物质过盛之后精神不足的困惑。这不仅大大加强了鲁迅、周作人这样的敏感的知识分子对于人无以摆脱物质、精神束缚的悲剧性命运的体认，同时也产生了对于个体精神自由，特别是对个人精神意志、信仰力量的着意强调，这又在一定程度上强化了这些五四理想主义者身上的堂吉诃德气——那位西班牙骑士正是一位意志力量的崇拜者，他一再宣称：“我们的意志是自由的……意志是没法强制的。”[55]

五四新村运动的精神改造最终又落实为人的改造。新村运动的目标不仅在于要建设一种新的生活、新的社会，而且要将“旧人”改造成为“新人”——一篇鼓吹新村运动的文章题目就叫做《新村与新人》[56]。毛泽东则更进一步提出了“以新家庭、新学校及旁的新社会连成一块为根本理想”[57]，也就是说，他梦想着整个社会都变成一所教育人、改造人的大学校。从此，人的改造，新人的培养，就成为现代中国社会变革事业中一个持续不断的主题与目标，对中国以后社会历史的发展产生了深远影响。

问题更在于，人们心目中新人的内涵，或者说，五四理想主义者准备把人改造成什么模样？有一个现成的回答：“要将中国人个个都造成一个完全的‘人’”[58]，“要矫正现在社会上求学不做工，做工不求学，能言不能行，能行不能言的半边人”[59]。于是便提出了“心力（智力）”与“体力”、“脑力劳动”与“体力劳动”、“精神”与“物质”、“灵”与“肉”协调、全面发展的理想。就理想本身而言，或者就其理论表述形态而言，这自然是全面而毫无偏颇的；但在对于它的实际理解与实际实行中，却又暴露出同是新村运动倡导者、参加者之间深刻的分歧与矛盾，这也是以后发生分化的重要内因。

比如说吧，周作人在《日本的新村》里一开头就指出，“俄国托尔斯泰的躬耕，是实行泛劳动主义了；但他专重‘手的工作’，排斥‘脑的工作’……所以不能说是十分圆满”[60]。他在另一篇文章里，在肯定“各尽所能，各取所需”的前提下，又特意提出：“有特别才能的人，并可以免去工作，专心研究，因这科学或艺术的研究，其在社会上的利益，不下于生利的手的工作，所以可以相当。”[61]在强调脑力劳动的价值不下于体力劳动的同时，他提醒人们不要完全否认二者的分工，“倘使强迫霉菌学家，立刻丢下显微镜，去修理马路，不但在他很是为难，而且成绩也未必能好，都是极不经济的”[62]。周作人并非杞人忧天，在“五四”时期，许多人在考察智力与体力、脑力劳动与体力劳动、知识阶级与劳动阶级的关系时，明显地倾向于后者，或者说，存在着一种崇拜体力、体力劳动与劳动阶级的倾向。尽管在反对“劳心者治人，劳力者治于人”的封建传统上，这种极端倾斜，也许也有一定的积极意义，但从根本上说，却是表现了“五四”时期人们关于人的全面发展的理想实质上的乌托邦倾向的。当年塞万提斯笔下的堂吉诃德早就发表过“对于文武两行的奇论”。他义愤填膺地驳斥了“劳心胜于劳力”的论调，怒斥道：“谁说拿笔杆子的行业比拿枪杆子的高，那就让他们滚开去！”[63]他的选择是“靠体力和剑锋在世界上扬名”[64]。而数百年后的俄国民粹主义者更是表现出某种对知识和职业专门化的普遍敌视，据说，“虽然他们本人是知识分子，并且多数是受过高等教育的，但这些民粹主义者却具有卢梭的‘善来自头脑简单之人’的信念和他对知识分子与专家的不信任。推动民粹主义的，实质上是知识分子深刻的与世隔绝之感和与人民群众‘结合’的需要”[65]。这同时使我们想起了屠格涅夫的《处女地》，那里的信奉民粹主义的男女主人公不是以做一个“简单化的人”作为知识分子与民众结合的标志吗？当屠格涅夫在他的著名演讲里，谈到堂吉诃德“他知道得很少，而且他也不需要知道很多”时，他大概也是在想着卢梭关于“善来自头脑简单之人”的信念吧。这里，堂吉诃德精神与对智力、脑力劳动、知识者的贬抑之间的内在联系，是发人深省的。

当然，最能显示“五四”那一代人新村理想的民粹主义、乌托邦实质的，还是他们对于与现代都市文明对立的农业文明、乡村生活的美化与倾慕。自称“曾醉心新村组织”的玄庐直截了当地说，他的动念来自对城市的厌弃和精神劳动使躯体偏枯而产生的失望感[66]。李大钊在一篇题为《青年与农村》的文章里，更是明确地号召："在都市里飘泊的青年朋友们呵！你们要晓得：都市上有许多罪恶，乡村里有许多幸福；都市的生活，黑暗一方面多，乡村的生活，光明一方面多；都市上的生活，几乎全是鬼的生活，乡村的生活，全是人的活动；都市的空气污浊，乡村的生活清洁。你们为何不赶紧收拾行装，清洁旅债，还归你们的乡土？""青年呵！速向农村去吧！日出而作，日入而息，耕田而食，凿井而饮。那些终年在田野工作的父老妇孺，都是你们的同心伴侣，那炊烟锄影，鸡犬相闻的境界，才是你们安身立命的地方。"[67]这里，把作为资本主义现代化工业文明中心的现代都市，看做是罪恶的渊薮，不仅包括对资本主义现代工业文明自身的疑惧，形成了中国知识分子根深蒂固的资本主义恐惧症，而且包括对农业文明的美化，也就必然导致对整个中国传统文化的绝对肯定与美化。一篇题为《我之创造少年中国的办法》的文章，即重弹"中体西用"的老调，鼓吹要"在山村高旷的地方，建造大学，研究最高深的学理，发阐东方深闺幽远的思想，高尚超世的精神，造成伟大博爱的人格，再取西方物质文明"，"使中国做世界文化的中心点"[68]，这就重又陷入了中华帝国中心主义的古老迷梦之中。这就是说，"五四"时期的中国现代梦想家们企图超越时代的理想主义，最终变成了传统幽灵的复旧梦。这一点上，却又与那位企图恢复旧骑士制度的西班牙骑士取得了内在的一致。人们大概不会忘记，在《堂吉诃德》第一部里那位甘愿充当牧羊姑娘的美女玛赛娅要在"山林里洁身自好"，宣称"我的心思只盘旋在这一带山里，如果超出这些山岭，那只是为了领略天空的美，引导自己的灵魂回老家去"。[69]这与五四新村运动中所显示的某种"回到自然中去"的隐逸倾向，是不是存在着某种精神的沟通呢？

五四新村运动的倡导者、活动分子们与17世纪的西班牙骑士，更在对行动的渴求与坚定性上达到某种精神的契合。一篇题为《理想的“将来新村”之实现》的文章这样写道：“中国人向来有一种极恶的习惯，就是‘空想’……只能口上谈谈，笔下写写，若是请他把这种理想拿到社会去试验试验，他就要怕麻烦，敬谢不敏了。”因此，在这位作者看来，新村运动的最大特色与最可贵之处，就在于新村是“改革旧社会的试验场”，体现了“凡改革社会，事事须从本身做起”的“自我实现”的精神。[70]恽代英在《致少年中国全体同志》的信中也明确提出，这一代人不能再走中国“二千年的业儒”把自己的活动局限于“讲学与文学鼓吹”的老路。他提醒人们注意：“我们离八股的时代不远，而且重文轻实的风气还遍满中国。”他的结论是：“我们不仅仅是讲学的团体，亦不仅仅是做事的团体，且不仅仅是讲局部学，做局部的事的团体，我们的目的，在于创造适应少年世界的少年中国。”[71]这就是说，这一代人一方面有着超越现实的肯定性的理想追求，不愿意就事论事，但他们也不满足于纯思想领域的鼓吹与批判，而更重视将思想、理想变为现实的实践，注重于社会的实际改造，而且是全局的、根本的改造运动。这是一个具有决定意义的重心的转移。周作人曾经说过，新村社会也是中国传统的“大同”社会[72]。就其对未来社会的构想而言，二者确有相通之处，所不同的是，在中国漫长的历史中，儒家乌托邦的大同世界仅是传统知识分子的一个彼岸追求目标，仅仅作为对此岸世界进行批判的参照，高悬于彼岸世界，作为一个纯粹理想的存在，并不试图变为现实。直到19世纪末，康有为在他的《大同书》里，在传统的大同理想里注入了民主主义的客观内容，但他仍然让“其思想恒穷于极大极远”，并不作为“行事”的具体现实目标[73]。这就是康有为说的“其志虽在大同，而其事只在小康”[74]。正像梁启超所说，康有为“自发明一种新理想，自认为至善至美，然不愿其实现，且竭全力以抗之遏之。人类秉性之奇诡，度无以过是者”[75]。有人说这是因为康有为认为“大同之治，恐非今日所能骤行，骤行之恐适足以酿乱”[76]，近人则认为，这“典型地表现了资产阶级自由派思想及其代表阶级的尖锐的矛盾两面性——要求民主自由而又害怕民众”[77]。这样的分析也许过于明快；如果联系着海涅当年对行动后果的思考，我们或许可以对康有为将其志（理想的目标）悬置而不转化为现实行动的苦心，能多少有所理解吧。但无论如何，“五四”那一代人是不能接受康有为的选择的，他们必然要超越康有为，把悬于彼岸的大同理想拉到此岸的现实世界中，成为试验对象，试图通过人们的实践活动，将理想直接转化为现实。这样，在“五四”时期一部分知识分子的观念与追求中，现实、现在的行动自然成为中心，而未来的理想与思想的探索、追求反而失去了光彩。毛泽东即明确宣称，他所信奉的是“现实主义”：“如一种行为，此客观妥当之实事，所当尽力遂行；一种思想，此主观妥当之实事，所当尽力实现”，“既往吾不知，未来吾不知，以与吾个人之现实无关也”。[78]这不仅意味着知识分子职能由思想者向实践、行动者的转变，而且隐隐透露出某种现实、实用就是一切的倾向：这都会对未来的中国产生深远影响。

而且，“五四”时期知识分子的行动，从一开始就带有集团性。新村运动、工读互助团之类行动的最初酝酿，就是从“小组织的提倡”开始的：1919 年 8 月出版的《少年中国》第 1 卷第 2 期转载了左舜生发表在上海《时事新报》题为《小组织的提倡》的文章，文章号召“少数同志组织一种学术事业生活的共同集合体”，遂引起有关建立小组织的热烈讨论；《少年中国》“讨论小组织问题”专栏上就发表了若愚《与左舜生书》、王光祈《致冰先生书》、《答黄仲书先生书》及宗之魁《我的创造少年中国的办法》等文。先后成立的小社团组织即有毛泽东等的新民学会（1918年4月），傅斯年、罗家伦等的新潮社（1918年11月），王光祈等的少年中国学会（1919年6月），周恩来等的觉悟社（1919年9月），等等。正像恽代英在《未来的梦》里所说，“我们要做一点事，不可不先结一个死党，要结一个死党不可不先有明确的公共的目标。大家谈谈未来的梦，便是我们建设公共目标的方法了”[79]，这一代人从一开始即意识到，个体意志、梦想只有转化为群体实践才有意义，同时也只有共同的梦的理想追求才能给群体实践以目标，从而产生群体的意志与力量，获得持续的推动力与凝聚力。因此，中国的梦想家、现代堂吉诃德从其产生的起点上，就突破了塞万提斯笔下的西班牙骑士单枪匹马地冲向风车的行为方式，他们是群体的堂吉诃德，结成死党，摆开阵势，有组织、有计划、有领导地向着自己选定的目标，奋不顾身地冲杀而去。从此，西方堂吉诃德的悲喜剧，就以空前的规模，在中国这块古老的土地上有声有色地上演了。

但暂时，中国的堂吉诃德还不愿意拿起骑士的戈矛。尽管那位西班牙骑士早就宣称他是在“战神星座的照临下生出来的”[80]，尽管海涅早已预言，新世界的开创者，将是“武装起来”的堂吉诃德（参看本书第五章的有关分析），但“五四”时期的中国的堂吉诃德却宁愿走一条和平的道路。周作人说得很清楚，“新村与别的社会改造不同的地方，是想和平的得到革命的结果”[81]。在《日本的新村》一文里，周作人又引述日本新村创办人武者小路实笃的言论这样介绍新村运动的时代、思想背景：“新时代应该来了，无论迟早，世界的革命，总要发生”，“对于这将来的时代，不先预备，必然要起革命。惧怕革命的人，除了努力使人渐渐实行人的生活以外，别无他法”，因此，在周作人看来，中国五四新村运动的实质是“顺了必然的潮流，建立新社会的基础，以免将来的革命，省去了一回无用的破坏损失”。周作人所表达的并不是他个人的意见，而是当时大多数知识分子的共识与共同选择[82]。即使是后来以“枪杆子出政权”的理论与实践震动了全世界的毛泽东，1919年7月也在他创办的《湘江评论》的《创刊宣言》中，明确指出“用强权打倒强权，结果仍然得到强权。不但自相矛盾，并且毫无效力”，因此，他主张“实行‘呼声革命’——面包的呼声，自由的呼声，平等的呼声——‘无血革命’。不至张起大扰乱，行那没效果的‘炸弹革命’‘有血革命’”。[83]其实，这一时期中国知识分子对用强权打倒强权、以暴易暴的暴力革命所造成的破坏损失，以及可能出现的历史循环（即毛泽东所说的“结果仍然得到强权”）的后果的疑惧，与他们的西方前辈——本书第五章所论及的德国思想家、文学家弗·史雷格尔、歌德，特别是海涅对“极端过激主义”的暴力的疑惧，是极为相似，甚至可以说是一脉相承的。事实上，出于对法国大革命以及以后的俄国革命负面后果的历史反思，世界各国知识分子在选择本国社会变革的道路时，一直是有过另走一条路的思考与设想的。“五四”时期的中国新村运动与其相联系的工读互助团等所进行的正是这种和平改造、改良的尝试。这种选择、尝试本身，连同它的最终被放弃的结局，都是能给后来者以启示的。

那么，“五四”时期的梦想家们选择了一条什么样的和平改造的道路呢？

且看看他们是怎样设计自己的乌托邦新村的吧。毛泽东曾这样描述他数年来梦想的新社会生活：每日“睡眠八小时，游息四小时，自习四小时。教授四小时，工作四小时”，“工作之事项，全然农村的。列举如左：（甲）种园：（一）花木，（二）菜蔬，（乙）种田，（一）棉，（二）稻及他种！（丙）种林、（丁）畜牧、（戊）种桑、（己）鸡鱼”；“新社会之种类不可尽举，举其著者：公共育儿院，公共蒙养院，公共学校，公共图书馆，公共银行，公共农场，公共工作厂，公共消费社，公共剧院，公共病院，公园，博物馆，自治会”。[84]这样的新村、新生活，对于中国知识分子，也许是似曾相识的。正像有些研究者所指出的，它似乎是古代书院的耕读生活的一种扩大[85]。不仅没有现代工业，而且取消了商品流通（恽代英在1919年11月1日的日记里，还明确规定未来的新村村内“完全废止金钱，没有私产，各尽所能，各取所需……村内衣服都要一致，能男女都一致更妙”，这是一种典型的供给制生活[86]），完全建立在农业自然经济基础上，取消了现代分工，有人因此说毛泽东的计划“这是一幅充满浪漫色彩的、典型的和理念化的农业社会主义（共产主义）的创业书”，是很有道理的[87]。新村运动的倡导者们关于新村的设想与现代分工的抵牾，这在当时就被人们所注意；胡适对新村运动的最大保留与批判就是“与分工进化的道理相悖”[88]。但也有人为之辩护，一篇题为《新村与新人》的文章，甚至公开承认：“我国古时许行要自耕自织，将一切事业一身去办，大受孟轲嘲笑，新村的办法不过是将一身扩充为一团体，是一个‘进化的许行’罢了。”[89]在这位作者看来，这并非历史的倒退，正是新村的优越性所在。把人的改造与全面发展建筑在取消社会分工的农业自然经济之上，这类设想的空想的乌托邦性质，是不言自明的。

新村只是没有现代工业与商品流通，倡导者们甚至设想，新村里也“没有行政司法等组织，也没有规定的法律训条”，一切依靠新村成员个人的理性与道德自觉[90]，也就是试图通过每一个个体的道德自我完善以及对他人的道德感化来实现整个社会的道德化。于是，人们又从这些“五四”时期的中国梦想家身上看到了堂吉诃德式的道德理想主义的印记——当年堂吉诃德也是把道德置于至高无上的地位，以为勇气、意志等道德力量是决定一切的，多次宣称游侠骑士所依仗的全是“浑身的勇气”和“自己的意志”。新村运动倡导者们的道德完善的个人主义与道德完美产生社会秩序的思路，其实也是中国传统的：它与儒家的大同理想确有一脉相承之处。

道德理想主义的一个重要方面是鼓吹“苦行主义”。这本是堂吉诃德的哲学，他早就一再声称，骑士的天职就是“吃苦”，“这是天意，是命定，是自然之理，尤其是我本人的志愿”[91]。现在，五四新村运动的倡导者们也同样鼓吹不但要“减少个人欲望，且须减小个人必要的生活程度”，“只有安贫的人，才能做乐道的人”，甚至认为“天下只有知足的人最愉快”。[92]这里所内含的“贫穷就是幸福”的思想连空想社会主义的理论家傅立叶都是批判过的，却与建立在小农自然经济基础上的中国传统的安贫乐道、禁欲抑己的思想相通。这里，再一次提供了企图超越历史的理想终于与传统的回归融汇的例证。这一点，倒也与那位西班牙拉·曼却村的著名绅士相一致。

新村运动作为一次空想社会主义的乌托邦试验，尽管风行一时，但很快就被超越与扬弃。在粗略的考察中，我们发现，超越、扬弃是沿着两种不同的思路进行的，也就产生了不同的后果。

新村运动的倡导者与活动分子中，相当一部分人，似乎是顺理成章地从空想社会主义走向科学社会主义，并成为中国共产党的早期创建人和骨干力量，其中最著名的代表就有李大钊、毛泽东、恽代英等人。研究他们的转变过程，自然不是本书的任务；我们只能在自己研究范围内，指出其中值得注意的一二点，以期引起人们进一步思考的兴趣而已。我们首先注意到，这一部分知识分子对于新村运动的乌托邦试验的突破口的选择：他们是从对和平改造的方式，即实现理想的道路、途径的怀疑开始，进而达到对新村运动的扬弃与否定的。不妨看一看毛泽东的转变。前文我们已经引述了毛泽东写于1919年7月14日的《〈湘江评论〉创刊宣言》，在那里，他是坚决主张“无血革命”的。1920年底，曾经给毛泽东以重大思想影响的英国哲学家罗素到湖南长沙讲演，“主张共产主义，但反对劳农专政，谓宜用教育的方法使有产阶级觉悟，可不至于要妨碍自由，兴起战争，流血革命”，罗素在演讲中对以暴力革命建立无产阶级专政为特点的十月革命所引发的世界革命，可能会使世界文化“沦落一千年”表示忧虑。[93]应该说，罗素的这些言论并不新鲜，不仅与海涅的担忧有着类似之处，而且与毛泽东自己一年半前的观点也无实质性的区别。但现在，毛泽东却坚决地拒绝了罗素的主张，他的理由十分简单：“理论上说得通，事实上做不到”——不关心理论通不通，而只注意事实是否做得到，这颇能显示毛泽东这样的知识分子的思想特征：既是务实的，又多少带有某种实用主义的色彩。那么，毛泽东在此时所关注并意识到的事实是什么呢？毛泽东指出：资本家占有工厂、土地和其他生产资料，他们有钱、有人、有机关，教育大权“尽在资本家掌握中”，并且受到资产阶级国家政权、军队、法律的保护，革命人民的一切自由要求都被禁止。在这种情况下，就算要求改革的人士有一、二学校、报馆，作为宣传教育的工具，“动不了资本主义者心里的毫毛”，又有何用处？[94]毛泽东的另一个理由也颇雄辩：“理想固要紧，现实尤其要归，以和平的方法达到共产的目的，要何时才能成功？假如要百年，这一百年中婉转呻吟的无产阶级，我们对之，如何处置”？[95]人们也许会由此而联想起毛泽东晚年所写的著名诗句：“一万年太久，只争朝夕。”看来，由于民族的落后，人民的灾难深重，对中国的以爱国救民为己任的知识分子，形成了沉重的心理压力，持续几代知识分子心灵深处的焦灼感、迫切感、浮躁情绪，对他们的政治、文化选择，无疑起了重要作用，这是我们必须充分注意的。毛泽东由此而得出了如下结论：“我看俄国式的革命，是无可如何的山尽水尽诸路皆走不通了的一个变计。并不是有更好的方法弃而不用，单要采这个恐怖的方法”，因此，“急列（激烈）方法的共产主义，即所谓劳农主义，是专政的方法，是可以预计效果的，故宜采用”[96]。人们自然会注意到，毛泽东在选择“俄国式的革命”、“急列方法的共产主义”时，并不是出于一种理想、信念，而完全出于操作性、策略性的考虑，即所谓是否“可以预计效果”，他甚至是抱着无可奈何、不得已而求其次的态度作出这样的关系着中国未来命运的历史选择的。另一位中国的早期马克思主义者、中国共产党的创始人李大钊在最初接受暴力革命与无产阶级专政学说时，也表示了类似的犹豫。他在著名的《我的马克思主义观》与同时期所写的《阶级竞争与互助》里，在谈到“许多人听见这阶级竞争说，很觉可怕，以为人类的生活，若是常此争夺强掠残杀，必没有光明的希望，拿着阶级竞争作改造社会的手段，结果怕造不出光明社会来”的疑虑时，一方面强调马克思主义的“阶级竞争说，不过是把他的经济史观应用于人类历史的前史一段，不是通用于人类历史的全体”，“这最后的阶级竞争，是阶级社会自灭的途辙，必须经过的，是不可避免的”，同时又坚定地表示，“我信人类不是争斗着掠夺着生活的，总应该是互助友爱着生活的”。[97]他因此提出要用“人道主义经济学”来“救正”马克思主义社会主义经济学的“偏蔽”，以达到二者的互补与统一：“我们主张以人道主义改造人类精神，同时以社会主义改造经济组织”，“我们主张物心两面的改造，灵肉一致的改造”[98]，在进行必不可免的阶级竞争的同时，“伦理的感化，人道的运动，应该倍加努力”[99]。他强调，阶级竞争仅是一种手段，最终的目的是要“创造出来一个互助生存的世界”[100]。他的结论是：“一切形式的社会主义的根萌，都纯粹是伦理的”，“协合，友谊，互助，博爱的精神”“是人类社会生活的普遍法则”，是“社会主义者共同一致认定的基础”。[101]这表明，以李大钊为代表的中国知识分子（包括毛泽东在内）在他们选择“急列（激烈）方法的共产主义”的同时，又力图使其伦理化，赋予其某种人道主义的色彩。这样，他们在否定新村运动的具体道路时，又力图保留它的追求人的发展的和谐，以及人与人关系的互助的人道主义与道德主义的精神内核，从而继续保持着一种理想主义、浪漫主义的色彩与风格。正像进一步的研究所表明的，中国的包括毛泽东在内的第一代马克思主义者，在他们作出了新的选择时，并没有放弃新村运动的理想，或者说，他们对于新村运动的理想本身——关于实现社会平等，关于人的精神改造，社会学校化的设想，关于打破社会分工基础上的人的全面发展，对体力、体力劳动与体力劳动者的崇拜，等等，并没有发生实质性的怀疑，他们只是进一步宣布新村运动的理想体现了历史发展的必然，从而剥落了其空想的外衣。唯一的修正是，新村理想的实现必须具备一定的物质条件，即通过革命暴力行动，推翻反动统治，建立革命政权。在他们看来，革命政权建立之时，即是全面实行新村理想之日[102]。对于他们自身来说，尽管在表面上似乎已经完成了与堂吉诃德式的空想、梦幻与错误的战法的决裂，成为一个踏踏实实的革命战士，但在内在的精神实质上（包括由于新的选择而大大强化了的实践性、行动性），却更加接近了堂吉诃德。

真正对新村运动以及堂吉诃德的理想追求发生了根本怀疑的，是周作人为代表的另一批知识分子。如前文所分析，在对新村理想的理解与追求上，周作人与新村运动的其他倡导者与实践者之间，早已存在某些分歧，因此，周作人一方面充当了新村运动事实上的领导人（1920年3月1日出版的《新青年》7卷4号发表《新村北京支部启事》宣布，“本支部已于本年二月成立，由周作人君主持一切”），另一方面却怀着某种忧虑，担心会出现“藉口大同，迫压特殊的文化与思想”的“新式专制”[103]，以及“强迫霉菌学家，立刻放下显微镜，去修理马路”之类的反文明现象[104]。周作人这时已经显示出他精神气质中哈姆雷特式的怀疑主义的这一面。“五四”以后，周作人面临着与毛泽东类似的现实：掌握了政权（包括军队、法律）的反动当局的镇压，对于写作出版言论自由的武力剥夺；而作为一个自觉的思想启蒙者，周作人更敏锐地感觉到不觉悟的群众所实行的愚民的专制，他沉重地写道："中国现在政治不统一，而道德却是统一的，你想去动他一动，便要预备被那老老小小、男男女女，南南北北的人齐起作对，变成名教罪人"[105]，因此而宣布"教训之无用"，也即思想启蒙的破产[106]，意识到"过去的蔷薇色的梦都是虚幻"，开始用怀疑主义的眼光重新审视"五四"时期他自己及同代知识分子所追求的一切。他反省说："一个人在某一时期大抵要成为理想派，对于文艺与人生抱着一种什么主义，我是梦想过乌托邦的，对于新村有着极大的憧憬。"[107]在另一处，他又这样谈到当年的乌托邦理想："凡真正宗教家应该无一不是共产主义者……净土，天堂，蓬莱，乌托邦，无何有之乡，都只是这样一个共产社会。"[108]而现在，周作人却认为，这一切都只是一种宗教的虚幻：不仅乌托邦（净土，天堂，蓬莱……）的具体理想境界、设想是虚幻的、彼岸的，不可能转化为现实、此岸的，而且对于理想的追求，对于主义的信仰本身，也都是一种虚幻的宗教情感。周作人并不否认，这一类宗教性的追求、信仰，以及由此产生的献身精神在道德上的崇高性（周作人在李大钊遇害后，热烈赞扬他为"主义"而"殉身"，就是为此），但他却坚定地认为，这毕竟是一种非理性的迷乱，是一个理性的知识分子所不取的。他说："以前我所爱好的艺术和生活之某种相。现在我大抵仍是爱好，不过目的稍有些转移，以前我似乎多喜欢那里边所隐现的主义，现在所爱的乃是那艺术与生活自身罢了。"[109]这就是说，周作人要彻底地回到现实人生、此岸世界中来，用他自己的话来说，就是"在这被容许的时光中，就这平凡的境地中，寻得些许的安闲悦乐，即是无上幸福"[110]，而彻底放弃对现实人生背后的精神、信念，对彼岸世界的一切关怀。他说："至于'死后，如何’的问题，乃是神秘派诗人的领域，我们平凡人对于成仙做鬼都不关心，于此自然就没有什么兴趣了。”[111]对理想、信仰、彼岸关怀的彻底否定与放弃，就使得周作人从根本上取消了堂吉诃德命题本身。

周作人在反省新村运动的具体追求，例如对物质的方面是安全的生活，精神方面是自由的发展的人的生活的追求时，又说了这样一番话：“我至今还是尊敬日本新村的朋友，但觉得这种生活在满足自己的兴趣之外恐怕没有多大觉世的效力。”[112]这就是说，周作人对于物质、精神和谐发展的人的生活本身还是有兴趣的，但却要将它彻底的个人化，即变成纯粹个人生活方式的一种选择，而拒绝一切将其社会化（“觉世”）的努力，这显然是对新村运动的一个基本思路——通过个人的道德完善达到社会的完善的拒绝与否定。在周作人看来，这也是一个永不能实现的梦。这样，他的选择必然是从以达到社会的道德化为目的的社会运动的努力，退回到仅仅关怀个人的自我完善与实现，即彻底的个人主义道路上来。用周作人自己的话来说，就是要“各人自扫门前雪，休管他人瓦上霜”，最重要的是“救出你自己”，所谓知识分子觉世、救世的历史使命，知识分子的社会责任感等等，在此刻的周作人看来，也都是痴人说梦。他甚至说，“五四”时期的年轻人（当然包括他自己），“忘记了自己的责任，都来干涉别人的事情，还自以为是头号的新文化，真是可怜悯者”[113]。这样，周作人就从另一个侧面，与那位时时不忘“扶弱锄强，救危济困是我的本分”[114]的西班牙骑士彻底决裂——如本书第一章所分析，堂吉诃德有着天赋使命感，否定了这一点，也就抽去了堂吉诃德精神的精髓。

但周作人却别有见解。在他看来，责任感、信仰、主义之类，都是外加于个人的，只有当人们摆脱了由此而产生的某种社会角色，成为一个纯粹的个人时，人才真正返归为人自身，还原为本色的人，周作人称为“凡人”。他正是从这一角度对“堂吉诃德的归来”给以极高的评价。他以为，“奇情异想的绅士”（骑士）堂吉诃德·台·拉·曼却，“头脑复元”，重新成为“号称‘善人’的阿隆索·吉哈诺”[115]，由虚假的“英雄”的社会角色“复元”为“凡人”的真实个体，正是人的本来面目、自然人性的恢复，这才是值得大书特书的。在他的自我感觉中，他也正在经历着类似的精神的归来、“复元”：他可以说是完全自觉地将个人主义从“五四”时期庞杂的理想追求中剥离出来。如果说，在“五四”时期的新村运动中，他同时追求着互助与独立、协力、平等与自由的协调，人类的人与个体的人的统一，现在，个人的独立与自由成为他的唯一追求。他对人的生活的追求现在也完全落实为个体性的“生活的艺术”，即周作人所谓的“禁欲与纵欲的调和”，“微妙地美地生活”[116]，或者说，“忙里偷闲，苦中作乐”，“在不完全的现世享乐一点美与和谐，在刹那间体会永久”[117]。尽管这种生活的艺术带有浓重的东方的士大夫情趣，但当周作人将一切追求归结为彻底的个人主义时，他又确实从根本上接近了屠格涅夫所概括的作为“利己主义者”的哈姆雷特。

周作人也同时感受着海涅式的对于行动及其后果的忧虑。而且因为有了俄国革命与中国五四运动的新经验，周作人的思考似乎比海涅更加明晰，他越来越自觉地意识到思想与行动之间的矛盾：思想是理性的，而行动在现实实现中，总是表现为群众性的行动，它又天生地带有极大的非理性——这正是周作人对于“五四”的最大反省。他多次指出，五四新文化运动的流弊，即是对民众与群众运动的盲目崇拜，企图用群众运动的方式来解决最需要个人自由的思想问题，动辄施以“社会制裁”，“个人的言动饮食几乎无一不在群众监督之下”[118]。而群众（尤其是中国的群众）在周作人看来总有着一种“专制的狂信”的倾向，他们最容易因为狂信而盲目地为运命所导引，狂热地跟着同样陷入非理性的堂吉诃德走，实行群众的专制，从而带来灾难性的后果。这样，当周作人以怀疑的眼光去审视群众与群众运动时，他的怀疑主义与反群众的倾向，又从另一个侧面接近了屠格涅夫所概括的哈姆雷特精神。而另一方面，当周作人意识到，理性的思想必然在群众的非理性行动中发生异化时，他就不能不考虑作出与当年海涅不同的选择：海涅一面为思想的纯洁性可能在行动中遭到玷污而忧心忡忡，一面却仍然以知其不可为而为之的精神去积极参与行动；周作人则一再申明，他不能接受知其不可为而为之的人生哲学，他承认自己缺乏热情，看见已无望的事便默然而止，不再多说多做，因为终是徒劳。他于是提出了另一个思路：既然行动的后果必然导致思想不同程度的异化，那么，就应该切断思想与行动的联系，把自己以及知识分子，至少是一部分知识分子的活动、价值实现限制在纯精神的思想文化领域内，也即“还思想予思想者”。这样，周作人不但拒绝了中国知识分子经世致用的传统道路，而且也对作为哈姆雷特的延宕问题的前提——行动是存在的主要目的的人生哲学，提出了质疑。这就是说，周作人式的“还思想予思想者”的命题，从根本上消解了思想与行动脱节的哈姆雷特命题，当然也就同时消解了以坚决的行动作为存在价值的堂吉诃德命题。

但是，在1925年《京报副刊》征求十部“青年必读书”时，周作人仍然开列了塞万提斯的巨著。直到1930年，周作人还在《西班牙的古城》一文里，表示“还想偷闲来仔细读”《堂吉诃德》，并且因为这本书“对于西班牙颇有点儿感情”，“不知怎地觉得伊伯利亚半岛的东西杂糅的破落户的古国很有点像是梦里的故乡”[119]——这与周作人在人生选择上对堂吉诃德的拒绝既矛盾又统一：这确实耐人寻味。

注 释

［1］ 这是借用德国作家鲁多夫·洛克尔《六人》“楔子”中的一句话。《六人》，巴金译，三联书店，1985年，第2页。

［2］《堂吉诃德》下册，第1页。

［3］ 同上书，第17页。

［4］ 爱克曼辑录：《歌德谈话录》，朱光潜译，第112页。

［5］ 海涅：《论浪漫派》，张玉书译，第119、120页。

［6］ 屠格涅夫：《罗亭》，第103页。

［7］ 毛泽东：《改造我们的学习》，《毛泽东选集》（一卷合订本），人民出版社，1967年横排袖珍本，第758页。

［8］ 赫胥黎：《天演论》，严复译，科学出版社，1971年，第57页。

［9］ 同上书，第88页。

［10］ 据戈宝权《莎士比亚作品在中国》（《世界文学》1964年第5期）介绍，“莎士比亚的名字最初是由外国教会人士介绍过来的”：“清咸丰六年（1856），上海墨海书院刻印了英国传教士慕维廉译的《大英国志》（英托马士·米尔纳原著）”，“其中讲到以利沙伯女王时代的英国文化盛况”时，曾提到“舌克斯毕即系今天通译的莎士比亚”，这是第一次关于莎士比亚的介绍。

［11］ 参看姚锡佩《周氏兄弟的堂吉诃德观：源流及变异——关于理想和人道的思考之一》，《鲁迅研究资料》第22辑，中国文联出版公司，1989年，第325页。

［12］ 周作人：《塞文狄斯》，《自己的园地》，岳麓书社，1987年，第167页。

［13］ 参看娅青《对西班牙文学的思考》，《鲁迅藏书研究》，中国文联出版公司，1991年，第251页。

［14］ 周作人回忆说，他用最初得到的翻译费去丸善书店买了一套英译《屠格涅夫选集》，共十五本。现存鲁迅藏书中则有十五本德译的屠格涅夫著作，一色的莱克朗氏万有文库本，其中包括《父与子》、《处女地》、《多余人的日记》、《散文诗》等。鲁迅在二三十年代又搜集了《猎人笔记》（上、下卷）日译本（中山省三郎译，昭和八至九年即1933至1934年东京第一书房出版），《屠格涅夫全集》1、4、5、6、7、14卷日译本（村吉太郎等译，昭和九年即1934年起由东京隆章阁陆续出版）。

［15］ 据周作人在《鲁迅的故家》里回忆，鲁迅大约于1906年从1828年出版的海涅

诗集《歌之书》(又译《诗歌集》)里翻译了两首诗。周作人还收藏有威廉·霍尔察莫克所著《亨利希·海涅》(德文，柏林和莱比锡，舒斯特尔和罗耶弗洛尔出版社出版)。回国后，鲁迅又在1925年购置了德文本《海涅十三卷集》四册(德国海尔曼、弗利德曼编辑并序，柏林邦德意志出版社出版)，其中包括《德国，一个冬天的童话》及海涅各个时期撰写的诗序、书信及散文；日本东京南山堂昭和二年(1927年)再版的粕谷真洋译《海涅诗集》及德文版《歌之书》(柏林，姆·马史洛尔出版，陈学昭赠)，以及日本高冲阳选编的《海涅研究》(日本昭和八年即1933年6月东京隆章阁出版)。

[16] 克鲁泡特金《俄国文学的理想与实际》一书中即有屠格涅夫部分，转述了屠格涅夫关于堂吉诃德与哈姆雷特的比较的主要观点。勃兰兑斯《十九世纪文学主流》第二分册《独逸浪漫派》(《德国的浪漫派》)与第六分册《青春独逸派》(《青年德意志派》)中都有关于海涅的介绍。现存鲁迅藏书中有昭和八年(1933年)日本东京春秋出版社出版的《十九世纪文学主流》的日译本。

[17] 目前还很少发现有关日本学者、作家的阐释对中国作家的影响的事实；就已有的材料看，日本主要起了一个中转的作用，与德国、俄国的中介作用有所不同。

[18] 鲁迅:《科学史教篇》,《鲁迅全集》第1卷，人民文学出版社,1981年，第35页。

[19] 见1916年3月11日《民国日报》，转引自汪义群《莎剧演出在我国戏剧舞台上的变迁》,《莎士比亚在中国》，上海文艺出版社，1987年，第93页。

[20] 周作人:《欧洲文学史》，1918年10月由上海商务印书馆初版印行，岳麓书社据1926年8月第7版校订重印，1989年，第131页。

[21] 同上书，第136页。

[22] 周作人:《魔侠传》,《自己的园地》，岳麓书社印行《自己的园地·雨天的书·泽泻集》，1987年，第72页。

[23] 周作人:《艺术与生活·自序一》，岳麓书社，1989年，第2页。

[24] 周作人:《雨天的书·元旦试笔》，岳麓书社印行本，第121页。

[25] [26] 周作人:《艺术与生活·自序一》，第2页。

[27]《堂吉诃德》上册，第73页。

[28] 同上书，第74页。

[29] 恽代英:《未来的梦》,《恽代英文集》，人民出版社，1984年，第228、245、244页。

[30] 同上书，第237、228页。

[31] 卢隐:《新村底理想和人生底价值》,《批评》第4号，1920年12月8日。

[32] 周作人:《日本的新村》,《艺术与生活》，岳麓书社，1989年，第215页。

[33] 鲁迅:《文化偏至论》,《鲁迅全集》第1卷，第49页。“个人主义”，从无政府

主义思潮的角度，也可以称为“无政府个人主义”，是以施蒂纳为代表的；早在20世纪初，中国的无政府主义者即已指出“无政府共产主义”与“无政府个人主义”两大派别的区别。刘师培在发表于1907年《天义报》第4、5、7期的《无政府主义之平等观》里即指出：“无政府主义虽为吾等所确认，然于个人无政府主义不同于共产、社会二主义，均有所采。唯彼等所宣无政府在于恢复人类完全之自由，而吾之言无政府，则兼重实行人类完全之平等。”

[34][35][36] 周作人：《新村的理想与实际》，《艺术与生活》，岳麓书社，1989年，第222页。

[37][38] 同上书，第223页。

[39] 同上书，第219页。

[40] 周作人：《日本的新村》，《艺术与生活》，岳麓书社，1989年。

[41] 鲁迅：《文化偏至论》，《鲁迅全集》第1卷，第51页。

[42] 鲁迅：《破恶声论》，《鲁迅全集》第8卷，第26页。

[43] 鲁迅：《文化偏至论》，《鲁迅全集》第1卷，第51页。

[44] 同上书，第48页。

[45] 鲁迅在《破恶声论》里甚至认为，“众制”比君主专制还要残酷：“故民中之有独夫，日方于今日，以独制众者古，而众或反离，以众虐独者今，而不许其抵拒，众倡言自由，而自由之蕉萃孤虚实莫甚焉。”（《鲁迅全集》第8卷，第26页）

[46] 周作人：《新村的理想与实际》，《艺术与生活》，岳麓书社，1989年，第222页。

[47] 李大钊：《我与世界》，原载1919年7月6日《每周评论》第29号，收入《李大钊选集》，人民出版社，1959年，第221页。

[48] 王光祈：《“少年中国”之创造》，《少年中国》第1卷第2期，1919年8月15日。

[49] 斯诺：《西行漫记》，三联书店，1979年，第123页。

[50][51]《堂吉诃德》下册，第112页。

[52]《李大钊选集》，第236页。

[53] 鲁迅：《文化偏至论》，《鲁迅全集》第1卷，第53页。

[54] 同上书，第48页。

[55]《堂吉诃德》上册，第72页。

[56] 缪金波：《新村与新人》，《批评》第6号，1921年1月11日。

[57] 毛泽东：《学生之工作》，《毛泽东早期文稿》，湖南出版社，1990年，第449页。

[58] 王光祈：《少年中国学会之精神及其进行计划》，《少年中国》第1卷第6期，1919年12月15日。

[59]《工学》发刊词，《工学》第1卷第1期，1919年11月20日。

［60］ 周作人:《日本的新村》,《艺术与生活》。
［61］ 周作人:《新村的理想与实际》,《艺术与生活》，第 222 页。
［62］ 同上书，第 221 页。
［63］《堂吉诃德》上册，第 315 页。
［64］ 同上书，第 356 页。
［65］ 莫里斯·迈斯纳:《毛泽东与马克思主义、乌托邦主义》，中央文献出版社，1991 年，第 86 页。
［66］ 玄庐:《新村底我见》,《批评》第 5 号。
［67］ 原载 1919 年 2 月 20 日至 23 日《晨报》，收入《李大钊选集》，第 149—150 页。
［68］ 宗之魁:《我之创造少年中国的办法》,《少年中国》第 1 卷第 2 期。
［69］《堂吉诃德》上册，第 103 页。
［70］ 光典:《理想的“将来新村”之实现》,《新生命》1920 年 12 月 15 日第 4 号。
［71］ 恽代英:《致少年中国学会全体同志》,《恽代英文集》上卷，人民出版社，1984 年，第 343、342 页。
［72］ 周作人:《日本的新村》,《艺术与生活》，岳麓书社，1989 年。
［73］ 梁启超:《康有为传》，转引自李泽厚《康有为思想研究》,《中国近代思想史论》，第 146 页。
［74］ 康有为:《孔子改制考》，转引自李泽厚《康有为思想研究》,《中国近代思想史论》，第 146 页。
［75］ 梁启超:《清代学术概论》，转引自李泽厚《康有为思想研究》,《中国近代思想史论》，第 146 页。
［76］ 张伯桢:《南海康有为传》，转引自李泽厚《康有为思想研究》,《中国近代思想史论》，第 146 页。
［77］ 李泽厚:《康有为研究》,《中国近代思想史论》，第 146 页。
［78］ 毛泽东:《〈伦理学原理〉批注》,《毛泽东早期文稿》，第 203、204 页。
［79］ 恽代英:《未来的梦》,《恽代英文集》，人民出版社，1984 年，第 228 页。
［80］《堂吉诃德》下册，第 48 页。
［81］ 周作人、黄绍谷:《新村的讨论》,《改造》第 5 号，1920 年 12 月 26 日。
［82］ 当然，也不是没有不同的意见。在“新村的讨论”中，黄绍谷即尖锐地指出：“须知人类并不是愿意杀人和流血的，不过时势所迫，实在不容你不杀不流，为时势所迫而杀人流血，这正是我们的人道，有何不可呢？‘翻天覆地，惟铁与血’，力谋新村实现的诸君！在新村犹未实现以前，你们总不要忘了你们也应做的一件大事——毁灭旧社会——，不然，新村终归是理想的，与实际的改造无干。”

（《改造》1920年12月26日第5号）

[83] 毛泽东：《〈湘江评论〉创刊宣言》，《毛泽东早期文稿》，第293—294页。

[84] 毛泽东：《学生之工作》，《毛泽东早期文稿》，第450、454页。

[85] 参看萧延中《巨人的诞生——“毛泽东现象”的意识起源及中国近代政治文化的发展》，国际文化出版公司，1988年，第114页。

[86] 见《恽代英日记》，中共中央党校出版社，1987年，第652—653页。

[87] 参看萧延中《巨人的诞生——“毛泽东现象”的意识起源及中国近代政治文化的发展》，第114页。

[88] 胡适：《非个人主义的新生活》，1920年1月15日《时事新报》。

[89] 缪金波：《新村与新人》，《批评》第6号，1921年1月11日。

[90] 周作人：《新村的理想与实际》，《艺术与生活》，第221页。

[91]《堂吉诃德》上册，第48页。

[92] 恽代英：《怎样创造少年中国》，《恽代英文集》，第212—213页。

[93][94][95] 转引自黎永泰《中西文化与毛泽东早期思想》，四川大学出版社，1989年，第342页，第343页。

[96] 同上书，第342、343—344页。

[97] 李大钊：《阶级竞争与互助》，《李大钊选集》，第224—225页。

[98] 同上书，第194页。

[99] 李大钊：《我的马克思主义观》，《李大钊选集》，第194页。

[100] 李大钊：《阶级竞争与互助》，《李大钊选集》，第223页。

[101] 同上书，第222页。

[102] 人们在毛泽东在新中国成立以后所组织的几次全民性的“乌托邦试验”（从“三面红旗运动”直到“无产阶级文化大革命”）中都不难发现新村运动设想的某些印记。

[103] 周作人：《新村的理想与实际》，《艺术与生活》，第224页。

[104] 同上书，第221页。

[105] 周作人：《谈虎集·不讨好的思想革命》，岳麓书社，1989年，第89页。

[106] 周作人：《自己的园地·旧序》，岳麓书社版《自己的园地·雨天的书·泽泻集》，第3页。

[107] 周作人：《艺术与生活·自序一》，岳麓书社，1987年，第22页。

[108] 周作人：《谈虎集·外行的按语》，第157页。

[109] 周作人：《艺术与生活·自序一》，第22页。

[110][111] 周作人：《雨天的书·死之默想》，第17页。

[112] 周作人:《艺术与生活·自序一》,第22页。
[113] 周作人:《谈虎集·一封反对新文化的信》,第102页。
[114]《堂吉诃德》下册,第204—205页。
[115] 同上书,第511页。
[116] 周作人:《雨天的书·生活之艺术》,第88、87页。
[117] 周作人:《雨天的书·喝茶》,第48页。
[118] 周作人:《五四运动的功过》,《京报副刊》第193号。
[119] 周作人:《看云集·西班牙的古城》,岳麓书社,1988年,第121、122页。

第九章

鲁迅的思路：否定“黄金世界”，粉碎一切泯灭彼岸理想与此岸现实世界界限的迷梦，对行动(实践)的呼唤。《阿Q正传》：中国农民的“精神胜利法”与西班牙没落贵族的堂吉诃德精神。《野草》：堂吉诃德与哈姆雷特命题的现代展开。鲁迅式的选择：反抗绝望。

历史是复杂的。当“五四”时期，周作人堂吉诃德气十足地鼓吹新村运动，新文化阵营中大部分人也都不同程度地卷入乌托邦试验的浪潮中时，却有人公开表示怀疑。而且怀疑者不是别人，正是周作人的长兄鲁迅。在一般人的心目中，鲁迅是激进的，而周作人则要温和得多。但事实并非总是如此：“五四”时期，鲁迅就比周作人更为冷静。他在1920年10月所写的《头发的故事》里，借主人公N先生之口，尖锐地指出：“现在你们这些理想家，又在那里嚷什么女子剪发了，又要造出许多毫无所得的痛苦的人！……改革么，武器在哪里？工读么，工厂在哪里？……我要借阿尔志跋绥夫的话问你们：你们将黄金时代的出现预约给这些人们的子孙了，但有什么给这些人自己呢？”[1]鲁迅这里的怀疑是双重的：在他看来，重要的不是将黄金世界的理想预约给人们，而是要找到变革现实、创造未来的道路，创造相应的条件，否则只会弄敏了人们的感觉神经，制造出新的痛苦与新的罪孽。鲁迅还进一步对黄金世界本身提出质疑，这更有一种深刻的意义。鲁迅的思考自有他特殊的彻底性，他追问将来的黄金世界“还有没有黑暗”[2]，这是一个破天荒的提问，在堂吉诃德的东移史上，自从塞万提斯和他的前辈提出黄金世界的理想以后，似乎还没有人对这前提本身发生怀疑，可以说这是一个鲁迅式的命题。而对问题的回答也是鲁迅式的：“我疑心将来的黄金世界里，也会有将叛徒处死刑。”[3]这就是说，在一般人认为无限光明、美好的黄金世界里，鲁迅看见了新的矛盾、新的黑暗、新的危险；在一般人以为将获得永恒的天堂里，鲁迅看见了死。这就是鲁迅在《野草·墓碣文》里所说的“于天上看见深渊”[4]。鲁迅后来对此作过一个哲学上的概括：“革命无止境，倘使世上真有什么‘止于至善’，这人世间便同时变了凝固的东西了。”[5]在他看来，事物的发展是无止境的，除了矛盾永远存在以外，世界上再没有其他永恒的东西，绝无终止的尽善尽美的凝固点，所谓黄金世界即完美的社会、完美的人生境界这一类人类生存的绝对状态，都是只有在幻想中才能存在的东西。而鲁迅的任务，恰恰是要打破人们的这种幻想。有趣的是，几乎与鲁迅同时期，正在热衷于新村运动的毛泽东却在黄金世界问题上，得出了与鲁迅相近的结论。他在写于1919年的《伦理学原理》批注里这样写道：“然大同亦人生之所堪乎？吾知一入大同之境，亦必生出许出（多）竞争抵抗之波澜，来而不能安处于大同之境矣。是故老庄绝圣弃智、老幼不往来之社会，徒为理想之社会而已。陶渊明桃花源之境遇，徒为理想之境遇而已。即此也可证明人类理想之实在性少，而谬误性多也。”[6]这说明，毛泽东始终坚持他的斗争绝对性的观点，他的乌托邦的未来图景带有极大的非理想化的色彩。正像一位研究者所说，与大多数人心目中“乌托邦是个关于秩序、安宁、平静的梦幻”相反，毛泽东预言的乌托邦，“它依然同斗争、同现在世界上人类经历的忧患相联系，这是一个仍然充满着危险和不确定性，依然要考虑人类勇气和英雄主义的未来”，他要创造的是一个“现代乌托邦”：“它不是静止的，而是运动的，它绝不会形成一种不变的形态，而是形成一个充满希望的阶段，引导人们去从事永无止境的长久攀登。”[7]鲁迅的未来观也近乎如此。鲁迅也是反对秩序癖的，他说过，他害怕“上天堂”，“四时皆春，一年到头请你看桃花，你想够多乏味？”[8]但鲁迅似乎没有像毛泽东那样乐观，也没有毛泽东那样的英雄气，他要冷峻得多。

但鲁迅在发现并努力揭示所谓至善至美的黄金世界的可疑的时候，并没有因此导致对理想追求本身的怀疑与动摇。在他的思路里，这两者之间是有一条明确界限的。早在20世纪初，鲁迅即热情地为人形而上的精神追求、理想、幻想，以至宗教、迷信辩护。他说：“夫人在两间……倘其不安物质之生活，则自必有形上之需求。……希伯来之民，大观天然，怀不思议，则神来之事与接神之术兴，后之宗教，即以萌蘖。虽中国志士谓之迷，而吾则谓此乃向上之民，欲离是有限相对之现世，以趣无限之绝对之至上者也。”[9]鲁迅在这里实际上是从人的存在本体上充分肯定了人对“无限绝对之至上者”的向往与追求的意义：人不能脱离现实，但没有超越现实的目标，同样不可能有真实的改造现实的实践。人之为人，既要足踏在现实的大地，又要飞翔于理想的幻空——这可以说是鲁迅一以贯之的人类存在本体观。在“五四”时期，鲁迅一再地表示对“人间的疆界也不能限制他的梦幻”的“大旷野的精神”的向往[10]，说自己“过于梦了”，希望“不要出离这童心的美的梦，而且还要招呼人们进入这梦中，看定了真实的虹”[11]。“五四”以后，鲁迅又在《再论雷峰塔的倒掉》里，明确地将“革新的破坏者”与“寇盗式的破坏者”、“奴才式的破坏者”区分开来：前者“内心有理想的光”，后二者“仅因目前极小的自利”，因此，前者更有“新建设”，后二者“单是破坏”，“结果只留下一片瓦砾，与建设无关”。[12]

对于鲁迅，有一点是十分明确的：超越现实，并非为了逃避现实；恰恰相反，相对而非绝对的至善至美的理想境界的预设，正是为了加强对现实的批判性。在超越现实的理想之光的照耀下，革新的战士才会对现实产生不满，而“不满是向上的车轮”，“多有不自满的人的种族，永远前进，永远有希望”。[13]相反，失去了超越现实的理想追求，也就容易导致对现实的满足或妥协，如鲁迅所说，“无不平，也就无解决，无改革，无反抗”[14]——即使反抗，也是前文所说的盗寇式或奴才式的破坏，于社会、人类的进步有害而无益。

因此，鲁迅总是要努力划清彼岸的梦幻世界的理想追求与此岸的现实世界之间的界限。因为把理想、梦幻当做现实，这是一种精神的迷乱，也同样会导致对现实的满足或妥协。正因为如此，鲁迅才会那样猛烈地抨击形形色色的自欺欺人的麻醉术，像吸了鸦片烟似的，在似梦非梦的精神恍惚之中，实现了现实世界的理想化、人为的美化，此岸世界的彼岸化，于是，一切皆大欢喜，圆满之至，不过是闭了眼睛，过了一次自欺欺人的精神的瘾而已。鲁迅说，这是“用瞒和骗”制造奇妙的精神“逃路”，“证明着国民性的怯弱，懒惰，而又巧滑，一天一天地满足着，即一天一天地堕落着，但却又觉得日见其光荣”。[15]

鲁迅关于要划清理想与现实、彼岸世界与此岸世界的界限的思想，其实正是抓住了堂吉诃德精神的要害的。更准确地说，堂吉诃德精神本来包含了两个侧面：一方面是对于超越现实的理想的执著追求，如上文所说，这是鲁迅也热情提倡并且身体力行的；但另一方面，堂吉诃德又显然存在着精神的迷乱，将书本所描绘的，头脑中想象的虚幻世界、理想人生，当做真实的社会与人生，这才出现了把“风车”当做“货真价实的巨人”，勇猛冲杀而去的悲喜剧。现在，鲁迅将堂吉诃德精神的这一消极面，加以突出、强化，把堂吉诃德式的精神迷乱视为一种自欺欺人的精神麻醉剂，这样的严峻批判态度，是出于他对中国国民性弱点的一种痛苦体验与深刻观察，更是出于改造国民性的强烈愿望与巨大热情。作为一个自觉的启蒙战士，鲁迅把自己的任务规定为“将先前一切自欺欺人的希望之谈全部扫除，将无论是谁的自欺欺人的假面全部撕掉，将无论是谁的自欺欺人的手段全部排斥”[16]，也就是要杜绝一切瞒与骗的精神逃路，逼使中国人睁了眼看，走上正视现实的唯一的路。正是出于这样的动机，他为沉默的中国国民灵魂造像，塑造了阿Q这一中国现代文学的不朽典型。而且人们很快就注意到了阿Q与堂吉诃德精神上的相通。据报刊上文章介绍，“董·吉诃德和阿Q两个人的名字，很流行于中国的知识分子之间，我们常常听讽刺或骂人的话：‘你这家伙阿Q精神十足’！‘你呢！你是董·吉诃德’。这是把阿Q和董·吉诃德并列，真的，一般人都把董·吉诃德和阿Q‘无意间’并列起来”[17]。可见，人们是首先从中国知识分子身上同时发现了阿Q气与堂吉诃德气，才把他们视为某种程度上的精神兄弟的[18]。把阿Q这位20世纪的中国农民与17世纪的西班牙骑士联系起来的，主要是堂吉诃德精神的消极方面，即把想象、主观愿望中的世界当做现实世界的精神迷乱。阿Q正是这样的：当他在现实中“打败了，被人揪住黄辫子，在壁上碰了四五个响头”，他只要“心里想”“我总算被儿子打了，现在的世界真不像样……”“于是也就心满意足地得胜的走了”——这里确实存在着一个精神幻觉，把心里想的想象变成了现实的事实；而恰恰是仰仗着这样的精神幻觉，阿Q完成了从现实的物质失败到想象中的精神胜利的心理转换，从而形成了一个“真实的失败—想象—虚幻的胜利（精神满足）”的心理模式。例如，明明自己的现实的真实处境是穷得只剩下一条裤子，在未庄没有任何地位，谁都可以欺侮，但只要想象：“我们先前——比你阔多啦”，于是自己就俨然称富一方，高人一等：

“你算是什么东西！”以至于明明绑赴刑场，面临再现实不过的最后的死亡，只要想象：“过了二十年又是一个”，就仿佛得到了永生，飘飘然了。最典型，也最具讽刺意味的，是阿Q躺在一无所有的土谷祠里，却做着“未来”的“梦”：“……元宝，洋钱，洋纱衫”，“赵司晨的妹子……邹七嫂的女儿……”在梦幻中满足了“我要什么就是什么，我欢喜谁就是谁”的欲望，在想象世界里实现了人的最大自由。待到一切“精神胜利法”都失败时，他擎起右手，用力的在自己脸上连打两个嘴巴，“似乎打的是自己，被打的是别一个自己，不久也就仿佛是自己打了别个一般——虽然还有些热剌剌的——心满意足的得胜的躺下了”。这更是一种精神幻觉：将自己分裂为二，在互相打嘴巴之中，完成真实的失败的自我向虚幻的胜利（打了别一个自己的嘴巴）的自我的转换。这类在想象中满足自己的欲望，变现实的物质失败为想象的精神胜利的精神幻术，实实在在是一个精神的麻醉剂：因为它丝毫没有改变阿Q的现实生存状态，只会使他因为有了虚幻的精神胜利的心理补偿，而心满意足于现状。这使得阿Q的主观感觉（无论是对自我还是对他人）永远与实际状态处于绝对对立中，这种主观与客观、精神与物质的分离与混同，就形成了阿Q思想与行动的主观盲目性。这一点，与堂吉诃德也是惊人地相似的。但正如一位研究者所指出的，同样是陷入主观盲目性，但由于有着不同的心理趋向，而显示出堂吉诃德与阿Q不同的精神特征：堂吉诃德是主观冒进型的，以主观幻觉代替客观现实的结果，使他以百倍的勇气，向着想象中的敌人冲杀而去，而且越战越勇，从不知退却为何物。而阿Q则属于内心退缩型，他怯于与一切外部力量作任何认真的较量，只会屈辱地退却，自轻自贱——即使是在必须作出反应时，也绝不是对外反抗，而是自己打自己。[19]正如恩格斯所说，“他们既然对物质的解放感到绝望，就去追求精神上的解放来代替，就去追寻思想上的安慰，以摆脱完全绝望的处境……几乎用不着说明，在追求这种思想上的安慰，设法从外在世界遁入内在世界的人中，大多数必然是奴隶”[20]。阿Q的奴隶相是堂吉诃德所绝对没有的，也是鲁迅最感痛心的。阿Q内心退缩型的精神特征，是根源于中国传统文化的；鲁迅早在《摩罗诗力说》里即尖锐地指出：“中国之治，理想在不撄”，“有人撄人，或有人得撄者，为帝大禁，其意在保位”，也“为民大禁，其意在安生，宁蜷伏堕落而恶进取”。[21]因此，在鲁迅看来，中国人，尤其是中国的农民，早已失去了西班牙骑士的积极进取精神，既无追求理想的执著，又无为理想而献身的意志与热情。他们只是发展了堂吉诃德精神的消极面，在自欺欺人的精神幻觉中，回避正视自己的现实真实处境，最终屈服于现实，沦为现实的奴隶。

我们由此而领悟到鲁迅思想的一个中心点：他总要打破一切瞒与骗的迷梦，要人们正视现实，执著现实，并致力于变革现实。他否定至善至美的黄金世界，是因为这种虚妄的未来希望会使人忘却现在；他肯定堂吉诃德对理想世界的执著追求，是因为唯有彼岸世界的理想之光才能照亮此岸现实世界的黑暗，激发起不满现实，进而变革现实的热情；而在他看来，堂吉诃德精神的消极面，也正是在于对现实真实的矛盾、痛苦的回避。鲁迅说：“真的猛士，敢于直面惨淡的人生，敢于正视淋漓的鲜血，这是怎样的哀痛者和幸福者？”[22]这才是鲁迅的人生观：生命的意义是在与现实的真实搏斗而非堂吉诃德式的虚幻搏斗产生与实现的。敢于正视正是敢于搏斗的前提；而生命价值、幸福的获得又总是与哀痛相联结，塞万提斯把堂吉诃德称为“哀容骑士”是十分恰当的。

强调生命的搏斗，也就是强调人的行动性、实践性——这是鲁迅思想的另一个中心点。鲁迅曾一针见血地指出，中国传统文化的古训，无论是儒家的“非礼勿视”、“非礼勿动”，还是道家的“无为”，集中到一点，就是“教人不要动”。他说：“不动，失错自然就较少了，但不活的岩石泥沙，失错不是更少么？我以为人类向上，即发展起见，应该活动。活动而有若干失错，也不要紧。唯独半死半生的苟活，是全盘失错的。因为他挂了生活的招牌，其实却引人到死路上去。”[23]正是在对行动的呼唤这一点上，鲁迅对于堂吉诃德应该说是有一种感情上的亲切感的，尽管鲁迅对堂吉诃德式的盲动，持有极大的保留，多次表示反对赤膊上阵——他是一直主张打壕堑战的，但在鲁迅看来，这仍属于“活动而有若干失错”的范围之内，虽必须正视、克服，却与“苟活”式的“全盘失错”有着质的区别。鲁迅与周作人的根本分歧也正在这里：周作人如他自己所说，他生性缺乏热情，看见已无希望的事情便默然而止，不再多说多做，他在根本上是一个非行动型的知识分子。而鲁迅却始终有一股堂吉诃德式的知其不可为而为之的精神。因此，周作人有可能最终消解堂吉诃德，而鲁迅即使有种种保留、批评，却不会从根本上抛弃堂吉诃德精神。

虽然这一时期，鲁迅并没有直接谈及堂吉诃德，他为堂吉诃德辩护，是下一个时期的事，但鲁迅对于堂吉诃德及其创造者塞万提斯的关注，却是有迹可寻的：在1920年代周氏兄弟与现代评论派陈西滢的论战中，就多次提及塞万提斯，表明鲁迅与周作人一样，是熟知塞万提斯其人其文的[24]。这两位伟大作家之间显然存在某种心灵的相通，他们同时创造了堂吉诃德与阿Q两个不朽的文学典型，并不是偶然的。因此，鲁迅在他的对中国现实的观察与思考中，有意无意地展开了堂吉诃德自身提出的，以及在堂吉诃德东移过程中所提出的某些命题，是可以理解的。

在本书第二章里，我们曾经谈到塞万提斯的一个痛苦发现：“堂吉诃德的疯狂和高明，以及他的侍从桑丘的滑稽，都注定是供给世人娱乐的。”[25]这种利用别人真诚的追求与真实的痛苦来娱乐自己的看客现象，确实具有全世界性，它可以说是人类的一个劣根性。因此，在堂吉诃德东移过程中，这个看客意象与命题，总是不断地重复与强化。海涅在《论浪漫派》里，就这样尖锐地讽刺道："德国人就像那些每次行刑绝不错过观看机会的老太婆。她们是最好奇的观众，挤在里头，看见了可怜的罪人和他的苦难便大放悲声，甚至为他说些好话。这些好哭的娘儿们每当文坛上行刑的时候，总哭得那样悲切，眼巴巴地等着那个罪人挨一顿鞭打；可是如果那可怜的罪人突然遭到赦免，以致她们什么也没有看成，只好漫步回家的话，她们一定十分扫兴。她们那高涨的无名火便全部落在那些使她们白等一场，大失所望的人们身上。"[26]屠格涅夫在他的俄国同胞身上，也发现了类似的看客。读屠格涅夫的《处女地》，大概很难忘记这个场面：小说主人公涅日达诺夫怀着与人民结合的善良愿望，穿上"破旧的、小纽扣、高腰身的、浅黄色的土布长袍"（这种打扮本身就使涅日达诺夫自己有一种"做戏"的感觉），来到大街上，唤住过往的农民，向他们发表简短而荒唐的演说，农民群众开始是惊愕地望着他，接着就产生了一种戏弄心理，强迫他喝酒，对他说："你要是真的为我们这种人悲伤，你就喝。"越来越多的人赶来，围观这位天真的理想主义者，看着他喝醉、呕吐、发疯……大声地粗鲁地哄笑着，仿佛从对方生理的痛苦中得到最大的心理满足与乐趣。[27]而作家自己却无疑感到了一种残酷。后来他又写了一篇《工人和白手的人》，也是写工人们相约着去看自称为他们的利益，"为被压迫者和愚昧者得到自由"而牺牲的"白手者"（"革命者"）处刑，并且企望搞到"绞死他的那根绳子"，以给自己和"全家带来好运道"。这篇文章引起了周氏兄弟思想的极大震动，周作人曾将其译为中文，发表在1921年7月15日《晨报副刊》上，作为自己《宣传》一文的附录；而鲁迅在他写作《野草》的《复仇》（一）、（二）时，无疑受到了屠格涅夫的启示。当然，鲁迅对看客现象的关注，首先是来自他对中国社会的实际体验与观察。早在他的第一篇小说《狂人日记》里，他就写到了群众的围观，在他的以同乡秋瑾的命运作为背景的《药》里，更是痛苦地描写了示众的场面，以后在他的小说里不断出现这样的场面，从而形成了一个“看/被看”的小说模式[28]。在《野草》中的《复仇》（一）里，他更把这形形色色的看客意象化了——

> 路人们从四面奔来，密密层层地，如槐蚕爬上墙壁，如蚂蚁要扛鲞头。衣服都漂亮，手倒空的，然而从四面奔来，而且拼命地伸长脖子，要鉴赏这拥抱或杀戮。他们已经豫觉着事后的自己的舌上的汗或血的鲜味。

正是在鲁迅笔下的“路人”身上，我们仿佛看见了塞万提斯笔下的西班牙看客，海涅的德国看客，以及屠格涅夫的俄国看客的叠影：跨越了几个世纪的，不同国度里的看客现象，在这里得到了一个高度浓缩的体现，取得了一种象征的意义。

重要的是，鲁迅，作为一个现代中国的启蒙战士，对于看客的态度——没有像他的前辈（从塞万提斯、海涅到屠格涅夫）那样止于悲凉、痛苦、愤怒，他不仅悲悯他们（“看客”）的前途，更仇恨他们的现在，他采取了行动：复仇——

> 然而他们俩对立着，在广漠的旷野之上，裸着全身，捏着利刃，然而也不拥抱，也不杀戮，而且也不见有拥抱或杀戮之意。

当群众的看客将先驱者对于理想、真理的追求与牺牲都化为可博一笑的表演时，先驱者的唯一选择，就是拒绝表演，不让他们有鉴赏自己的痛苦与欢乐的机会与可能。

> 路人们于是乎无聊；……他们于是觉得喉舌干燥，脖子也乏了；终至于面面相觑，慢慢走散；甚而至于居然觉得干枯到失了生趣。

于是，发生了角色的戏剧性转换：被看、被鉴赏的先驱者成为看者、鉴赏者，看客自身则落入被看、被鉴赏的地位——

> 只剩下广漠的旷野，而他们俩在其间裸着全身，捏着利刃，干枯地立着；以死人似的眼光，赏鉴这路人似的干枯，无血的大戮，而永远沉浸于生命的飞扬的极致的大欢喜中。

这是一种复仇的快意——在复仇中维护着先驱者自我的尊严和自我意志的自由，得到自我生命的大飞扬。

这是对哈姆雷特复仇主题的丰富与发展——复仇的对象不只是自己的敌人，那些统治者，而且还包括麻木、愚昧的民众。而维护个性尊严、自由的选择又是典型的哈姆雷特式的利己主义、个性主义。

对堂吉诃德与桑丘、先驱者与群众的关系的传统命题，这更是一个新的发展：先驱者对于群众，不仅有引导，有牺牲，更有复仇。这是最深刻的爱与同样深刻的憎的统一。

本书第五章曾论及海涅所提出的“堂吉诃德式的忧虑”的命题。海涅认为，这是一种处于“不可描述的重围”之中的精神折磨。这类堂吉诃德，一定程度上在塞万提斯自己，以及海涅都曾经感受过的，“有的是显形的，有的是隐身的”，不知“在什么时候，什么地方，找什么机会，变成什么模样来攻击”[29]自己的恐惧，如今也同样地纠缠着鲁迅。在长时间的痛苦体验与思索中，鲁迅形成了一个新的概念：“无物之阵”。他在《野草·这样的战士》里，这样写道——

> 他走进无物之阵，所遇见的都对他一式点头。他知道这点头就是敌人的武器，是杀人不见血的武器，许多战士都在此灭亡，正如炮弹一般，使猛士无所用其力。
>
> 他微笑，偏侧一掷，却正中了他们的心窝。一切都颓然倒地；——然而只有一种外套，其中无物。无物之物已经脱走，得了胜利……
>
> 他终于在无物之阵中老衰，寿终。他终于不是战士，但无物之阵则是胜者。

分明有一种敌对势力的包围，却找不到明确的敌人；随时碰见各式各样的壁，却又无形。鲁迅说：“捣鬼精义，在切忌发挥，亦即必须含蓄”，“混沌”一片，使人“怕得莫名其妙”，“不测的威棱使人萎伤”。[30]敌人的无物之阵正是以其含糊、不测使人们处于神经高度紧张状态，时时警戒着不知将从何而来的迫害，这种对于迫害的期待、预感、猜疑，刺激着想象力，形成了堂吉诃德式的精神幻觉，并产生心理的病态——在那位17世纪的西班牙骑士身上，主要表现为一种精神的亢奋，千百倍地激发起他浪漫主义的战斗激情、躁动不安的迎战冲动。经过长达三个世纪的精神磨难，到了20世纪的中国启蒙思想家鲁迅这里，却变成了身心的极度疲惫、难以言状的无聊之感和自我嘲弄感，以至于对战斗意义本身的怀疑，以及从中挣扎出来的艰难努力。鲁迅对于不测之敌的无物之阵的心理反应，显然更具有现代性。

当我们这样说到堂吉诃德与鲁迅对外界（例如“无物之阵”的压力）不同的心理反应时，我们事实上已经接触到17世纪的西班牙骑士与20世纪中国思想家、文学家之间精神结构上的根本差异。当年屠格涅夫曾经指出，堂吉诃德“永远追求同一个目的使得他的思想有些单调，使得他的才智有些片面；他知道得很少，而且他也不需要知道很多”[31]，他的精神结构相对单纯，思想也相对明朗，而鲁迅的精神结构要远为复杂，思想也要阴暗得多。在这方面，鲁迅确实更接近哈姆雷特，在这个意义上，鲁迅的精神气质与那位丹麦王子是更为相似的。

我们已经说过，早在20世纪初，鲁迅即已在呼唤莎士比亚[32]。而有关材料告诉我们，在同一时期，鲁迅对哈姆雷特的俄国兄弟——屠格涅夫《父与子》中的巴札罗夫所提倡的虚无主义，也表现了巨大的热情与深刻的理解；正是在鲁迅的推动下，周作人曾写有《论俄国革命与虚无主义》一文，强调“虚无主义纯为求诚之学，根于唯物论宗，为哲学之一支，去伪振敝”，对一切“专制”、“奴制”和“积习”，“将冲决而悉破之”。[33]这自然也是鲁迅的见解。十九年后，鲁迅在自己的文章里，仍然这样介绍虚无主义，说它“是都介涅夫给创立出来的名目，指不信神，不信宗教，否定一切传统和权威，要复归那出于自由意志的生活的人物而言”[34]。可见，鲁迅从20世纪初直到“五四”以后，他一贯关注与倾心的，是虚无主义这一概念中所包含的“出于自由意志”的“怀疑”与“否定”精神，这本是莎士比亚的哈姆雷特精神的实质所在（参看本书第一章有关分析），在东移过程中，又为各个时代、国家、民族的知识分子所不断强调与深化，其中最典型的就是屠格涅夫在其著名演讲中对于“哈姆雷特”精神的阐释，以及屠格涅夫在《父与子》等小说与散文诗中的创造性发挥。现在，历史的路程延伸到20世纪的世界与中国，是理应得到新的展开与发展的。如果说，莎士比亚于17世纪初创造出哈姆雷特，是个别天才的超前（参看本书第一章有关分析），那么，在20世纪就必然得到更广泛，也更深刻的回应与实现。因此，哈姆雷特以及堂吉诃德与20世纪世界知识分子的精神联系，是一个有着极大理论与现实意义的课题，但却不是本书的任务。本书本章所能做的，仅是将鲁迅作为20世纪世界与中国知识分子的一个杰出代表，来探讨他对哈姆雷特与堂吉诃德命题的现代阐释、开掘与展开。

事实上，我们前面在论述鲁迅与堂吉诃德的关系时，就已经涉及堂吉诃德若干命题（如“看客”现象、“堂吉诃德的忧虑”等）在《野草》里的现代展开；同样，在《野草》里也有对哈姆雷特命题的新的揭示与发展。

我们已经一再强调了哈姆雷特命题中的怀疑主义色彩，而我们说到哈姆雷特的超前，他的命题有可能通向现代，则是指他的怀疑首先是指向高扬人的至高至美性的人文主义理想的，或者说，哈姆雷特命题的基本内涵与意义，表明了对人和宇宙的至高至美性的最初怀疑与动摇。而作为这种怀疑与动摇的最重要的表现，则是哈姆雷特对于自我的怀疑与否定，如本书第一章所分析，他已经发现自我不仅活着毫无意义，而且连生我出来也是一种错误；但这时哈姆雷特还只是发现自我与监狱般的世界、与他人的对立，这固然使他产生孤独、寂寞与悲凉感，但同时也给他带来反抗与复仇的悲壮感。哈姆雷特自我怀疑的命题到了海涅那里又有了新的发展，当海涅发现自己既反叛又属于这个害病的旧世界，并且在“所有人中是一个病得最重的人”时（参看本书第五章有关分析），他就在实际上发现了自我与外界（社会、传统、庸众）不仅隔膜、对立，更有着深刻的联系与渗透，要否定外部世界，首先要否定自我，由此而产生了无以摆脱的负罪感。鲁迅从20世纪初到“五四”前后，正是经历了从莎士比亚的自我悲壮感到海涅的负罪感的精神历程[35]，于是，在《野草》里，我们听到了“影”的独白：“然而黑暗又会吞并我，然而光明又会使我消失。然而我不愿彷徨于明暗之间，我不如在黑暗里沉没”，“我独自远行，不但没有你，并且再没有别的影在黑暗里，只有我被黑暗沉没，那世界全属于我自己。”[36]这里，包含着对自我绝望的多重发现。首先发现的是自我的无可归宿——其实，当哈姆雷特发现“时代整个儿脱节了”，自己又无力“把它重新整好”时，他就已经隐隐感觉到这个世界已经没有了自己的位置，因此，后来屠格涅夫说“他在整个世界上找不到他的灵魂可以依附的东西”[37]，是抓住了哈姆雷特精神、气质的一个本质方面的。而在此以后的海涅，如同他的研究者狄·代特莱夫森在《永恒的焦虑》中所说，“在多种意义上都是无家可归的人”。而屠格涅夫之所以有上述发现也是以他自身的切身体验与他对同时代俄国知识分子的观察为依据的，因此，他赋予了他笔下的俄国哈姆雷特以至俄国堂吉诃德以更浓重的漂泊者的色彩（参看本书第七章有关分析），从而显示出一种新的时代与民族的特色。如果说屠格涅夫对哈姆雷特漂泊气质的描述、确认主要是一种人生与生命体验，到了鲁迅这里，就发展成为对于人的个体生命存在的形而上层面的观照与体认。于是，在《过客》里，才提出了这样的根本性的追问：“你是怎么称呼的？”“你是从哪里来的呢？”“你到哪里去？”回答都是“我不知道”。这样，人的个体生命的存在就不仅是悲剧性的——完全不能决定、把握自己的存在，而且带有极大的荒谬性——被一个不可知的力量随意抛入这个世界。值得注意的是，鲁迅不仅从人的个体生命的无归宿中发现了人的被放逐的悲、喜剧，他还要强调，归根结底，这是一种自我放逐：如在前引《影的告别》之中所说，“我”要“在黑暗里沉没”，“那世界全属于我”。这就是说，不仅世界是黑暗和空虚的，人的自我个体生命也“仍是黑暗和虚空而已”，正是出于人的个体生命存在的彻底绝望，鲁迅才要那样酷烈地追索自我生命的本原——“抉心自食，欲知本味”，然而，尽管“创痛酷烈”，“本味何能知”？连这种追索本身也是徒然的。这样，鲁迅和他的同时代思想家（中国与世界的）就把哈姆雷特自我怀疑的命题发挥到了极端。

哈姆雷特在一出场时就说："但愿这太太结实的肉体/融了，解了，化成了一片露水"[38]，以后又表示："我把生命看得不值一枚针"[39]，这是出于对生的厌倦，而将死作为归宿。但他在"活下去还是不活"的著名独白里，却把死亡命题推进到一个新的层次，即对"死后"的"未知的苦难"的疑惧[40]（详见本书第一章的分析）。其实，这正是对于可以一劳永逸地解脱一切矛盾与痛苦终极幻想的怀疑与否定。正是这一点，引发了海涅对思想转化为行动以后的思考，屠格涅夫在他的著名散文诗《门槛》里，也是这样提出问题（你知道门槛之后"有什么东西在等着你？"）、这样回答问题（"寒冷、饥饿、憎恨、嘲笑、轻视、侮辱、监狱、疾病，甚至死亡……和人疏远，完全的孤独……无名的牺牲……"）的。鲁迅的《野草》正是沿着同一思路，在《影的告别》里表示了对黄金世界的拒绝，在《墓碣文》里提出了"于天上看见深渊"的命题（这是我们在本章前一部分已作了详尽分析的），而尤其引人注目的是，鲁迅专门写了《死后》，正面展开了哈姆雷特关于死后"未知的苦难"的命题。鲁迅别开生面、又是十分深刻地把死想象、理解为"只是运动神经的废灭，而知觉还在"，这样，人就不会因为死后因知觉的自动丧失而麻木了对痛苦的感受力，他要恢复、保持人，即使是死后的人应有的清醒，这是鲁迅一生致力的目标。于是，在鲁迅的笔下，"死后"的人有了一系列惊人的发现。"我"首先发出了这样的疑问："这是哪里，我怎么到这里来，怎么死的"——这与前述"你是从哪里来的呢？""你到哪里去？"是同一等级的问题，回答也同样是"我全不明白"。这表明无论生与死，都是人自身不能决定与把握的，都带有极大的偶然性与荒诞性。"我先前以为人在地上虽没有任意生存的权利，却总有任意死掉的权利的。现在才知道并不然，也很难适合人们的公意”，这就是说，人即使在死后也不能获得真正的个体意志的自由，他要继续按照公意，成为人们施虐与利用的对象，于是，又有了青蝇“舔我的鼻尖”，以至勃古斋旧书铺跑外的小伙计登门推销明版书，继续上演着人间的种种悲喜剧。这就意味着，死亡不但不是哈姆雷特所企望的“心痛以及千百种身体要担受的皮痛肉痛”的自动“了结”，而是这一切心痛、皮痛肉痛在人不能作出任何反应（因为死后的人运动神经已经废灭）的情况下的延续，这更可怕（因为带有更大的强制性），却因人的无可奈何而具有更大的荒诞性。当年，哈姆雷特惶惶不安地问“一死就去了的没有人回来的那个从未发现的国土”，“那边还不知会怎样”[41]，现在，鲁迅终于作出了如此严峻的、具有浓重现代色彩的回答，这也是20世纪时代对于17世纪的天才预言家的历史回应。

当鲁迅将死后的生命痛苦作为生（死前）的生命痛苦的继续、延伸时，他就实际上注意与强化了死与生之间的联系，他对死亡的思考也就必然转化为对生命形态和意义的思考；于是，他在《〈野草〉题词》里，又有了如下自觉意识：“过去的生命已经死亡。我对于这死亡有大欢喜，因为我借此知道它曾经存活。死亡的生命已经朽腐。我对于这朽腐有大欢喜，因为我借此知道它还非空虚。”这由死而反顾与肯定生的意义的思路，自然更是20世纪的，是17世纪的丹麦王子所不可能有的。而对于鲁迅的意义更在于，他对死后的绝望（这是生之绝望的极端发展），使他达到了一种生命的超越，并成为他的生的搏斗的内在动力，由此而形成鲁迅式的反抗绝望的人生哲学和人生选择。如果说对死后“未知的苦难”的疑惧使哈姆雷特因此而“意志动摇”，并且“失去了行动的名分”[42]，鲁迅的反应却恰恰相反，越是清醒于绝望，他越要知其不可为而为之，越是反激出他的更大更强的行动的意志力。就像当年海涅表示愿意承担行动的后果一样，鲁迅的态度也类似于屠格涅夫《门槛》里的表示："我知道。我准备好了，我愿意忍受一切的痛苦，这些打击"，"我只求你放我进去"。在《野草》里，那位"过客"，明知前面是"坟"，也要"跄踉地闯进去"。这就是说，尽管鲁迅面临着远比海涅、屠格涅夫更为深刻的精神绝望与痛苦，仍然作出了类似海涅在《论德国宗教和哲学的历史》、屠格涅夫在《门槛》里的选择，用堂吉诃德精神去处理哈姆雷特所清醒意识到的问题——在某种意义上，这是一种无可选择中的选择，因此，它必然带来新的矛盾与新的痛苦；而鲁迅和他的同代人在作出这样的选择时，也就同时作好了忍受更大的心灵折磨的思想准备，一切自欺欺人的精神幻觉都与鲁迅以及他的中国与世界同道无缘。在这一点上，又是迥然不同于堂吉诃德的。

注　释

［1］ 鲁迅：《头发的故事》，《鲁迅全集》第1卷，第464—465页。

［2］［3］ 鲁迅：《两地书·四》，《鲁迅全集》第11卷，第20页。

［4］ 鲁迅：《野草·墓碣文》，《鲁迅全集》第2卷，第202页。

［5］ 鲁迅：《二心集·黄花节的感想》，《鲁迅全集》第3卷，第410页。

［6］ 毛泽东：《〈伦理学原理〉批注》，《毛泽东早期文稿》，第184—185页。

［7］ 莫里斯·迈斯纳：《毛泽东与马克思主义、乌托邦主义》，中央文献出版社，1991年，第216、217页。

［8］ 鲁迅：《而已集·厦门通信（二）》，《鲁迅全集》第3卷，第374页。

［9］ 鲁迅：《集外集拾遗·破恶声论》，《鲁迅全集》第8卷，第327页。

［10］ 鲁迅：《译文序跋集·〈狭的笼〉译者附记》，《鲁迅全集》第10卷，第199页。

［11］ 鲁迅：《〈爱罗先珂童话集〉》，《鲁迅全集》第10卷，第197页。

［12］ 鲁迅：《坟·再论雷峰塔的倒掉》，《鲁迅全集》第1卷，第192、194页。

［13］ 鲁迅：《热风·随感录，六十一·不满》，《鲁迅全集》第1卷，第358—359页。

［14］［15］ 鲁迅：《坟·论睁了眼看》，《鲁迅全集》第1卷，第238、240页。

［16］ 鲁迅：《华盖集·忽然想到·八》，《鲁迅全集》第3卷，第96页。

［17］ 荷影：《关于“董·吉诃德”和“阿Q”——并介绍〈解放了的董·吉诃德〉》，《上海周报》第4卷第8期。

［18］ 近年来，学术界不断有人著文讨论这一问题。最有代表性的文章有：秦家琪、陆协新：《阿Q和堂·吉诃德形象的比较研究》（1982年《文学评论》第4期），陈涌：《阿Q与文学典型问题》（《鲁迅研究》1981年6月第3辑），张梦阳：《阿Q与世界文学的精神典型问题》（“纪念鲁迅诞生一百一十周年学术讨论会”论文）。最新的研究成果是发表于《广东鲁迅研究》1992年第2期（6月15日出版）的李春林的《欲望与想象的互相转化——从世界文学人物形象考察“精神胜利法”的世界普遍性》。

［19］ 参看张梦阳《阿Q与世界文学的精神典型问题》。

［20］ 恩格斯：《布鲁诺·鲍威尔和早期基督教》，《马克思恩格斯全集》第19卷，第334页。转引自张梦阳《阿Q与世界文学的精神典型问题》。

［21］ 鲁迅：《坟·摩罗诗力说》，《鲁迅全集》第1卷，第68页。

［22］ 鲁迅：《华盖集续编·记念刘和珍君》，《鲁迅全集》第3卷，第274页。

［23］ 鲁迅：《华盖集·北京通信》，《鲁迅全集》第3卷，第52页。

［24］ 这是一个小插曲：陈西滢在《现代评论》第2卷第48期（1925年11月7日出版）的《闲话》里说：“有人游历西班牙，他的引导指了一个乞丐似的老人说，那就是写*Don Quixote*的Cevvantcs，听者惊诧道：塞文狄斯么？怎样（么）你们的政府让他这样的穷困？引导者道：要是政府养了他，他就不写*Don Quixote*那样的作品了。”周作人随即在《语丝》第5期（1925年12月5日出版）上发表《塞文狄斯》一文，据英国华支和开莱写的两本被公认为精确的塞万提斯传记，略加考证，指出陈西滢此说系道听途说，以想当然代替了客观的事实。鲁迅在发表于《语丝》第65期（1926年2月8日）的《不是信》里，在与陈西滢论战中，也顺便提及陈西滢对“塞文狄斯的事实”的“创造”（见《鲁迅全集》第3卷第230页）。后来，鲁迅在《无花的蔷薇之三》（载《语丝》1926年5月7日第79期）里又再次嘲讽陈西滢说塞文狄斯“像叫花子”，“不过是一种特别流行于中国学者间的流言”（《鲁迅全集》第3卷，第286页）。

［25］《堂吉诃德》下册，第443页。

［26］ 海涅：《论浪漫派》，张玉书译，第39页。

［27］ 屠格涅夫：《处女地》，第248、250、280、282页。

［28］ 参看本书作者与王得后合作的《鲁迅小说全编·序言》。

［29］《堂吉诃德》下册，第118—119页。

［30］ 鲁迅：《南腔北调集·捣鬼心传》，《鲁迅全集》第4卷，第616页。

［31］ 屠格涅夫：《哈姆雷特与堂吉诃德》，《莎士比亚评论汇编》上册，第 468 页。

［32］ 鲁迅：《坟・科学史教篇》，《鲁迅全集》第 1 卷，第 35 页。

［33］ 周作人：《论俄国革命与虚无主义》，《天义报》11、12 期合刊，1907 年 11 月。

［34］ 鲁迅：《华盖集续编・马上支日记》，《鲁迅全集》第 3 卷，第 328 页。

［35］ 参看拙著《心灵的探寻》第九章的有关分析。

［36］ 鲁迅：《野草・影的告别》，《鲁迅全集》第 2 卷，第 165、166 页。

［37］ 屠格涅夫：《哈姆雷特与堂吉诃德》，《莎士比亚评论汇编》上册，第 468 页。

［38］《哈姆雷特》，第 17 页。

［39］ 同上书，第 32 页。

［40］［41］［42］ 同上书，第 80—81 页。

第十章

瞿秋白：从“多余的人”到“多余的话”。历史怎样创造了中国共产主义运动中的哈姆雷特：他的真实矛盾、痛苦和他的选择。

鲁迅的《野草》里，老翁问过客：“你是怎么称呼的？”“你是从哪里来的呢？”“你到哪里去？”除了形而上的意义之外，这也是一个时代的现实困惑，同时期的许多中国知识分子都这样问自己。

1921年12月，一位远游“饿乡”（这是当时人们对革命后的苏俄的称呼）的旅人，怀着对真理的饥饿，写下了一段颇为沉重的话——

> “我”——是欧华文化冲突中的牺牲，“内的不协调”，现实与浪漫相敌，于是“社会的无助”更斫丧“我”的元气，我竟成“多余的人”。啊！噫！忏悔，悲叹，伤感，自己也曾以为不是寻常人，回头看一看，又有什么特异，可笑可笑。[1]

这既是自我英雄感的丧失，又是一种新的自我发现——中国的知识分子突然发现了自己与屠格涅夫笔下的俄国知识分子（如本书第七章所分析，他们都是哈姆雷特与堂吉诃德的精神兄弟）在精神上的相通，这一发现自然是有历史性的。

作出这样严峻的自我批判的青年就是以后在中国现代政治、思想、文化史与文学史上有着重大影响的瞿秋白。正是这位瞿秋白，“五四”时期曾经是“一个近于托尔斯泰的无政府主义者”[2]，在他与郑振铎等人合编的《新社会》杂志（郑振铎曾说瞿秋白在《新社会》团体中是“主要的‘谋主’”[3]）的“发刊词”中这样写道：“我们的改造的目的和手段就是：考察旧社会的坏处，以和平的、实践的方法，从事于改造的运动，以期达到德莫克拉西的新社会”——“自由平等，没有一切阶级一切战争的和平幸福的新社会”[4]。《新社会》的成员都是新村运动的热心支持者，郑振铎曾在1920年6月写信给周作人，说“我们对新村运动，很有研究——实行——的兴味”[5]。这里所说的“我们”，自然是包括瞿秋白在内的。就其精神、气质而言，瞿秋白接受新村运动的理想也是很自然的。瞿秋白说，他“生来就是一个浪漫派，时时想超越范围，突进猛出”[6]；这种超越的欲求，不仅是对现有规定、范围的一种反叛，而且包含着对于人的精神的形而上的需求，瞿秋白对于文学的终身迷恋，其实质正是对精神超越境界的一种渴求。瞿秋白一再强调他内在的“士大夫意识”和“城市的波希美亚”的气质，正表明他对于人的精致的精神生活以及生活与精神的自由无羁，有着几乎是本能的向往。瞿秋白又说他“潜伏的绅士意识”使他信奉仁慈礼让的儒家哲学，有着本能的避免斗争的倾向[7]。——所有这一切，都使他必然对以个体精神的自由和超越为目的的，实行和平改造的新村运动发生认同。瞿秋白同时宣布自己是一个“市侩主义者”，而据他后来的解释，“市侩对于人生的态度”是“打破了一切信仰的利己主义”。[8]瞿秋白还说，他“很小的时候，就不知怎么有一个古怪的想头：为什么每一个读书人都要去‘治国平天下’呢？各人找一种学问或是文艺研究一下不好吗？”他强调自己“根本不想做‘王者之师’，不想做‘诸葛亮’”，因此，对于作为“‘治国平天下’的各种不同的脉案和药方”的政治上一切种种主义，他是不感兴趣的。[9]——

所有这些方面，都与五四新村运动的倡导人周作人十分接近，新村所暗含着的隐逸倾向也是与瞿秋白的上述精神气质暗合的[10]。总之，“五四”时期，在思想发展的逻辑起点上，瞿秋白与当时大多数热衷于新村运动的中国知识分子是并无二致的。

但瞿秋白又是最早对新村运动提出质疑，并将其扬弃的知识分子之一。瞿秋白在《新社会》组织的关于新村运动的讨论中，就发表了《读〈美利坚的宗教新村运动〉》一文，将他称为“历史派”的马克思主义的社会主义运动与“乌托邦派”的社会主义新村运动相比较，并得出如下结论：“我以为历史派的——马克思主义派的直接运动是绝不可少的……不至于像新村办不好，往往是新式理想的‘桃阁’。”[11]后来他又在《倍倍尔的泛劳动主义观》一文中否定他曾经信奉的托尔斯泰的无政府主义，赞赏倍倍尔的“积极的激烈的改革运动——革命，根本的改革，如此才能消灭资产阶级底垄断”[12]。这表明，瞿秋白是中国较早地完成了由空想社会主义向科学社会主义的转变，接受了马克思主义的知识分子。这其实已经是一个为学术界所公认的事实。但我们的探讨却想再深入一步：瞿秋白以及与他同类的知识分子是从什么样的基点上扬弃新村运动的空想社会主义，而接受科学社会主义的马克思主义的？由此而产生的问题是：他们所接受、理解的马克思主义究竟有什么样的历史特点？

我们还是看看瞿秋白的自述吧。瞿秋白在临刑前总结自己的思想发展道路时，在《多余的话》里他如此写道——

> 马克思主义的主要部分：唯物论的哲学，唯物史观——阶级斗争的理论，以及经济政治学，我都没有系统的研究过。《资本论》——我就根本没有读过。尤其对于经济学我没有兴趣。我的一点马克思主义理论的常识，差不多都是从报章杂志上的零星论

> 文和列宁几本小册子上得来的。[13]
>
> 我第一次在俄国不过两年，真正用功研究马克思主义的常识不过半年。这是随着东大课程上的需要看一些书。明天要译经济学上的那一段，今天晚上先看过一遍，作为预备。其他唯物史观哲学等等也是如此。这绝不是有系统的研究。[14]
>
> 我到俄国之后，虽然有因职务的关系，时常得读些列宁他们的著作、论文、演讲，可是这不过求得对于俄国革命和国际形势的常识，并没有认真去研究。……不过，我对于社会主义或共产主义的终极理想，却比较有兴趣。[15]

由于很少有这样坦白的自述，因此，我们作了详尽的摘录；其所提供的历史的真实信息，确实值得认真琢磨与深思。

今天的人们得知像瞿秋白这样的公认的中国马克思主义的理论家、中国共产党的领袖之一，竟然至死也没有读过马克思主义最基本、最重要的经典著作《资本论》，对于作为马克思主义理论基础的经济学没有兴趣，甚至对马克思主义的唯物史观也没有系统地研究过，也许会大吃一惊，并且大惑不解；但这却是人们必须正视的事实。这其实是一个时代性的文化现象。瞿秋白他自己，在“五四”以后就已经有了这样的反省——

> 中国二十世纪二十年代的一辈青年，刚处在社会思想史的“蜂腰时期”。有清一代对宋学的反动，汉学的今古文派，佛学派，到光绪末年——二十世纪之初，梁启超，刘申叔，章炳麟诸人后，突然中绝。从此时起，西欧日本新学说如潮的“乱流”湍入。东西文化区别界限之大，骤然迎受不及，皮相的居多。中国此时一辈青年所受社会思想的训育可想而知；旧的“汉学考证

> 法”、“印度因明学”，不知道；新的，西欧的科学方法，浮光掠影得很。……他们的确知道“要”了，可是他们只知道“要”……要自由，要平等……怎么样？“是什么？”蒋梦麟说“问题符号满天飞”，其实就因为问题符号只在飞，可见还不知道怎样设问，怎样摆这符号，何况答案！……[16]

这确实抓住了20世纪以来（包括“五四”时期）中国思想文化发展浮光掠影的要害：人们往往从西方传入的最新文化、最新思潮中（马克思主义在当时人们的眼里，正是一种最新文化与最新思潮），抓住其表面的符号，甚至来不及弄懂其本来意义，更不用说细细钻研、体会其基本学理，就凭着一种热烈的主观愿望和最皮相的了解，拿来运用于现实政治问题的思考，迅速得出激进的政治结论，并且转化为最坚决的实际行动。这是一个政治性、情感性、实践性压倒一切的时代，因此，只见问题符号满天飞，不可能有真正的科学学理的探讨和深入的思辨的思考。在这种文化氛围下，中国年轻的革命者不钻研马克思主义经典原著，仅凭从几本报章杂志上的零星论文和列宁几本小册子上获得的对马克思主义的皮相了解，就宣布自己信仰了马克思主义，并开始了为这一信仰的艰苦奋斗，这是一点也不足为奇的。——有趣的是，几十年后，毛泽东在回顾这一段历史时，竟把这种特定时代的文化现象提升为一种规律，他说：“从古以来，创立新学说的，都是学问不足的年轻人，一点被看出来，抓住以后，就能牢固地作战。我们搞革命的时候还不是十几岁？”[17]诚然，抓住“一点”，即自以为把握了真理，即奋不顾身，“牢固地作战”，其所向披靡的气概，颇具浪漫主义、英雄主义色彩，确实是堂吉诃德气十足，自有可爱与可敬之处；但毛泽东却忽略了其不可避免的负面作用，如行动的盲目性、理想的某些虚幻性等，如果不注意在实践过程中校正调整，是会在现实生活中带来灾难性的后果的——这自然都是后话。

瞿秋白说，他对马克思主义的最初理解与接受，主要是“几本报章杂志上的零星论文和列宁的几本小册子”，这个事实也很值得注意。这大概不是个别现象；据毛泽东自己对别人说，“有三本书……建立起我对马克思主义的信仰”，这三本书就是陈望道译的《共产党宣言》、考茨基著的《阶级斗争》与柯卡普著的《社会主义史》[18]。毛泽东后来解释说，他读了这些小册子以后，“才知道人类有史以来，就是阶级斗争史。阶级斗争是社会发展的原动力，初步得到了认识问题的方法论”[19]。毛泽东的这一思想历程是有代表性的。瞿秋白也有类似的描述——

> 记得当时懂得了马克思的共产社会同样是无阶级、无国家的最自由的社会，我心上就很安慰了，因为这同我当初的无政府主义，和平博爱世界的幻想没有一点冲突了。所不同的是手段。马克思主义告诉我要达到这样的最终目的，客观上无论如何是跳不了最尖锐的阶级斗争，以至无产阶级专政——也就是无产阶级统治国家的一个阶段。为着要消灭“国家”，一定要先组织一个时期的新式国家；为着要实现最彻底的民权主义（也就是所谓民权的社会），一定要先实行无产阶级的民权。这表面上“自相矛盾”，而实际上很有道理的逻辑——马克思主义所谓辩证法——使我很觉得有趣。[20]

值得注意的是，瞿秋白这里所说的“为着要实现最彻底的民权主义，一定要实行无产阶级的民权”的辩证逻辑，正是马克思首先提出，而由列宁在《国家与革命》里详尽阐释发挥的。有趣的是，几十年后，毛泽东在《论人民民主专政》里又重申了这一观点。由于十月革命的广泛影响，事实上，中国的第一代马克思主义者主要是通过列宁的布尔什维克主义去理解马克思主义的；直接影响了中国第一代马克思主义者的思想与行动的，除了列宁阐释的无产阶级专政的理论之外，还有列宁的建党学说，即“建立一个能够引导无产阶级的全部解放斗争的革命家组织”的思想（参看列宁《怎么办？》）。对于急于行动、急于见成效的中国年轻的激进派知识分子，这些更带有操作性的，或者如瞿秋白所说，作为行动手段的思想，是更有吸引力的，这构成了所谓“布尔什维克意识”：瞿秋白在《多余的话》里反复使用的，正是这个概念。瞿秋白认为，在这类“布尔什维克意识”里，含有“在实际上很有道理的逻辑”[21]。这一点也很有意思。我们由此而想起了海涅在谈起共产主义的魔力时，曾说到“一种可怕的三段论法把我捆住了，如果我不能反驳‘人人都有吃饭的权利’这个命题，那就得遵从这个命题引出来的一切结论”[22]。对于年轻的瞿秋白也同样如此，“布尔什维克意识”，或者说布尔什维克主义的“铁的逻辑”（这是斯大林爱用的概念）对他的心灵产生了不能抵御的魔力：只要承认实行无产阶级专政与建立职业革命家组织的必要性（尽管开始时仅将其当做一种为达到共产主义理想、目的而不得不采取的手段，承认中不无保留）这个大前提，也就必然遵从由此而引出的一切结论，例如必须坚持无产阶级的斗争哲学，包括毫不犹豫地进行无情的党内斗争；必须以做一个职业革命家从事党的活动作为自己的唯一职责，而自觉放弃一切与此目的、身份不一致的个人的爱好与兴趣，自觉地忍受处于秘密状态的党组织不得不实行的集中化原则对党员个人的种种限制；必须遵行无产阶级的党性原则，确立党的利益高于一切的信念，无条件地服从党的纪律，牺牲个人利益；必须无条件地与工农相结合，一切服从以工农为主体的武装斗争，等等。而所有这一切，都是与前述瞿秋白的本性——由他的阶级出身、他的文化教养所形成的知识分子的思想性格、道德意识、心理结构、思维习惯、情感、感觉方式……例如他的深入骨髓的仁爱观念，避免斗争的调和倾向，他的无可改变的个人主义，他对于自由特别是精神自由的本能追求，城市的波希美亚气质，他与生俱有的贵族性、绅士意识，他的非行动性，非政治性，以至他的超越现实的文学兴趣等等，都形成了尖锐的矛盾。

瞿秋白于是陷入了他所说的“心”与“智”之间的选择的困惑：是听从“自己‘心’的暗示”，还是“服从自己的或别人的‘智’”[23]？前者是天然的本能欲求，后者是后天的理性接受；前者是浪漫派的心灵的自由驱使，后者是现实派的适应与强制裁判；前者是情性的倾向，后者是应当如此的理智的结论。[24]瞿秋白同时清醒地意识到，在这“心”与“智”的困惑背后是“欧华文化的冲突”——这里的“欧”（西）与“华”（中）自然有着特定的内涵：前者是从西方传入的马克思主义（更确切地说是布尔什维克主义）的无产阶级新文化，后者则是中国传统的文化与知识分子的传统意识。所有的知识分子在向马克思主义寻求出路时，都必然遇到这样的矛盾。如果说当年共产主义运动刚刚兴起时，海涅仅仅作为一个共产主义运动的同路人、同情者，他的矛盾是既在理智上视共产主义为人类发展的方向，又在情感上对共产主义心存疑惧，那么，现在，当共产主义运动已经有了第一个获得胜利的实体——苏俄，瞿秋白这样的知识分子是到共产主义运动中来寻找自己的归宿的，他们所面临的便是所接受的新信仰与自己固有本性、传统的矛盾。面对这样的矛盾，可能的选择是什么？“我将成为什么？”这正是瞿秋白紧张思考的[25]。现成的选择是用新信仰改造自己——这也正是共产主义运动自身对知识分子提出的要求，列宁早在他与孟什维克进行论战，系统地阐述了建党思想，因而给中国共产党人以很大影响的《进一步，退两步》里，就引述了考茨基的观点，措辞强硬地警告说，知识分子尽管“不是资本家”，“和无产阶级在经济上是没有什么对抗的"，"但是他们的生活状况和劳动条件都是非无产阶级的，因此在精神上和思想上也就有某些对抗"。他于是向到共产主义运动寻求归宿的知识分子指出，唯一的出路就是根本地铲除"知识分子所特有的心理特点"，进而使自己"充满了无产阶级的情绪"，"完全服从我们的伟大事业"。[26]这本来是一个顺理成章的选择，但在刚刚经历了"五四"个性解放的瞿秋白，却担心因此戕贼自己的"个我"，成为"新派"（"新潮流"）的"附庸"[27]，似乎并不可取。那么，固守传统中的自我行不行呢？瞿秋白也是心有不甘：一方面，他无法摆脱已经有了苏俄榜样的共产主义新信仰的诱惑，正像他自己在晚年所说的，既然已经"走上了马克思主义的初步"，就"无从改变"[28]；另一方面，他也确实担心"盲目固执一民族的文化性"，不但会"自疲其个性"，也会沦为"阵死的旧时代"的"牺牲"品[29]。这样，瞿秋白就陷入了既不安于以自我为中心的知识分子"旧世界"，又不愿彻底放弃自我，去适应无产阶级"新世界"的尴尬地位。或者说，处于知识分子旧文化传统与无产阶级新文化之间，"两派潮流的交汇，湍洶相激"，瞿秋白感到自己成了"多余的人"——这里，瞿秋白沿用了俄国文学中的"多余的人"的概念。在《赤都心史》题为"中国之'多余的人'"一节的开头，他也引人注目地引述了屠格涅夫《罗亭》（译为《鲁定》）中罗亭写给娜达丽亚信中的一段话，在那封信里，罗亭感叹着自己，虽然"自然禀赋给我的很多，但是我将碌碌而死，连一桩和我的能力相称的事都做不出"，告诫娜达丽亚"总应当顺遂您的感情的冲动，不要受您自己的或别人的理智的钳驭"（瞿秋白译为"只永久寻你自己'心'的暗示，不要尽服从自己的或别人的'智'"）。[30]如上所述，瞿秋白自己也正是感受着这种听从自己"'心'的暗示"，还是服从"别人的'智'"的指示的矛盾。有关传记材料告诉我们，瞿秋白早于1917—1919年在俄文专修馆学习期间，就熟读了屠格涅夫等俄国作家的俄文原著，他“手不释卷，神驰在俄罗斯文学的‘畸零人’（即‘多余的人’——引者注）形象之中”[31]。在写作《赤都心史》的同时，瞿秋白曾起草了《俄国文学史》，在谈到“多余的人”时，他指出，“多余的人”的出现，“是过渡时代青黄不接期间的当然的现象”，多余的人大都不能实践，只会空谈，“这一类英雄绝对不知道现实的生活和现实的人，加入现实的生活的斗争，他们的能力都十分不够，幼时的习惯入的很深，成年的理智，每每难于战胜——他们于是成了矛盾的人”。现在，瞿秋白在审视自己与同类知识分子的历史处境与地位时，又重提多余的人的概念，显然是感到了与俄罗斯知识分子间的某些心灵的共振：在大时代的动荡中，在新旧历史、文化的交替中，他们找不到自己的位置与归宿，他们是无家可归的精神流浪者；尽管没有放弃自己的追求，却时时感受着不能掌握命运的悲哀与被抛弃、放逐的孤独无助。[32]

人们注意到，当瞿秋白发出“我竟成‘多余的人’”的痛苦呼喊时，他已经是一名很有影响的中国共产党党员[33]。因此，尽管他存有种种犹豫、矛盾，但他几乎是别无选择地走上了自我改造的道路，就像他在《多余的话》里所说的那样，他对“时时刻刻压制自己的绅士和游民式的情感，极勉强的用我所学到的马克思主义的理智来创造新的情感，新的感觉方法”[34]。“五四”时期的思想启蒙家、新村运动的倡导者们的人的改造的理想，本来是要改造国民性的，而它的现实实现，却是知识分子自身的改造：这个事实本身就是耐人寻味的。但对于瞿秋白，这样的改造却并不成功，瞿秋白最后承认，“无产阶级意识在我的内心里是始终没有得到真正的胜利的”：这个事实自然更加耐人寻味。“始终”似乎是一个瞿秋白式的概念，据专家们研究，在他的著作中一再使用“始终”这个词，成了他的习惯用语，而且“多是‘终究’、‘最终’之意”[35]，如“真相是始终要暴露的”（《多余的话》)，“最优秀的最真诚的不肯自己背叛自己的光明理想的分子，始终是要坚决的走上真革命的道路的”(《〈鲁迅杂感选集〉序言》)，“我的绅士意识——就算是深深潜伏着，表面不容易觉察罢——其实是始终没有脱掉的”(《多余的话》)，等等[36]，都含有本性难移，可以改变一时，造成改造成功的假象，却最终要恢复本性，显出真相的意思。至少说，瞿秋白自己的思想改造就是如此。

“时时刻刻压制自己的绅士和游民式的情感”，却又事实上压制不住，这就使得瞿秋白不得不时时陷入“二元化的人格”[37]：一方面是外加的，别人要求我扮演的角色，另一方面是本来面目的自我。他后来这样回顾自己在角色与本来的自我之间挣扎的苦况：“每次开会或者做文章的时候，都觉得很麻烦，总在急急于结束，好‘回到自己那里去’休息。我每每幻想着：我愿意到随便一个小市镇上去当一个教员……在空余的时候，读读自己所爱读的书，文艺，小说，诗词，歌曲之类，这不是很逍遥的吗？”[38]有趣的是，瞿秋白的这种二元化的人格在他坦白自述之前就为作家丁玲敏锐地觉察，并外化为“韦护”的形象。小说女主人公第一次见到韦护这位著名的“康敏尼斯特”(共产主义者)时，即从他“粗布衣服”与“精致的语言”(以后她又发现他还有一个“精致”的小窝)的不协调中敏感到他的矛盾。小说又写到韦护和他的“同志”浮生的争论：在浮生看来，所谓生活的情趣、艺术，“这只是一些诗人们的话，而且是有钱人才能讨论的问题”，他宣称：“我呢，是一切都不知道，也不过问。只知道就这样忙迫的过去，一直到死。人是不会想到什么烦愁的。”韦护却坚持要问：“我们一切生活的主宰到底是什么？”他觉得仅仅有信仰“还缺少一点燃料”，要有爱情这类“生命的自然需要”来充当“助动的热力”[39]——这场争论在某种意义上正是屠格涅夫《父与子》中平民知识分子与贵族知识分子之间论战的继续。而现在，显然具有贵族气质的韦护是属于组织中的一员，革命队伍中的集体无意识（在浮生们看来，韦护提出上述要求是有“神经病”）与组织纪律都是不允许知识分子的个人精神追求的存在的。韦护只能将自己的这一面小心地隐藏起来，并且时时感到作为一个异己者的孤单。只有工作之余，躲进自己的角落，“蜷在被窝里，靠在大的软枕上，在小小的红的灯光底下”，读着自己心爱的外国小说，他才感到精神的松弛，仿佛又回复了渴望“美的、爱情的、温柔的梦幻”的自我，但他却因此而厌烦他的“头脑简单，语言无味”的同志，并且憎恶自己的“两种个性和两重人格”。[40]事实上，许多“康敏尼斯特”都过着这样的两重生活，已经习以为常；瞿秋白却不能，他有一种知识分子的洁癖，执拗着追求自我的真实；他对于演戏有一种天生的反感，因此在《〈鲁迅杂感选集〉序言》里，对鲁迅对“做戏的虚无主义者”的批判给以极高的评价。他如此反省着自己：“如果叫我做一个‘戏子’——舞台上的演员，倒会很有些成绩，因为十几年来我一直觉得自己在扮演一定的角色。扮着大学教授，扮着政治家，也会真正忘记自己而完全成为‘剧中人’。虽然，这对于我很苦，得每天盼望着散会，盼望着和我谈政治的朋友走开，让我卸下戏装，还我本来面目——躺在床上去，极疲乏的念着：回‘家’去罢，回‘家’去罢，这确实是很苦的——然而在舞台上的时候，大致总还扮得不差，像煞有介事的。”[41]这是自我嘲讽，也是自我忏悔，其间的苦味是难言的。而瞿秋白“回‘家’去罢，回‘家’去罢”的喃喃自语，却让我们想起了堂吉诃德的归来。某种意义上，在堂吉诃德的身上，也是存在着二元化的人格的，一个是堂吉诃德的本来自我，就是那位为人善良，号称“善人”的阿隆索·吉哈诺，另一个是堂吉诃德所扮演的骑士角色。因此，在别人的眼里，他也是一个戏子，堂吉诃德自身也有着强烈的表演感，这是我们在前文一再申说过的。问题是堂吉诃德本人，对于他所扮演的骑士角色，始终是自觉的，并且有一种英雄般的自豪感；只有在临终前才大彻大悟，发现自己在书本唤起的梦幻中度过了一生，终于发出了真诚的忏悔，所谓“一生惑幻，临殁见真”[42]。这自然有一种悲剧性。瞿秋白则比堂吉诃德清醒，他几乎是从一开始就意识到自己是在演戏，尽管有时候也免不了有一点“游戏和做事的兴会”和“一时的愉快”[43]，但从总体来说，厌恶感、荒诞感与忏悔意识，几乎一直在追逐着他。他说：“扮演舞台上的角色究竟不是‘自己的生活’，精力消耗在这里，甚至完全用尽，始终是后悔也来不及的事情。”[44]在清醒地自省这一点上，瞿秋白其实是更接近哈姆雷特的。而且前述瞿秋白“打破一切信仰的利己主义”（瞿秋白自称为“市侩主义”），与生俱有的贵族气息，以及他的性格的非行动性，他的思维的感觉性特征，都使得他实质上是一位现代中国的哈姆雷特。这就是说，瞿秋白是以哈姆雷特的气质去扮演堂吉诃德的角色的：他的人生悲剧与荒诞剧正在于此。

应该说，历史对于瞿秋白是够残酷的：不仅要求他扮演一个共产主义的骑士，还要进一步派定他披挂上阵，充当中国共产主义运动的主角（领袖）。一个本质上存在着厌世主义倾向的中国传统书生，现在却要求他率领千军万马去从事中国最急进的革命事业，这反差实在太大，难怪瞿秋白要惊呼：这是“历史的误会”——可怕的，也是可笑的。瞿秋白在不同场合，反复申说他自己的苦况：“一个平凡甚至无聊的‘文人’却要他负担几年的‘政治领袖’的职务”，这是“捉住了老鸦在树上做窝”[45]，是“无牛则赖犬耕”（他因此以“犬耕”作自己的笔名），是“枉抛心力作英雄”。这种不堪承受的历史重任，使我们想起了当年歌德对哈姆雷特的悲剧所作的经典概括：“一件伟大的事业担负在一个不能胜任的人的身上”，“一个美丽、纯洁、高贵而道德高尚的人，他没有坚强的精力使他成为英雄，却在一个重担下毁灭了，这重担他既不能掮起，也不能放下，每个责任对他都是神圣的，这个责任却是太沉重了。他被要求去做不可能的事”。[46]可以说，17世纪丹麦王子的悲剧又历史地落在20世纪中国知识分子瞿秋白的身上；瞿秋白终于成了中国共产主义运动中的哈姆雷特。

而且他也有哈姆雷特式的延宕。如前文所说，瞿秋白几乎从一开始就意识到自我人格的二元对立，自己扮演的角色不仅力不胜任，而且可悲可笑，并且产生了“回‘家’去罢”的强烈欲求；人们自然要问，瞿秋白为什么不及早地退出舞台，回归自我，而一直要等到由于外在的原因，生命即将结束之时，才宣布“一出滑稽戏就此闭幕”[47]呢？这里的延宕是如何产生的呢？这自然有历史的客观逻辑——所谓身不由己——在起作用；瞿秋白自己则是归结于他的“弱者的道德”的。他说他从来没有想做主动进攻的“侠客”，遇事总是“忍耐，躲避”，妥协的[48]；这就是说，他的精神气质不是堂吉诃德式的主观冒进型，而是更接近哈姆雷特式的内心退缩型的。在《多余的话》里，瞿秋白以哈姆雷特式的自我分析的脾气（有趣的是，他称之为“布尔什维克所讨厌的小布尔乔亚智识者的自我分析”，可见在共产主义运动的集体无意识里，哈姆雷特气质与小资产阶级意识是一个等同的概念，并且是令人讨厌，必须排除的——认识这一点，对于我们理解哈姆雷特式的知识分子在共产主义运动中的命运是十分重要的）这样谈到自己“真正的怯懦”：“差不多完全没有自信力，每一个见解都是动摇的，站不稳的。总希望有一个依靠。”[49]这最后的依靠感也许是优柔寡断的知识分子人性中的一个致命弱点，它会导致对于强大的、不容置疑的，瞿秋白称之为“其势汹汹”的专断的意志力量的屈从，即使有怀疑也没有勇气说出，结果只能随波逐流，而完全违背自己的愿望、性情，去做自己本不想做、也不能做的事情。因此，瞿秋白在激烈而残酷的党内斗争中，充当调和派的领袖是必然的。而调和、妥协的结果，不仅使瞿秋白始终没有力量与勇气及早结束表演，而按照历史的惯性，一任延宕，身不由己地继续扮演着别人派定自己的角色，而且越来越失去了自己的独立性，以至于在陷入了极度的政治疲乏的情况下，“不再去‘独立思索’”，终于“没有（了）自己的政治思想”，自觉地“以中央的思想为思想”，即使“偶尔也有对中央政策怀疑的时候，但是，立刻就停止怀疑了——因为怀疑也是一种思索；我既然不思索了——自然也就不怀疑”。[50]按照曾经流行于共产主义运动中的集体无意识观念，瞿秋白放弃了知识分子的怀疑，停止了独立思考，“以中央的思想为思想”，应该是他改造成功的标志，有不少人甚至引以为荣。但瞿秋白的知识分子本性却根深蒂固，不可救药：他为自己失去了作为知识分子标志的独立思考的品格而深深地谴责自己的软弱，但他又为自己的这种忏悔而感到恐惧，以为这是一种对于自己的信仰、事业的不忠诚，于是又痛苦地反过来谴责自己没有足够的毅力“去克服一切种种‘异己的’意识以至最微弱的‘异己’的情感，以从‘异己’阶级里完全跳出来，而在无产阶级的革命队伍里站稳自己的脚步”。[51]这样，瞿秋白就一直在背叛自己与背叛事业之间徘徊，陷入双重的自我谴责之中，他仍然找不到自己的位置与归宿，仍然是一个多余的人，并且最后写出了《多余的话》。在某种意义上，写出《多余的话》是他唯一可以作出的选择；他没有企图做历史的合题，即对自己的历史作出圆满的解释，从而创造出一个完人，而真实地把其中的矛盾、分裂与破碎暴露给世人：一方面，他以最坦白最真实的态度说出自己想说的一切，坦诚地正视自己的一生不过是“一场误会，一场噩梦”[52]，坦诚地承认自己“始终戴着假面具”，并且以非凡的勇气，自己揭穿“英雄主义的假面具”[53]，宣布了自己的真实追求——做一个普通人，“仔细的亲切的尝试一下实际生活的味道”[54]，因此，他最后一个愿望是再读几本好书（其中就有屠格涅夫的《罗亭》），最后一句话是“中国的豆腐也是很好吃的东西”[55]——他终于维护了自我的真实。但另一方面，瞿秋白又不无真诚地宣布自己是共产主义事业的叛徒，公开承认自己的根本性格，“不但不足以锻炼成布尔什维克的战士，甚至不配做一个起码的革命者”，并且以同样的非凡的勇气，要求共产主义队伍把自己“洗刷出去”[56]，表明自己“决不愿冒充烈士而死”[57]——这样，瞿秋白又始终维护了他所信仰的共产主义事业的纯洁性（瞿秋白至死对于共产主义事业本身并未发生过怀疑）。对自我与事业的双重维护是以对自我的彻底否定、彻底忏悔为代价的。这样的双重选择似乎矛盾，却又统一在对于真实的追求上。瞿秋白说“历史是不能够，也不应当欺骗的”[58]，这大概是《多余的话》里最重要的一句点题的话。瞿秋白这样想与这样写的时候，是充满了历史感的。他深信，总有一天，人们会重新来审视他们这一代人曾经走过的历史道路，会对他们这一代的心史——精神的历程、心理的变迁，感到兴趣，他觉得，他唯一能做的，就是为终会到来的科学的研究，留下一份相对真实的心灵的记录。这又使我们想起了卢梭的《忏悔录》。这位18世纪的启蒙大师这样写道——

> 我要把一个人的真实面目赤裸裸地揭露在他人面前。这个人就是我。
>
> 不管末日审判的号角什么时候吹响，我都敢拿这本书走到至高无上的审判者面前，果敢地大声地说：“请看！这就是我做过的，这就是我想过的，我当时就是那样的人。……其中可能把自己以为是真的东西当真的说了，但没有把明知是假的硬说成真的。万能的上帝啊！我的内心完全暴露出来了，和你亲自看到的完全一样。”[59]

瞿秋白的《多余的话》就是20世纪中国知识分子的《忏悔录》——

真诚的中国共产主义运动中的哈姆雷特的《忏悔录》。

瞿秋白在《多余的话》的结尾，还说了这样一段话——

> 这世界对于我仍然是非常美丽的。一切新的、斗争的、勇敢的都在前进。那么好的花朵，果子，那么清秀的山和水，那么雄伟的工厂和烟囱，月亮的光似乎也比以前更光明了。
>
> 但是，永别了，美丽的世界！[60]

这是真正的瞿秋白的最后遗言，仍然充满着浪漫主义、理想主义以及英雄主义的战斗激情——瞿秋白在根本气质上仍脱不了堂吉诃德气。大概他们那一代人，甚至以后的中国几代知识分子都是如此。

注释

［1］瞿秋白:《赤都心史》,《瞿秋白文集》(文学编)第1卷，人民文学出版社，1985年，第219—220页。

［2］瞿秋白:《多余的话》，刘福勤《心忧书》，上海社会科学出版社,1989年，第187页。

［3］郑振铎:《忆瞿秋白同志早年的二三事》，转引自刘福勤《心忧书》，第188—189页。

［4］此发刊词是郑振铎写的，但是代表了包括瞿秋白在内的《新社会》同人的共同认识。

［5］信收《中国现代文学资料丛刊》第5期。

［6］瞿秋白:《赤都心史》,《瞿秋白文集》(文学编)第1卷，第219页。

［7］瞿秋白:《多余的话》，刘福勤《心忧书》，第299页。

［8］瞿秋白:《谈〈三人行〉》,《瞿秋白文集》(文学编)第1卷，第452页。

［9］瞿秋白:《多余的话》，刘福勤《心忧书》，第215—216页。

［10］瞿秋白后来在苏俄还特地考察了类似“新村”的“托尔斯泰派公社”，赞扬其“恬静的生活”，“劳作的神圣，自然的怡养”；尽管也谈到“没有工业就没有社会主义，况且决不能在隔离状态中实行新村式的共产主义”，但仍介绍了新经济政策中“宗教的新村派”的重新活跃，以为“这亦是大海中的一滴水”。见《赤都心史》,

《瞿秋白文集》(文学编)第1卷，第192、139、242页。

[11] 载《新社会》旬刊第9号。

[12] 原载《新社会》旬刊第18期，转引自王观泉《一个人和一个时代——瞿秋白传》，天津人民出版社，1989年，第109页。

[13][14] 瞿秋白:《多余的话》，刘福勤《心忧书》，第218页。

[15] 同上书，第216页。

[16] 瞿秋白:《赤都心史》,《瞿秋白文集》(文学编)第1卷，第246—247页。

[17] 毛泽东1958年3月的四次讲话，引自黑龙江工学院红色造反团宣传组刻印:《毛主席万岁》(第三集)。

[18] 斯诺:《西行漫记》。据《社会主义史》一书的译者李季介绍:"这部书记载世界重要各国社会主义运动的流派和派别，既很详细，又很扼要。"这本书区分了马克思主义的社会主义与各种形态的社会主义运动，大概对毛泽东这样的向往社会主义，而又分不清各种社会主义界限的青年有一定的启示作用。转引自黎永泰《中西文化与毛泽东早期思想》，四川大学出版社，1989年，第320页。

[19] 毛泽东:《关于农村调查》(1941)，转引自黎永泰《中西文化与毛泽东早期思想》，第369页。

[20] 瞿秋白:《多余的话》，刘福勤《心忧书》，第216—277页。

[21] 同上书，第217页。

[22] 海涅:《〈卢苔齐亚〉法文版前言》，转引自梅林《海涅评传》,《梅林论文学》，第203页。

[23] 瞿秋白:《赤都心史》,《瞿秋白文集》(文学编)第1卷，第218页。

[24] 同上书，第219—220页。

[25] 同上书，第213页。

[26] 列宁:《进一步，退两步》,《列宁选集》第2卷，人民出版社，1960年，第565—567页。

[27] 瞿秋白:《赤都心史》,《瞿秋白文集》(文学编)第1卷，第212—213页。

[28] 瞿秋白:《多余的话》，刘福勤《心忧书》，第227页。

[29] 瞿秋白:《赤都心史》,《瞿秋白文集》(文学编)第1卷，第212页。

[30] 屠格涅夫:《罗亭》，第122—123页。

[31] 王观泉:《一个人和一个时代——瞿秋白传》，第78页。

[32] 瞿秋白:《赤都心史》,《瞿秋白文集》(文学编)第1卷，第219页。

[33] 瞿秋白在《多余的话》附录《记忆中的日期》里写明:"1921年5月，张太雷抵莫介绍入共产党，9月，任东大翻译，始正式入党。"近年学术界还有"1922年

入党”说。据《瞿秋白传》作者王观泉的考证，瞿秋白的《多余的话》里所说更为准确。见王观泉《一个人和一个时代——瞿秋白传》，第217—219页。

［34］瞿秋白:《多余的话》，刘福勤《心忧书》，第209页。

［35］［36］刘福勤:《心忧书·〈多余的话〉》，第212—213页。

［37］瞿秋白:《多余的话》，刘福勤《心忧书》，第210页。

［38］同上书，第209页。

［39］丁玲:《韦护》，《丁玲文集》第1卷，湖南人民出版社，1983年，第12、46页。丁玲是一个敏感的具有思想穿透力的作家，在她的笔下，不但出现了“革命队伍中的哈姆雷特”即韦护的形象——这个形象可以看做是屠格涅夫的《处女地》中涅日达诺夫在中国的继续与发展，而且出现了阿毛姑娘这样的类似于包法利夫人那样“用沉醉于憧憬的世界来点燃自己的生命”的形象。可参看〔日〕北冈正子《丁玲早期文学与〈包法利夫人〉的关系》(收《丁玲研究在国外》，湖南人民出版社，1985年)。

［40］丁玲:《韦护》，《丁玲文集》第1卷，第43、116、109—110页。

［41］瞿秋白:《多余的话》，刘福勤《心忧书》，第248页。

［42］《堂吉诃德》下册，第526页。

［43］瞿秋白:《多余的话》，刘福勤《心忧书》，第248—249页。

［44］同上书，第249页。

［45］同上书，第259页。

［46］歌德:《威廉·麦斯特的学习时代》，《莎士比亚评论汇编》上册，第296页。

［47］［48］瞿秋白:《多余的话》，刘福勤《心忧书》，上海社会科学出版社，1989年，第247—248页。

［49］同上书，第245页。

［50］同上书，第224—225页。

［51］同上书，第260页。

［52］同上书，第203页。

［53］同上书，第260页。

［54］同上书，第250页。

［55］同上书，第266页。

［56］同上书，第248页。

［57］［58］同上书，第256页。

［59］卢梭:《忏悔录》第1章，转引自刘福勤《心忧书》，第259页。

［60］瞿秋白:《多余的话》，刘福勤《心忧书》，第263页。

第十一章

“谁是‘堂吉诃德’？”鲁迅与创造社、太阳社的论战，中国的“父与子”冲突。“苏俄堂吉诃德”的命运在中国引起了什么反应：鲁迅论叶赛宁的死，他怎样对海涅发生误会，又怎样评论卢那察尔斯基的《解放了的董吉诃德》；朱自清、曹禺的忧虑。巴金小说里的两极：走向革命的堂吉诃德与成为无用的废物的哈姆雷特。鲁迅和瞿秋白敲起警钟：谨防“做戏的堂吉诃德”。

1930年代的中国，突然出现了堂吉诃德热：十年之间（1931—1939），继林纾《魔侠传》之后，先后出版了四种《堂吉诃德》的不同译本，即1931年开明书店出版的贺玉波译本，1933年世界书局出版的蒋瑞青节译本，1937年上海启明书局出版的温志达译本，1939年商务印书馆出版的傅东华译本，为普及需要，还出版了《堂吉诃德》的改写本（汪倜然编，1934年上海新生命书局出版）。报刊上也发表了不少阐释堂吉诃德精神的文章，或翻译，或自撰，很是热闹了一阵。海涅论堂吉诃德，屠格涅夫关于《哈姆雷特与堂吉诃德》的著名演讲，也都是在这一时期被正式介绍给中国的文学界与学术界。套一句用熟了的话，堂吉诃德以及哈姆雷特三百年的东移被浓缩在中国1930年代的历史中。

有趣的是，这股堂吉诃德热的源头竟是1920年代末创造社与太阳社对鲁迅、周作人等的宣战。

仿佛是俄国19世纪60年代历史的重演：当年，屠格涅夫笔下的年轻一代巴札罗夫们径直把老一代的尼古拉·彼得罗维奇们叫做“古董”，并且对他们说：“现在是轮到我们了”，“你们不是我们这一代人；吞你的丸药去吧。”[1]现在，中国的同样血气方刚的创造社、太阳社的革命作家们，也把“五四”时期的老作家——首当其冲的是鲁迅和他的弟弟周作人，依次排下来还有叶圣陶、郁达夫等等[2]——称为“苟延残喘的老人”[3]，“社会变革期中的落伍者”[4]，并且以几乎同样的语气宣布，要“替他们打包，打发他们去”[5]。这种历史的模仿竟是如此彻底，巴札罗夫们称他们的父辈为“上了年纪的浪漫派”[6]，无情地嘲笑他们的“骑士的感情”[7]；现在，太阳社、创造社的革命文学家就干脆把鲁迅称之为“文坛的老骑士”[8]，“Don Quixote一类的人道主义者”[9]，甚至创造了一个专有名词，叫做“珰鲁迅”[10]。而且自然也是振振有词的：据说，以鲁迅为代表的文坛的老骑士，就像塞万提斯笔下的西班牙骑士一样，处在大转变的时代，却“追怀过去的昔日，追悼没落的封建情绪”[11]，“在青天白日里找寻已往的迷离的残梦”[12]；而在这些革命家看来，现在已是社会主义时代，“资本主义对于社会主义是反革命，封建余孽对于社会主义是双重的反革命”，结论必然是：“珰鲁迅”是“不得意的法西斯蒂”，“二重的反革命的人物”。[13]——果然青出于蓝而胜于蓝！当年，巴札罗夫与尼古拉·彼得罗维奇之间的父与子冲突，是以一场决斗告终的，尽管有些戏剧化，决斗双方毕竟还是平等的；而现在，是子一代对父一代的判决，那是有可能引出杀身之祸的。

而且这种历史的模仿竟还是历史的误会。如果说，作为俄国19世纪中叶发生的父与子冲突双方的自由主义贵族知识分子与平民知识分子，确实属于不同的营垒，而这一次创造社、太阳社以鲁迅作为攻击目标，却是根本找错了对象：正如冯雪峰在这次论战中所写的《革命与智识阶级》所说，“鲁迅看见革命是比一般的智识阶级早一二年”[14]，在对革命与革命文学认识的深刻性上绝非创造社、太阳社作家所能相比。因此，年轻的革命文学家们口口声声说鲁迅是“同风车格斗的 Don Quixote”[15]，其实说的正是他们自己：当时，就有人著文指出，他们对鲁迅的批判本身就是“Don Quixote 的乱舞”[16]。这里所提出的“谁是‘堂吉诃德’”的问题倒是饶有趣味的。创造社、太阳社的革命文学家尽管这时已经在理论上宣布“浪漫主义也是反革命”，要“取一种彻底反抗的态度”[17]，但他们自己倒更像是浪漫气十足的革命骑士：他们也犯了他们的俄国兄弟——上半截是堂吉诃德的罗亭类似的错误，根本不了解本国实情，却单凭着匹夫之勇在那里盲目地横冲直闯。他们的致命弱点，也恰如那位西班牙骑士，即是把幻想当做现实——他们中的一位作家（太阳社的洪灵菲）这一时期所写的风行一时的小说《流亡》里，曾把他们这批人乌托邦浪漫情怀描写得淋漓尽致。小说一开头就写到这样一个情节：男女主人公在被追捕的白色恐怖之夜，在一座纠缠着牵牛藤的斋寺的破榻上，竟举行了浪漫的结婚仪式。男主人公、K 大学的毕业生、M 党部的重要职员沈之菲（显然暗示着作者洪灵菲自己）发出了这样的革命浪漫的奇情异想：“让这里的臭味，做我们点缀着结婚的各种芬馥的花香；让这里藏棺材的古屋，做我们结婚的礼拜堂；让这楼上的鼠声，做我们结婚的神父的祈祷；让这屋外的狗吠声，做我们结婚的来宾的汽车声；让这满城的屠杀，做我们结婚时用以夸耀子民的卫队吧”[18]——这几乎是那位西班牙骑士的奇情异想的翻版，在塞万提斯的小说开头也写到堂吉诃德第一次离乡出行就把破旧的客屋当做“银光闪闪”的堡垒，将粗俗不堪的妓女看做“美貌的小姐或高贵的命妇”，阉猪人的笛声也被听做城堡长官特地安排的演奏[19]。洪灵菲的小说还写到男主人公在避难香港、杀机四伏时，竟然感到了一种诗意：他一想到自己“瘦长的影”（人们很容易联想起同样是“瘦长”的堂吉诃德）终于投射在“沦为帝国主义的殖民地的孤岛上”，就抑制不住内心的激动，他喃喃自语：“我时时刻刻都有被捕获的危险，因而在未被捕获之前，我时时刻刻都觉得异样的快活和自足，我这时的心境正和儿童的溜冰，探险家的探险一样，越觉得危险，越觉得有趣！……啊！啊！我从今天起，开始也了解生命的意义了！”[20]这里孩童般地对冒险的渴望与诗化，也是堂吉诃德式的。诚然，在反革命的白色恐怖之中，仍然保持浪漫主义的革命激情与勇气，不仅难能可贵，而且自有一种道德的崇高性。但是，硬把黑暗当做光明，低潮视为高潮，在应该退却时一味地高喊“不断地前进”，即使是“盲目地前进”、“冲动地前进”也在所不惜[21]，这种堂吉诃德式的盲目与愚蠢，却只会带来灾难性的后果。这恰恰是鲁迅所担忧与反对的。在整个论战过程中，鲁迅都以哈姆雷特式的怀疑主义的眼光冷静地审视着这些中国的堂吉诃德提出的种种极端革命的口号，从朦胧中揭发真相；他甚至从中看出了潜藏着的投机心理，他说：“革命文学家因为我描写黑暗，便吓得屁滚尿流，以为没有出路了，所以他们一定要讲最后的胜利，付多少钱终得多少利，像人寿保险一般”[22]，“那就不但不是革命者，简直连投机家都不如了，虽是投机，成败之数也不可能预卜的”[23]。鲁迅同样以这种怀疑精神分析自己，他说：“我疑心吃苦的人们中，或不免有看了我的文章，受了刺戟，于是挺身而出而革命的青年，所以实在很痛苦，但这也因为我天生不是革命家的缘故，倘是革命巨子，看这一点牺牲，是不算一回事的。”[24]这里自然暗含对革命文学家的讥讽，却也包含着真诚的自剖。鲁迅早就说过，他和《语丝》的同仁“虽总想有反抗精神，而时时有疲劳的颜色，大约因为看待中国的内情太清楚，所以不免有些失望之故罢，因此可知见事太明，做事即失其勇，庄子所谓‘察见渊鱼者不详’，盖不独谓将为大众所忌，且于自己前进亦复大有妨碍也”[25]。这就是说，鲁迅对于自己及同类知识分子身上的哈姆雷特怀疑精神的负面，也是有清醒认识的。瞿秋白曾把鲁迅与创造社、太阳社的论战分析为“和中国农村”和“农民群众联系着”，有着“黎明期的清醒的现实主义”、“老实的农民的实事求是精神”的知识分子，与城市的“薄海民”，充满“浪漫蒂克主义”的小资产阶级的流浪人的知识青年之间，“两种态度，两种倾向”的争论[26]，这是很有见地的。如果换一个角度，我们也不妨把这场论战看做是中国的哈姆雷特与堂吉诃德之间的一次思想的交锋。

做事认真的鲁迅，从创造社、太阳社的革命骑士把自己误认为堂吉诃德而大挥革命戈矛这件事，看出了他们不仅根本不懂得中国社会的历史、现状，而且对西方文化中的堂吉诃德以及哈姆雷特精神实质的理解也极其肤浅，他说：“中国现在也有人嚷些什么‘堂吉诃德’了，但因为实在没有看过这一部书，所以和实际上是一点不对的。”[27]他因此而感到，有正本清源，对这些自命不凡的批评家进行启蒙教育的必要。他于是约请郁达夫根据1884年出版的一个德文译本，将屠格涅夫的著名演讲译为中文，发表在1928年6月出版的他和郁达夫合编的《奔流》创刊号上，译题为《Hamlet和Don Quishotte》(1934年收入郁达夫译文集《几个伟大的作家》时，改题为《哈姆雷特和堂吉诃德》)。尽管继周作人《魔侠传》里首次介绍以后，1922年《小说月报》也曾发表文章转述屠格涅夫对哈姆雷特和堂吉诃德的比较分析，但全文完整地介绍到中国，这还是第一次，自有其特殊意义。而且，鲁迅选择郁达夫做屠格涅夫演讲的译者，也是十分恰当的。郁达夫曾坦白承认：“在许许多多古今大小的外国作家里面，我觉得最可爱，最熟悉，同他的作品交往得最久而不会生厌的，便是屠格涅夫。”[28]早在“五四”以后，郁达夫即在屠格涅夫影响下，写出了《零余者》这篇小说，小说的主人公看见“一乘空的运货马车”，在幻觉中竟感到自己“一个人飘泊在俄国的乡下”[29]，显然是将自己与屠格涅夫笔下那位也是乘着马车四处流浪，自称“飘泊的犹太人”的罗亭融为一体的。因此，小说结尾，这位中国的零余者痛苦地喊着“我对于世界是完全没有用”，“我对于家庭还是一个完全无用的人”[30]时，人们也会联想起罗亭这位下半截的哈姆雷特“为什么我的才能总不能开花结果”[31]的自责的。在某种意义上，郁达夫早期小说的主人公大都具有零余者的特征；零余者也就成为“五四”以后中国社会中只是高谈阔论，而无行动的知识者的共名，鲁迅在他的小说《孤独者》里就写到主人公魏连殳的来客，“大抵是读过《沉沦》的罢，时常自命为‘不幸的青年’或是‘零余者’，螃蟹一般懒散而骄傲地堆在大椅子上，一面唉声叹气，一面皱着眉头抽烟”[32]。郁达夫自己的精神气质自然是接近于下半截的罗亭，更具有哈姆雷特气的，但他对于堂吉诃德也是有着深刻理解，并且心存某种敬意的。作为创造社、太阳社革命文学家另一位攻击对象，他与鲁迅的看法自然有着颇多共鸣之处，他在屠格涅夫的演讲的译者《附记》里，也如此尖锐地批评革命文学家：“日本人和中国的军阀通了气脉，打进了山东，惨杀了我们的几千同胞，而住在上海租界的许多我国的法利赛人还在喊革命文学，想打堂·克蓄德（即堂吉诃德——引者注）的耳光。谁是法利赛人，谁是堂·克蓄德，还是究竟是谁能促助人类的进步，大约总有公道在那里判断。”[33]这是颇有些愤激的。而鲁迅在发表郁达夫译文的《奔流》创刊号《编校后记》里的分析，似乎更为冷静。鲁迅将堂吉诃德精神概括为“毫无烦闷，专凭理想勇往直前去做事”，而与“一生冥想，怀疑，以致什么事也不能做的哈姆雷特”相对照[34]，这不仅是对屠格涅夫原意的一个准确概括，同时也包含了鲁迅自身对于堂吉诃德与哈姆雷特内在矛盾的把握与批判性审视。鲁迅在《编校后记》里接着指出："后来又有人和这些专凭理想的堂吉诃德式相对，称看定现实而勇往直前去做事的为'马克思式'。"[35]鲁迅显然不同意将信奉马克思主义的实际革命者与堂吉诃德简单地等同，在他看来，马克思主义可能提供了堂吉诃德与哈姆雷特之外的另一种模式，既保留了堂吉诃德"勇往直前去做事"的精神，摒弃了哈姆雷特沉于冥想，以致什么事也不能做的习气，同时又在哈姆雷特的怀疑精神基础上采取了"看定现实"的现实主义态度，摒弃了堂吉诃德"专凭理想"的脱离实际的空想、盲动。这里，无论是对"勇往直前去做事"的实践性品格的强调，还是对"看定现实"的清醒的现实主义精神的重视，都显示了鲁迅精神的特点；鲁迅是从自身的追求出发去理解马克思主义的，而他的这种理解，比之他的对手——那些自称马克思主义者的批评家更是要准确、深刻得多的。

不久，鲁迅又注意到20世纪20年代在屠格涅夫的本土所提出的关于"俄国堂吉诃德在十月革命后的命运"问题。发生在20世纪初的俄国十月革命，曾经吸引了众多的本国的与外国的知识分子；他们实际上是按照自己的理解去参加或支持十月革命的，这其中就不可避免地带有主观幻想的成分。例如，自称为"乡村最后一个诗人"的叶赛宁[36]，就是出于对资本主义文明的道德批判，将十月革命后的俄国幻想为"庄稼汉的天堂"，而视十月革命为"自己的革命"的，他热情地高喊"我们在前进，在丛林后面，透过一片茫茫的白雾，我们这位天上的鼓手，正擂着这面太阳大鼓"[37]——这样，叶赛宁这类知识分子也就不可避免地打上了堂吉诃德的印记。而俄国革命的实际必然要打破他们的幻想：当1920年四五月间叶赛宁回到他的家乡，他对城市工业给"乡村罗斯"带来的变化忧心如焚，痛苦地写道："铁马已战胜活马"[38]，"不久将走出个铁的客人，踏上这蓝色田野的小道。这片注满霞光的燕麦，将被黑色的掌窝收掉"[39]。面对他所称的“黑色的毁灭”，叶赛宁突然恐怖地感到，在这新的“苏维埃罗斯”，已经没有了自己的位置：“我脑海里闪过万千思绪，祖国到底怎么啦？这莫非是一场幻梦？因为这里几乎全都把我看成来自遥远国度的忧郁的旅人？”[40]陷于深刻精神危机的叶赛宁终于高喊着“我是多余的人”，结束了自己的生命。叶赛宁的死，以极其尖锐的形式，提出了“俄国以及世界的堂吉诃德式的知识分子与共产主义运动的关系，以及他们在革命后的命运”问题，使苏俄以及世界的知识分子为之震动，一时议论纷纷。托洛茨基认为，“在革命时代的文学中一般地说是没有抒情诗的地位的；结果革命毁掉了抒情诗人，他似乎不可避免地要同革命决裂”[41]，高尔基意味深长地指出，叶赛宁“来到我们这个世界实在是太晚了，或者说实在是太早了”[42]。鲁迅则针对中国的现实，把叶赛宁的悲剧称为“砸死在自己所讴歌希望的现实碑”上的悲剧；他指出，“对于革命抱着浪漫蒂克的幻想的人，一和革命接近，一到革命进行，便容易失望。听说俄国的诗人叶赛宁，当初也是非常欢迎十月革命……然而一到革命后，实际上的情形，完全不是他所想象的那么一回事，终于失望，颓废……听说这失望是他的自杀的原因之一”[43]。鲁迅因此把他的批判锋芒明确指向知识分子堂吉诃德式的乌托邦幻想；他一再地指出：要求“完满的革命，完全的革命人，意见固然是高超完善之极了，但他们也因此终于是乌托邦主义者”[44]，“大众都先成了革命人，于是振臂一呼，万众响应，不折一兵，不费一矢，而成革命天下，那是和古人的宣扬礼教，使兆民全化为正人君子，于是，自然而然地变了中华‘文物之邦’的一样是乌托邦思想”[45]。鲁迅这里对“道德完善产生社会秩序”的“道德理想主义”的批评是击中了“五四”以来中国乌托邦理想的要害的。

有意思的是，鲁迅在批评知识分子乌托邦幻想时，特地举了海涅的例子，他说：“从前海涅以为诗人最高贵，而上帝最公平，诗人在死后，便到上帝那里去，围着上帝坐着，上帝请他吃糖果。”[46]鲁迅显然并不赞同“诗人（知识分子）最高贵”之类的观念，他警告说，如果以为革命后知识分子必能“峨冠博带”，享受特别优待，那也是必然要碰壁的。但研究者们已经指出，鲁迅对海涅的这一批评，却是一个误会。因为查阅海涅的原文（《还乡曲》第66首）发现，海涅所梦见的，是他自己“做了天主，高坐在天国之上”，吃着糕饼和糖果；而且海涅并不愿意做被天使们围着，接受他们赞美的“无聊不堪”的上帝，他是宁愿“置身人世”的。[47]鲁迅对海涅的误会，也透露出了鲁迅在晚年对海涅的特别关注。这是确实的：增田涉回忆，“在他死前的三个月，经过数年隔别再访问他的时候，他的书房里，排列着崭新的《海涅全集》原文本，我说：‘是《海涅全集》啊！’并问他的用意所在。他说，想重读一下海涅”[48]。据周作人介绍，早在日本留学期间，鲁迅尽管“学了德文，可是对于德国文学没有什么兴趣”，他没有歌德的诗文，“只有一本海涅的诗集”，他于1906年翻译的海涅《歌之书》（又译《诗歌集》）第二部分“抒情插曲”中的第2首和第32首（即“余泪泛澜兮繁花”与“眸子青地丁”两首）被认为是最早介绍到中国来的海涅诗作。而晚年的鲁迅对海涅重新发生兴趣，显然与海涅和共产主义运动的特殊关系有关。后来，鲁迅特地从日本高冲阳编译的《海涅研究》中选出“海涅与马克思主义”一节，译成中文，以《海涅与革命》为题，刊登在1933年11月1日出版的《现代》杂志第4卷第1期上。这篇文章引人注目地介绍了海涅的《卢苔契亚》（今译《卢苔齐亚》）法文版序言，正是在这篇序言里，海涅清楚地表明了他对共产主义运动既寄以希望又心怀疑惧的矛盾，以及由此造成的内心“极度的分裂”。但鲁迅此刻最为关注的，却是“一向被我们看做恋爱诗人的海纳（即海涅），还有革命的一面”，“但海纳还是永远存在，而且更加灿烂”[49]，这显然带有某种自我辩护的意思。

在翻译《海纳与革命》的同时，鲁迅还热心地将曾经担任苏俄文化、教育界领导人的卢那察尔斯基写于 1922 年的《解放了的董吉诃德》一剧介绍给中国知识界——早在 1931 年，鲁迅即根据德译本翻译了该剧第一幕，发表在同年 11 月出版的《北斗》第 1 卷第 3 期上（署名隋洛文）；后来，鲁迅得到了原文本，又请瞿秋白继续翻译下去，先后发表在《北斗》第 1 卷第 4 期与第 2 卷 3、4 期（署名易嘉），并于 1934 年由上海联华书局出版。卢那察尔斯基早在他所著《欧洲文学史》中对塞万提斯的天才创造给以很高评价，他这样提出问题："为什么我们对堂吉诃德感到同情？为什么他之诉于民众的是那么样强烈？为什么有时候会使我们掉下泪来？……为什么人们在不同时代一次复一次地提起堂吉诃德而并不是为了取笑的缘故？"他的回答是，小说描写了"超越的理想主义与平庸的日常生活的冲突"，因而获得了一种永恒的价值，他认为革命正是为了将人们的理想变为现实，因而预言"许多热心的乌托邦主义者的堂吉诃德们，梦想家们"都可以得到机会将他们的英雄浪漫主义包容于革命之中。[50]而他的《解放了的董吉诃德》正是对堂吉诃德在无产阶级革命与共产主义运动中的命运的更深入的思考，正思虑着同一问题的鲁迅对它的特殊关注是很自然的。在卢氏的剧本中，堂吉诃德是一位真正的理想主义者与人道主义者，他一再宣称"我的灵魂……它一定要飞的"，他永远"做着神奇的梦"[51]，梦想着他的没有痛苦的自由的、平等的、处处符合人道的黄金时代，他问："为什么一切都要蒙着一层罪恶的露水？跟着还有眼泪，还有血？为什么弟兄们要互相仇恨？为什么要有强暴，要有奴隶？"[52]在坚定地追求他的博爱、仁慈的至高无上的信仰的同时，他又面临着一个矛盾："怎样才能联合那对于别人的信仰的容忍和对于自己的信仰的热烈宣传呢？"[53]这就是说，堂吉诃德必须面对这一事实：在现实生活中存在着与他的信仰、原则截然相反的另一种信仰与原则，即对暴力的信仰以及所谓“目的的伟大，什么手段都可以用”的原则——问题是，不仅压迫者、统治者，就是被压迫者、革命者都同样奉行着这样的信仰与原则，尽管他们的出发点完全不同，这正是堂吉诃德感到困惑不解的。于是，剧本中，堂吉诃德与革命者之间，就有了这样针锋相对的争论——

〔吉诃德〕：“你们应当用新世界的慈爱，去对抗旧世界的强暴。”[54]

〔革命者〕：“难道让贵族回来，让他们的马蹄来践踏，让平民在这种无政府状态之下灭亡；……就更好吗？”[55]“是的，我们是专制魔王，我们是专政的。……现在，我们在这个短期间是压迫者。”[56]

〔吉诃德〕：“我是要求干净的手段的人，……这是我的原则。”[57]

〔革命者〕：“我们这个半野蛮的国家里，只有最严厉的办法能够创造出秩序来……平民要正义和幸福，愿意牺牲一切来达到这个目的。”[58]

〔吉诃德〕：“我的真理是最伟大的。它是超越一切时间和空间的，它说：不要做凶恶的事情。”[59]

〔革命者〕：“我们的真理是有空间有时间的；它说——现在在西班牙是革命，你是革命的士兵，你就应当把一切牺牲给革命。一切为着胜利！只有这样才能够铲除凶恶。”[60]

〔吉诃德〕：“我要来阻挡我的这些发疯的徒弟，如果你们都已经是……董吉诃德。”[61]

〔革命者〕：“我们并不是董吉诃德”[62]，“我们也要和国公一样，把你关到监狱里去”[63]。

〔吉诃德〕:“董吉诃德到监狱里去!或者,到断头台去!”“你这个穿着红大氅的残忍的专制魔王!”[64]

〔革命者〕:“算了罢。……我们是一个营垒的人。”[65]

卢那察尔斯基的上述描写是极有概括力的:它让人们联想起,历史上塞万提斯的追求,席勒《强盗》的矛盾,海涅的预言,以及现实生活中从“非议十月革命”的俄国托尔斯泰派知识分子,西方的思想家、文学家罗曼·罗兰、爱因斯坦,以至高尔基[66],到中国的瞿秋白,他们的矛盾与困惑。应该说,卢那察尔斯基笔下的堂吉诃德,他对自由、平等的黄金世界的追求,他对博爱、仁慈、正义等抽象原则的信仰,都是比较接近塞万提斯的本来意图的;后来,海涅曾预言,未来的革命者将是些武装起来的堂吉诃德(参看本书第五章有关分析);现在,由于有了十月革命的实践,卢那察尔斯基笔下又出现了信仰革命暴力的,为了达到目的,可以牺牲一切的革命者。于是,就产生了这些“发疯的徒弟”究竟是不是堂吉诃德的讨论。答案也是明确的:大家“是一个营垒的人”。详细地说,这是堂吉诃德的两种形态:“超越一切时间和空间”的理想形态的堂吉诃德与“有空间有时间”的现实形态的堂吉诃德。尽管后者是前者的现实化,但它们之间的矛盾却可以尖锐到现实的堂吉诃德将坚持理想与原则的堂吉诃德关进监狱,甚至送上断头台的地步(海涅关于“思想的实现即思想者毁灭”的思想在这里得到了形象的体现):这是一个谁都必须正视的严酷的现实结局。也许人们更感兴趣的是,卢那察尔斯基本人对于这场理想形态的堂吉诃德与他的现实实现的“发疯的徒弟”革命者之间的论争的态度:他一方面如实地写出,尽管堂吉诃德真诚地宣布反对一切暴力,压迫者却称堂吉诃德的幻想为“牛羊式的平等幸福”,他们自有“野兽的幸福”,毫不留情地以百倍的疯狂来屠杀革命者——这一具体实际是追求超时空的博爱、仁慈的理想原则的堂吉诃德不曾、也不会考虑的，但却是将理想原则具体化、使之变为现实的堂吉诃德所必须正视并认真对待的，于是，就产生了为了最终实现博爱、仁慈的理想原则，而必须先施行革命暴力的思路与实践，并且必然为这一操作性的选择，而承受一切后果，付出沉重的代价。这里显然存在着一心追求理想的纯洁性的堂吉诃德所不曾、也不愿理解的另一种逻辑，但在卢那察尔斯基这样的革命理论家看来，却是应该予以充分理解的，他的《解放了的董吉诃德》正是在革命暴力的必要性与合理性（当然，在卢那察尔斯基来说，这是一种操作的必要性与合理性，或者说是有时间和空间的有限的真理，而非绝对的真理）这一点上为革命者（现实的堂吉诃德）作了辩护。但另一方面，卢那察尔斯基作为一个知识分子，他的内心深处实际上是更加理解、欣赏并且向往堂吉诃德超时空的博爱、仁慈的理想原则的，因此，他在《解放了的董吉诃德》里又通过出身知识分子的革命者巴勒塔萨（在很大程度上代表卢氏自己）给坚持理想的堂吉诃德安排了另一条出路。巴勒塔萨对堂吉诃德这样说——

> 唉，董吉诃德，你不能够做饥荒的流血的共和国的国民；这种共和国的领导者，要求民众的怒潮无论怎么样也要得到胜利，他们要领导着民众，经过赤尔漠海，经过大河漠，经过残酷的战斗，达到自己的目的地。可是，等我们到了目的地，我们就要脱掉染着血腥的盔甲，那时候，我们来叫你，可怜的董吉诃德，那时候我们给你说：走进我们争得的篷帐里来罢，来帮助我们的建设，……那时候，你才是真正解放的董吉诃德。……唉，你不能够了解我们是在付出代价——不付出这种代价是不能够跑进那样世界的，而只有那样的世界里，真正解放了的董吉诃德才可以找着和谐和光明。[67]

这是全书的点题之笔。巴勒塔萨的立论看起来似乎是奇怪的，它却含了卢氏对马克思主义理论的一种理解与把握——全部立论正是以承认革命暴力与专政的被动性、手段性与历史过渡性、短暂性为前提的；这样，他既肯定了堂吉诃德精神、理想作为终极目标的合理性，又承认了其现实的不可行性，而让堂吉诃德最后走上了继续漂泊即永远的精神追求的道路——

> 唉，又是晒得滚热的马车，在熔化的黄金式的暑天底下；又是骑着马，一个长子，一个胖子，同着两个影子，不知道往什么地方去……[68]

尽管这结局不免悲凉，但人们应该承认，卢那察尔斯基的安排，正是堂吉诃德以及一切追求理想的纯正的知识分子永远的宿命。

值得注意的是鲁迅的反应：鲁迅为卢那察尔斯基剧作的瞿秋白译本写了长篇“后记”，却引人注目地对卢氏对堂吉诃德未来命运的安排不置一词，甚至通过对另一位“有正确的战法，坚强的意志的战士”德里戈的肯定[69]，暗示了他的保留；鲁迅强调的是剧本对堂吉诃德主义的缺点，甚至毒害的揭露，一再指出，堂吉诃德的人道主义是“牛羊式的平等幸福”，“常常被奸人所利用，帮着使世界留在黑暗中”[70]。鲁迅并且举出法国报刊上所披露的德国法西斯专政的事实来证明：“作者的描写反革命者的凶残，实在并非夸大。”[71]鲁迅的这一关注重心其实正是反映了鲁迅思维的特点的：他对于未来的一切预测都不感兴趣，在他看来，卢氏所预言的未来的建设中堂吉诃德是否真能受到欢迎，也还是一个疑问，而这种事先的设想本身是没有任何意义的。他更重视的是现实，历史的与现实的全部经验都告诉他“反革命者的野兽性，革命者倒是会很难推想的”[72]，因此，他显然认为，卢氏在这方面的描写与警告更加重要。另一方面，鲁迅又引人注目地为堂吉诃德作了辩护。他指出："吉诃德的立志去打抱不平，是不能说他的错误的；不自量力，也并非错误。错误是他的打法，因为胡涂的思想，引出了错误的打法，……而且是'是非徒无益，而又害之'的。"[73]鲁迅同时批评了"嘲笑吉诃德的旁观者"，说他们"嘲笑得未必得当"。[74]在鲁迅看来，这些旁观者他们"对于社会的不平，却并无更好的战法，甚至连不平也未曾觉到……倘非战士，而只劫取这一个理由来自掩他的冷酷，那就是用一毛不拔，买得心的平安了"[75]。鲁迅显然是站在社会变革者的立场来评价堂吉诃德精神的。他批评堂吉诃德"胡涂的思想，引出了错误的打法"，是因为指导思想与战术选择的错误，都会导致社会变革事业的失败；但鲁迅却要细心地保护堂吉诃德因感到现实的不平而热烈地追求理想的精神，"不自量力"地毫不犹豫地投入战斗的奋斗精神，鲁迅看得很清楚，失去了这些构成了堂吉诃德精神内在本质的东西，也就没有任何推动社会进步的变革可言。堂吉诃德诚然是一个有错误的甚至愚蠢的战斗者，但比之没有任何理想的冷酷的旁观者，他是另有一种几乎是不可比拟的价值的。

人们还有兴趣地注意到，鲁迅在评论卢那察尔斯基的《解放了的董吉诃德》时，对于剧本中特意安排的革命胜利后堂吉诃德被关进监狱的情节，也未置一词。其实，鲁迅早在与创造社、太阳社的革命文学家的论战中，已经预见到这一命运，他说："所怕的只是成仿吾们真像符拉特弥尔·伊力支一般，居然'获得大众'，那么，他们大约更要飞跃又飞跃，连我也会升到贵族或皇帝阶级里，至少也总得充军到北极圈内去了。译著的书都禁止，自然不待言。"[76]直到 1934 年，鲁迅在一封私人信件里还这样谈到自己："不幸又成文氓，或不免被杀。倘在崩溃之时，竟尚幸存，当乞红背心扫上海马路耳。"[77]鲁迅一再地作出这样不祥的预言，自然要使人想起当年海涅关于“我的歌集将被杂货商折成纸袋给未来的老太婆装咖啡和烟草”的隐忧，相比之下，鲁迅对自己及同类知识分子未来命运的预测，似乎比海涅要严重得多，这是因为在海涅全属诗人的敏感，而鲁迅却已经有了事实的教训。而心存忧虑的，又岂止鲁迅一人，二三十年代中国许多知识分子在选择道路、寻求归宿时，都无法回避这一未来命运问题。当鲁迅与创造社、太阳社的革命文学家的论战正酣时，“五四”时期最负盛名的散文家、诗人朱自清和他的朋友小说家叶圣陶等也在认真讨论：在“大时代”里，自己该往“哪里走”？在朱自清们看来，1920年代末的中国，已经“从思想的革命到政治的革命，到经济的革命”；在思想的解放时期，“发见的是个人价值”，“是文学、哲学全盛的日子”，而在政治、经济革命的时代，“一切的价值都归于实际的行动”，“持续的，强韧的，有组织的工作，在理智的权威领导之下，得到进行：这是今日的教义。党便是这种理智的权威之具体化。党所要求于个人的是牺牲，是无条件的牺牲，一个人得按照党的方式而生活，想出自心裁，是不行的”。[78]由此而产生了朱自清所说的“性格与时代的矛盾”：一方面，他们意识到，这种一切权力属于党的党的专政（朱自清理解的党的专政就是“不独政治、军事是党所该管；你一切的生活，也都该党化，党的律是铁律，除遵守与服从外，不能说半个‘不’字，个人——自我——是渺小的，在党的范围内发展是认可的，在党的范围外，便是所谓‘浪漫’了，这是妨碍工作，为党所不能容忍”[79]）是一种时代的、历史发展趋势，是所谓“势所必至”，“是创造一个新世界的必要的历程”[80]，而事实上，“真专制的纪律”已经将党人们“凝结成铁一般的力量”，如“初出木柙的猛虎，一切不顾忌地拼命上前肉搏”[81]，已是“势不可挡”；另一方面，他们却要固守着知识分子自我，因而产生了被毁灭的恐惧：“那些人都是暴徒，他们毁掉了我们最好的东西——文化”[82]。朱自清和他的朋友是一群清醒的哈姆雷特，他们有着精细的自我分析，认定因循的，没有定见、优柔寡断的，矛盾的，缺乏行动欲望与能力的自我，“是不配革命的人”[83]，在“不能或不愿参加这种实际行动时，便只有暂时逃避的一法”，即“躲”到“学术，文学，艺术”里去[84]，“做些自己爱做的事业；就是将来轮着灭亡，也总算有过称心的日子，不白活了一生”[85]。朱自清引述他的朋友的话说：“我们要尽量表现或暴露自己的各方面；为图一个新世界的早日实现，我们这样促进自己的灭亡，也未尝没有意义的。”[86]——这些中国的哈姆雷特终于逃亡到了精神领域里，即只选择思想、文化本身，而不再去思虑行动（那是有着另一种逻辑、规则，是他们所不能、也不愿适应的领域），尽管他们作出这样的选择时，不能摆脱被逼迫、“被围困的心情”[87]和“向着灭亡走”的阴影[88]，怀着一种“促进自己的灭亡”的悲壮感，但他们毕竟在大时代的动乱中，保持了自我的真实；这正是瞿秋白所向往，而终于没有实现的道路。

这其实是时代思潮的一面：不仅朱自清这一代“五四”的老战士怀有对于未来新世界的疑惧，更年轻一代的曹禺，在他的1930年代轰动一时的剧作《日出》里，也表示了类似的忧虑。剧作者显然是渴望并热烈地欢迎“日出”的，但他却让他的女主人公反复吟诵这样的诗句：“太阳出来了，太阳不是我们的”，而且唯恐人们不了解自己的深意，还在《日出·跋》里特地点明，这里说的“我们”，包括方达生这样的知识分子在内，并且交代清楚，方达生是一个吉诃德。这就十分尖锐地提出了“堂吉诃德在‘日出’以后的新时代里的命运”问题，其思路与前述卢那察尔斯基、鲁迅的思考十分接近。剧作家明确表示，“可怜的是这帮‘无组织无计划’，满心向善，而充满着一脑子幻想的呆子，他们看出阳光早晚要照耀地面，并且能预测光明会落在谁的身上，却自己是否能为大家‘做一点事’，也为将来的阳光爱惜着就有些茫茫然”[89]。于是，曹禺尖锐地问道：像方达生这样的“心有余而力不足的书生”，“太阳真会是他的么？哪一个相信他能够担当日出以后重大的责任？谁承认他是《日出》中的英雄？”[90]——他也在这样问着自己。

曹禺以吉诃德称呼他剧作中唯一的知识分子方达生，这个事实似乎表明，到了1930年代，堂吉诃德以及哈姆雷特的形象已经开始渗透到中国知识分子的生活中，至少成为中国作家在观察、思考中国知识分子命运时不可缺少的参照。还可以举出的例子是巴金。他在1934年写了一篇题为《春雨》的短篇小说。当小说中的“我”陷入寻路的困惑时，“一个瘦长的朋友的影子突然飘了进来”（人们自然要联想起那位西班牙骑士的幽灵），严肃地对“我”说：“你这样下去是不行的！你的行为是一样，思想又是一样！”然后不容分说地命令道：“走罢，你跟我走！在堂吉诃德和哈姆雷特中间你必须选择一个！你应该做一个堂吉诃德！”[91]这里的“朋友”显然是堂吉诃德群体的代表与象征；关于堂吉诃德与哈姆雷特的划分的思想自然是来自屠格涅夫那篇著名的演讲[92]，但屠格涅夫所强调的二元论中二者“不停息地分裂”而又“不停息地融合”[93]，现在却成了非此即彼、二者必居其一（“不是堂吉诃德，就是哈姆雷特”）的绝对对立。屠格涅夫早就警告过，“完完全全的哈姆雷特们，正如完完全全的堂吉诃德一样是没有的，这只是两种倾向的极端的表现”[94]，而现在，巴金或者说中国的作家所要展示的就是这种“极端的表现”。因此，在巴金的笔下，“我”一旦走上堂吉诃德道路，生活与自我就“完全改变了面目”：“我的心像一个火炉，火燃着，燃着，热通过了全身。没有疲倦，也没有忧郁。而且像‘堂吉诃德’那样，我没有疑惑，没有计较，我昂着头挺起胸坦然地往前走。过去已经被我完全抛在脑后了。我在现在的路上坚定地下着脚步，走向未来。”[95]——这是堂吉诃德吗？是，又不是；像，又不像。作为堂吉诃德精神的抽象概括物，“我”的确是、至少像堂吉诃德；但与塞万提斯所创造的堂吉诃德形象的丰富性、复杂性相比较，“我”则不像、至少不完全是。这就是说，那位西班牙骑士 1930 年代的中国版（生活与文学中的再创造），是高度明晰化，又高度简单化了的：这是很值得注意的一个文化现象。同样不可忽视的是，在巴金的小说里，作为堂吉诃德的“我”的对立面的“哥哥”，除了“苍白色的脸上”的“忧郁”多少让人依稀想见那位丹麦王子的影子，人们很难从他身上发现任何哈姆雷特的印记。这位“只为了吃饭”而“活着”的“哥哥”根本缺乏丹麦王子的高贵理想和伸张正义、重整乾坤的责任感，至于屠格涅夫一再强调的哈姆雷特的利己主义与怀疑主义，则与眼前这位“垂死的人”根本无缘，人们所看到的只是自我精神的极度萎缩，以及被现实彻底抛弃了的绝望，对于寂寞的恐惧、活一天算一天的顺从。小说中写“饭桌孤寂地躲在屋角”——这几乎可以作为小说中的“哥哥”的象征。不错，“弟弟”也有过另外的记忆：这位“哥哥”八年前还是“一个活泼的青年”，也有过精神的追求、抗争，以及追求中的矛盾与痛苦。这就是说，堂吉诃德与哈姆雷特只是他的过去式，他的现在式就只剩下精神的空洞，他的“弟弟”甚至感到“他是属于另一个世界的人”，尽管肉体上还在苟延残喘，精神上却早已死了：这种精神的早衰与死亡现象，实质上表明了中国知识分子堂吉诃德与哈姆雷特精神的双重失落。这样，巴金以及与他同时代的作家在考察中国知识分子的历史命运时，他们同时发现了精神世界的简单化（如被称作“堂吉诃德”的“弟弟”那样）与精神的衰亡（如被称作“哈姆雷特”的“哥哥”那样）。我们甚至可以说，这两大发现构成了巴金小说的两种基本类型，杜大心（《灭亡》）、吴仁民（《雨》）、觉慧（《家》）等大概属于前者，而周如冰（《雾》）、高觉新（《激流三部曲》）与汪文宣（《寒夜》）则属于后者。巴金在进一步探讨知识分子精神衰亡的原因时，常常把他的批判锋芒直接指向中国传统文化的弱点；正像有些研究者所指出的，无论是高觉新，还是周如冰、汪文宣，都表现出一种自我克制、自我贬抑，实质上是一种自我剥夺，这显然与中国文化中的忍从传统有关[96]。人们还自然地要从巴金的汪文宣联想起写于同一时期的曹禺《北京人》里的曾文清，那也是一个生命的空壳，也同样是过时的腐烂的北平士大夫文化的产物，正是那“春天放风筝，夏夜游北海，秋天逛西山看红叶，冬天早晨在霁雪时的窗下作画，寂寞时徘徊赋诗，心境恬静时，独坐品茗”的悠闲、精致的北京消费文化，使曾文清“半生都在空洞的悠忽中度过”，消磨了最后一点生存意志，变成“懒于动作，懒于思想，懒于用心，懒于说话，懒于举步，懒于起床，懒于见人，懒于做任何严重的事情”，甚至“懒于宣泄心中的苦痛，懒到不想感觉自己还有感觉”的“无用的废物”[97]，成了名副其实的多余的人。这生命的浪费是触目惊心的：中国封建士大夫文化的没落导致了中国知识分子精神的衰亡。巴金和他同时代的中国作家正是从这一独特角度完成了他们对中国封建制度与封建士大夫文化的批判与否定，这自是有一种深刻性的。

当中国的作家得出这样的结论，有了这样的发现以后，就必然提出一个问题：中国传统文化的土壤究竟会不会产生真正的堂吉诃德与哈姆雷特精神？于是，鲁迅、瞿秋白于1932年与1933年先后写了《中华民国的“堂吉诃德”们》与《真假堂吉诃德》两篇杂文[98]。在文章中，他们反复提醒人们：要区分“真假堂吉诃德”——其实，堂吉诃德本人当年早就警告过，“自称骑士的未必都是真正的骑士。有的是纯金，有的是合金，看着都像骑士，却不是个个都经得起考验”[99]；现在，当堂吉诃德走遍世界，来到中国，自称骑士成为一种时髦时，鲁迅、瞿秋白的提醒自有一种现实针对性。其时中国正处于抗日救亡的热潮中，一些人组织了什么“青年援马团”（“九一八事变”后，黑龙江省代理主席马占山曾进行过反抗，所以有“援马团”之称），实行“精神救国”，他们“何尝不知道大刀不能救国，他们却偏要舞弄着，每天‘杀敌几百几千’地乱嚷”[100]。鲁迅、瞿秋白一针见血地指出，他们这是在“愚弄堂吉诃德式”的老实人，而自己又假装着“堂吉诃德的姿态”。为了戳穿假面，鲁迅特地将真、假堂吉诃德的命运作了尖锐的对比：“究竟是中国的‘堂吉诃德’。所以他（指塞万提斯笔下的“真正的堂吉诃德”——引者注）只一个，他们是一团；送他的是嘲笑，送他们的是欢呼；迎他的是诧异，而迎他们的也是欢呼；他在磨坊里打风磨，他们在常州玩梳篦，又见美女，何幸如之。”[101]这确实是“中华民国的‘新堂吉诃德’”：一切不过是表演而已。鲁迅早就说过，中国根本不会有屠格涅夫式的真正的虚无主义者即真正的哈姆雷特，他们真诚地“不信神，不信宗教，否定一切传统和权威，要复归那出于自由意志的生活”；中国只会有“做戏的虚无党”，没有真正的“信”与“从”，只是“怕”与“利用”。[102]因此，中国也不会有真正的信仰与真正的理想主义的堂吉诃德；现在，这些假堂吉诃德故意“做些假象给别人看”，也是“想要剥削别人的愚蠢”，欺世盗名而已。[103]鲁迅进而发现，中国是一个文字游戏国，在中国的大染缸里，一切都戏剧化、游戏化了，即使出现了真正的堂吉诃德与哈姆雷特，他们真实的追求与痛苦，也成了一种表演，被作为看客的材料，这是极其可悲的。这种看客现象，如本书反复强调，本是一个国际现象，连塞万提斯创造的堂吉诃德也不能避免被人当做戏子来欣赏的命运。但在鲁迅看来，堂吉诃德与哈姆雷特在中国的这种遭遇是与中国传统文化的某些特质直接相关的；他提醒人们注意：堂吉诃德“这种书呆子，乃是西班牙的书呆子，向来爱讲‘中庸’的中国，是不会有的。西班牙人讲恋爱，就天天到女人窗下去唱歌，信旧教，就烧杀异端，一革命，就捣毁教堂，踢出皇帝。然而我们中国的文人学子，不是总说女人先来引诱他，诸教同源，保存庙产，宣统在革命之后，还许他许多年在宫里做皇帝吗？”[104]堂吉诃德与哈姆雷特如屠格涅夫所说，“体现着人类天性中的两个根本对立的特性”，都必然表现为一种西方文化所特有的彻底精神，而在中国这样的有着中庸传统的东方国家里，却必然将其钝化、调和化，从而失去了自身。因此，在中国，既不会有堂吉诃德式的对精神的献身的追求，也不会有对哈姆雷特的真实的精神痛苦的真正正视与深切体验。鲁迅以及瞿秋白注意到堂吉诃德、哈姆雷特与中国文化及东方文化异质的西方文化背景，这无疑是一个重要的启示，它告诉我们，堂吉诃德与哈姆雷特的东移，必然要引起两种文化之间的相互撞击与渗透。就中国而言，东移的过程则必然导致自身文化的某种变异与改造，这与我们在前文所一再强调的，东移中中国文化及东方文化对堂吉诃德、哈姆雷特文化内涵的丰富与发展，是同一个过程。

注　释

［1］屠格涅夫：《父与子》，第269页。

［2］冯乃超：《艺术与社会生活》，《“革命文学”论争资料选编》上册，人民文学出版社，1981年，第116—117页。

［3］仿吾：《完成我们的文学革命》，《“革命文学”论争资料选编》上册，第18页。

［4］冯乃超：《艺术与社会生活》，《“革命文学”论争资料选编》上册，第116页。

［5］仿吾：《打发他们去》，《“革命文学”论争资料选编》上册，第152页。

［6］屠格涅夫：《父与子》，第221页。

［7］同上书，第316页。

［8］李初黎：《请看我们中国的Don Quixote的乱舞》，《“革命文学”论争资料选编》上册，第288页。

［9］冯乃超：《艺术与社会生活》，《“革命文学”论争资料选编》上册，第123页。

［10］李初黎：《请看我们中国的Don Quixote的乱舞》，《“革命文学”论争资料选编》

上册，第 290 页。

［11］冯乃超:《艺术与社会生活》,《“革命文学”论争资料选编》上册，第 116 页。

［12］成仿吾:《从文学革命到革命文学》,《“革命文学”论争资料选编》上册，第 136 页。

［13］杜荃（郭沫若）:《文艺线上的封建余孽》,《“革命文学”论争资料选编》上册，第 578—579 页。

［14］冯雪峰:《革命与智识阶级》,《“革命文学”论争资料选编》上册，第 664 页。

［15］李初黎:《请看我们中国的 Don Quixote 的乱舞》,《“革命文学”论争资料选编》上册，第 292 页。

［16］侍桁:《又是一个 Don Quixote 的乱舞》,《“革命文学”论争资料选编》上册，第 510 页。

［17］郭沫若:《革命与文学》,《“革命文学”论争资料选编》上册，第 10、12 页。

［18］洪灵菲:《流亡》,《洪灵菲选集》，人民文学出版社，1982 年，第 6—7 页。本章有关洪灵菲的分析，采用了王一川《浪漫乌托邦与父子冲突》一文（原载《文艺争鸣》1992 年第 2 期）的一些观点，特此声明并表谢意。

［19］《堂吉诃德》上册，第 18—22 页。

［20］洪灵菲:《流亡》,《洪灵菲选集》，第 31—32 页。

［21］同上书，第 83—84 页。

［22］鲁迅:《三闲集・通信》,《鲁迅全集》第 4 卷，第 99 页。

［23］鲁迅:《三闲集・产共大观》,《鲁迅全集》第 4 卷，第 106 页。

［24］鲁迅:《三闲集・通信》,《鲁迅全集》第 4 卷，第 98 页。

［25］鲁迅:《两地书・八》,《鲁迅全集》第 11 卷，第 32 页。

［26］瞿秋白:《〈鲁迅杂感选集〉序言》,《六十年来鲁迅研究论文选》上册，中国社会科学出版社，1982 年，第 120—121 页。

［27］鲁迅:《〈奔流〉编校后记（一）》,《鲁迅全集》第 7 卷，第 158 页。

［28］郁达夫:《屠格涅夫的〈罗亭〉问世以前》,《郁达夫文集》第 6 卷，花城出版社、三联书店香港分店，1983 年，第 176 页。

［29］郁达夫:《零余者》,《郁达夫文集》第 3 卷，第 86 页。

［30］同上书，第 88—89 页。

［31］屠格涅夫:《罗亭》，第 153 页。

［32］鲁迅:《彷徨・孤独者》,《鲁迅全集》第 2 卷，第 91 页。

［33］郁达夫:《哈姆雷特和堂吉诃德》译者《附记》,《郁达夫译文集》，浙江文艺出版社，1984 年，第 269 页。

［34］鲁迅:《〈奔流〉编校后记（一）》,《鲁迅全集》第 7 卷，第 157—158 页。

［35］ 同上书，第158页。

［36］ 叶赛宁写有《我是乡村最后一个诗人……》的诗篇，《叶赛宁诗选》，顾蕴璞译，浙江文艺出版社，1990年，第111页。

［37］ 叶赛宁：《天上的鼓手》，《叶赛宁诗选》，第288页。

［38］ 叶赛宁：《四旬祭》，《叶赛宁诗选》，第299页。

［39］ 叶赛宁：《我是乡村最后一个诗人……》，《叶赛宁诗选》，第111页。

［40］ 叶赛宁：《苏维埃罗斯》，《叶赛宁诗选》，第307—308页。

［41］《叶赛宁评介及诗选》，北京大学出版社，1983年。

［42］ 转引自顾蕴璞《叶赛宁诗选·前言》，第4页。

［43］ 鲁迅：《二心集·对于左翼作家联盟的意见》，《鲁迅全集》第4卷，第234页。

［44］［45］ 鲁迅：《译文序跋集·〈溃灭〉第一部一至三章译者附记》，《鲁迅全集》第10卷，第336页。

［46］ 鲁迅：《二心集·对于左翼作家联盟的意见》，《鲁迅全集》第4卷，第234页。

［47］ 参看姚锡佩《从藏书看鲁迅海涅观的变化》，《鲁迅藏书研究》，第186—189页。

［48］ 增田涉：《鲁迅的印象》，湖南人民出版社，1980年，第84页。

［49］ 鲁迅：《海纳与革命》（日比哈作）“译讫并记”，《现代》第4卷第1期，1933年11月1日。

［50］ 转引自李嘉译述《俄国作家论莎士比亚及西万蒂斯》，《文学月报》第3卷第2、3期，1941年12月10日。

［51］ 卢那察尔斯基：《解放了的董吉诃德》，瞿秋白译，人民文学出版社，1954年，第67、68页。

［52］ 同上书，第28页。

［53］ 同上书，第14页。

［54］［55］ 同上书，第84页。

［56］ 同上书，第85页。

［57］ 同上书，第98页。

［58］ 同上书，第79页。

［59］ 同上书，第86页。

［60］ 同上书，第86页。

［61］［62］ 同上书，第84页。

［63］［64］［65］ 同上书，第85页。

［66］ 鲁迅：《解放了的董吉诃德·后记》，卢那察尔斯基《解放了的董吉诃德》，瞿秋白译，第134页。

[67] 卢那察尔斯基:《解放了的董吉诃德》，瞿秋白译，第127—128页。

[68] 同上书，第128页。

[69] 鲁迅:《解放了的董吉诃德·后记》，卢那察尔斯基《解放了的董吉诃德》，瞿秋白译，第133页。

[70] 同上书，第132页。

[71][72] 同上书，第135页。

[73][74] 同上书，第131页。

[75] 同上书，第132页。

[76] 鲁迅:《三闲集·"醉眼"中的朦胧》，《鲁迅全集》第4卷，第60页。

[77] 鲁迅致曹聚仁(1934年4月30日)，《鲁迅全集》第12卷，第397页。

[78][79][80] 朱自清:《那里走》，《朱自清全集》第4卷，江苏教育出版社，1990年，第231页。朱自清这里所说的"党的专政"，是指现实中的国民党专政。

[81][82] 朱自清:《那里走》，《朱自清全集》第4卷，第232页。

[83][84] 同上书，第233页。

[85] 同上书，第236页。

[86] 同上书，第229页。

[87] 同上书，第227页。

[88] 同上书，第244页。

[89] 曹禺:《日出·跋》，《曹禺研究专集》上册，海峡文艺出版社，1985年，第30页。

[90] 同上书，第29—30页。

[91] 巴金:《春雨》，《巴金全集》第10卷，人民文学出版社，1989年，第246—247页。

[92] 巴金在《巴金全集》第10卷第247页曾作了如下注释："有人把热情地、单纯地信仰正义的人称为堂吉诃德"，"有人把他(指哈姆雷特)当做一个跟堂吉诃德完全相反的典型，一个迟疑不决的怀疑派的代表"。所说的"有人"自然是指屠格涅夫。

[93] 屠格涅夫:《哈姆雷特与堂吉诃德》，《莎士比业评论汇编》上册，第497页。

[94] 同上书，第483页。

[95] 巴金:《春雨》，《巴金全集》第10卷，第248页。

[96] 参看赵园《中国现代小说中的"高觉新"型》，《艰难的选择》，上海文艺出版社，1986年。

[97] 曹禺:《北京人》，《曹禺文集》第2卷，中国戏剧出版社，1989年，第454、455页。

[98]《中华民国的"堂吉诃德"》系鲁迅所作，《真假堂吉诃德》则系瞿秋白起草，经

过鲁迅修改，用鲁迅笔名发表，同时收入鲁迅与瞿秋白的杂文集中。瞿秋白还写有《吉诃德的时代》一文，收《乱弹》，见《瞿秋白文集》（文学编）第 1 卷。

[99]《堂吉诃德》下册，第 46 页。

[100] 鲁迅：《真假堂吉诃德》，《鲁迅全集》第 4 卷，第 519 页。

[101] 鲁迅：《中华民国的新“堂吉诃德”们》，《鲁迅全集》第 4 卷，第 353 页。

[102] 鲁迅：《华盖集续编·马上支日记》，《鲁迅全集》第 4 卷，第 328 页。

[103] 鲁迅：《真假堂吉诃德》，《鲁迅全集》第 4 卷，第 519 页。

[104] 鲁讯：《中华民国的新“堂吉诃德”们》，《鲁迅全集》第 4 卷，第 352 页。

第十二章

抗战初期堂吉诃德的全民化，老舍与焦菊隐怎样发现了哈姆雷特的不合时宜。战争相持时期中国堂吉诃德的精神危机及其出路：何其芳找到归宿以后，张天翼呼唤哈姆雷特。自由主义教授们的选择：殉道的骑士与“我们不是堂吉诃德”。废名和他的莫须有先生：又一个堂吉诃德的归来。殊途同归：哈姆雷特、罗亭改造主题的强调与堂吉诃德拜桑丘为师。七月派诗人与穆旦和他的朋友：旧中国最后一代堂吉诃德和哈姆雷特。

在1932、1933年所发生的鲁迅、瞿秋白关于“真假堂吉诃德”的讨论，其实已经预示着堂吉诃德以及哈姆雷特在中国全民族抗日战争热潮中的某些命运。

杂文家唐弢在抗战烽火刚刚燃起时，就感应着时代的神经，写出了《吉诃德颂》，表示要为“被世人所轻蔑，认为可笑”的堂吉诃德翻案，宣告“堂吉诃德其实是一个光荣的名词”，“勇往直前，不屈不挠，这是吉诃德先生的特质”，他“将是新的、无可訾议的战士”。文章特地引用了波兰权威文艺批评家马都秀斯基的意见，强调“堂吉诃德不单是一个被现实所捆打和玩弄的梦想者，而且他也是一个那些最可贵的企图和愿望的象征，不断被日常生活的秩序所粉碎，却又为人类精神的进展所必需”，“他是自觉底站在公理这一面而战斗着，为不幸者和被压迫者而防围着的”，并进一步认为堂吉诃德“不仅出现在书本里，同时也活在每一个时代，每一个国家里，历史正是靠着‘为大众去冒险’的精神而进展的”[1]——这可以看做是一个时代的呼唤：呼唤为大众与民族去冒险的堂吉诃德的出现。

这确实是一个堂吉诃德精神大发扬的时代。许多怀着中国将在这场战争中发生根本蜕变的理想，义无反顾地奔赴抗日第一线的热血青年都自称为“堂吉诃德”或“吉诃德先生的门徒”[2]。他们也确实不愧为那位西班牙骑士的东方精神兄弟，他们把堂吉诃德由幻想激发起来的不可遏止的热情，不屈不挠的意志，完全忘我的牺牲精神，都发挥到了极致。在充满理想主义、浪漫主义、英雄主义色彩的抗战时期，特别是抗战初期，中国知识分子一下子都成了堂吉诃德，或者说不同程度地沾染上了堂吉诃德气。自然，其中也必然有鲁迅、瞿秋白所说的赶时髦的“假堂吉诃德”的掺入，一时可谓鱼龙混杂，泥沙俱下，真假难分。这是大时代不可避免的现象；人们似乎也来不及、或者说没有想到去区分真与假，真、假堂吉诃德都同时理所当然地扮演着时代英雄的角色，他们对广大群众有着极大的吸引力与号召力，屠格涅夫关于桑丘们总是身不由己地跟着堂吉诃德走的论断，在抗战初期的中国意外地得到了最有力的佐证。于是，在这个有着几亿人口的东方大国，竟然出现了堂吉诃德全民化、全知识界化的奇迹。这样的盛况大概是堂吉诃德的西方创造者完全不曾料及的，对他们来说，甚至是不可想象与不可思议的——塞万提斯最大胆的想象也只是应中国皇帝之邀，在中国建立西班牙语文学院，以堂吉诃德的故事做课本而已。即使堂吉诃德本人，尽管他也曾想象过将会有“一群小吉诃德”，使他的“光辉照耀万世”[3]，但他如果看到自己突然有了成千上万个后代，大概也会瞠目结舌的。其实，就历来以理性的温和著称于世的中国自身而言，如此全民族地卷入非理性的激情之中，也是罕见的。

在这样的全民范围的堂吉诃德热潮中，中国的哈姆雷特将有怎样的命运呢?

拥有众多读者的小说家老舍，这时写了一部《归去来兮》的戏剧。据老舍说，“原来想叫做《新罕默列特》”，写“一个有头脑，多考虑，多怀疑，略带悲观，而无行动的人”，但他很快就意识到这是不合时宜的，据说“神圣的抗战是不容许考虑和怀疑的，假如在今天而有人自居理想主义者，因爱和平而反对抗战，从而发出悲观的论调，便是汉奸”，老舍于是断然决定“我不能使剧中青年主角成为这样的人物”，他重新改造了剧本的主人公形象，关键在于去掉或减弱哈姆雷特式的怀疑[4]。于是，老舍笔下的这位所谓“新罕默列特”成了一个他自己所说的“我老想打谁一顿，或者被谁打一顿，打别人呢，我的手嫩；也许是被人家打一顿有趣一点”的“废物”[5]。在此之前，老舍写过一篇题为《新韩穆烈德》的小说，小说主人公也是一个“无用的废物”，成了作家嘲讽的对象，被彻底地浅薄化与戏剧化、小丑化了。对哈姆雷特的否定与贬抑，几乎成了一种时代思潮与风尚，直到1942年中国著名的导演焦菊隐指导四川国立剧专第五届毕业生在中国第一次公演《哈姆雷特》时，竟作了如下说明——

> 哈姆雷特的性格，对于生活在抗战中的我们，是一面镜子，是一个教训。对于最后胜利没有信心，意志不集中，力量不集中的人们，是一个刺激，一个讽刺。……一个人，或是一个民族，只有意志而没有行动，一定会灭亡；而意志不坚，自己把自己放在进退维谷的危机中的人也一定失败。法国文艺作家法朗士说：“一个国家需要她的人民全体都有和谐的行动，因为同时的生存，不依赖于人民如何想，而依赖于人民如何行动。”我们看，哈姆雷特的悲剧，完全是他自己的迟疑和举棋不定铸成的。——

> 所以，我们从哈姆雷特的悲剧中，找到一个结论，就是，抗战的胜利，系于全国人民的和谐的行动，更系于毫不犹豫地马上去行动。……我们介绍《哈姆雷特》于重庆观众的意义也就在这里。[6]

对于这样的演出提示，今天的读者与观众也许会感到啼笑皆非；但在当时，中国的大多数知识分子都是极其严肃地这样思考，并作出自己的选择的。不仅有着对于时代要求的认真考虑，即焦菊隐所引述的法朗士的观点，所谓“国家的生存，不依赖于人民如何想，而依赖于人民如何行动”，这又是一个行动大于思想、非理性的情感的选择决定一切的时代，哈姆雷特的被贬斥几乎是必然的。这同时又包含着对于中国传统文化的思考与选择。焦菊隐在同一篇文章里，将哈姆雷特与中国古代知识分子季文子相比，指出：“他和季文子一样，凡事三思，而三思的结果，一定牺牲了行动，误了机缘，耽误了大事。所以孔子教诫弟子们说：‘再，斯可矣！’孔子是一个顶实际的人，他深知仅靠思维和考虑是会破坏事业的前途的。”[7]在另一篇文章里，焦菊隐还对中国国民性的弱点作了如下反思：“我们中国人就常常过于慎重，反而把勇气丧失，什么事都做不出来。”[8]这些讨论都涉及哈姆雷特精神、性格与中国传统文化、民族性格的关系问题，也许是更有意义的。

另一位著名的剧作家曹禺的转变也很有典型性。如本书第十一章所述，曹禺在1930年代所写的《日出》里，曾对堂吉诃德式的知识分子方达生在“太阳出来”以后的新时代里能否找到自己的位置表示怀疑与忧虑；从曹禺的这一怀疑里，人们很容易就发现了他身上的哈姆雷特气。但在抗战初期曹禺所写的《蜕变》里，却描绘、创造了一个积重难返的旧医院一夜之间蜕变为万象更新的新医院的奇迹。奇迹是怎样发生的呢？据说是出现了一位道德崇高的新官吏。后来曹禺不断说明，这个新型官吏是根据共产党人的形象塑造的，人们由此而领悟了他的剧本的真实寓意：剧作家实际上是在创造一个依靠道德崇高的新人与权力的结合，旧中国彻底蜕变为新中国的现代神话。不难看出，这仍然是我们已经熟习了的五四乌托邦所提出的道德理想主义的思路。因此，当理论家胡风尖锐地批评曹禺的《蜕变》是在“创造梦境”[9]时，他实际上是在指出，曹禺正在由哈姆雷特走向堂吉诃德。

随着抗日战争的深入，中国的堂吉诃德突然发现：奇迹并未发生，神话也没有变为现实，中国不但没有在血与火中蜕旧变新，黑暗反而更浓重，陷入了更加深刻的民族与社会的危机之中，现实政治的腐败，经济的贫困，使得这些善良天真的堂吉诃德终于从梦幻中醒来，不得不面对残酷的现实，从而出现了精神危机。小说家王西彦在他的长篇小说《神的失落》里，真实地写出了一群知识者（在很大程度上也包括作家自己在内）的内心苦闷与自省：“问题就在我们太没有力量了，现实社会也太冷酷了。我们从来就是吉诃德先生的门徒。我们手里的长矛老是给风车的长翼打得粉碎。因此，我们若是满腹牢骚，永远发泄不尽。‘现在’即是这样，除掉把希望寄托给‘将来’，我们还能有什么办法？”[10]——血气方刚的中国的堂吉诃德终于认识了自己所面对的真实的敌人，而非他们幻想中一戳即倒的目标与真实的社会现实，这不能不说是一个新的觉醒的开端。然而，此时中国的堂吉诃德的觉醒还是有限的：他们只是觉察到自己力量的单薄，对于堂吉诃德单枪匹马地去与强大的敌人搏斗的错误打法产生了怀疑，而对鲁迅所说的“胡涂”的思想也即他们的理想的空想性、虚幻性还是缺乏自觉，不是仍然把希望寄托在将来的黄金世界吗？因此，当这些自以为大彻大悟的中国堂吉诃德宣布要从个人奋斗走向集团战斗时，人们却一眼看出他们不过是从个人的堂吉诃德走向群体的堂吉诃德。中国的堂吉诃德远没有走出自己的困境，这是为以后的历史发展无情地证实了的。

当作家王西彦笔下的中国堂吉诃德为陷入人生的歧路而深深苦恼时，一位中国著名的诗人却断然宣布：他已经找到了归宿。——这是何其芳,《预言》与《画梦录》的作者。他在一篇正题为《一个平常的故事》，副题为《答中国青年社的问题：“你怎样来到延安的？”》的文章里，这样写道：

> 现实的荆棘从来就不断地刺伤着我，不过因为是比较轻微的刺伤，我这个年幼的堂吉诃德才能够昂着头走了一些日子……[11]
>
> 但我终于从幼稚走向成熟。我丧失了我的充满着寂寞的欢欣的小天地。我的翅膀折断。我从空中坠落到地上。……一条长长的灰色的路，我走得非常疲乏而又仍得走着的路。[12]
>
> 我总是带着感谢记起山东半岛上的一个小县，在那里我的反抗思想才果子一样成熟，我才清楚地想到一个诚实的个人主义者除了自杀便只有放弃他的孤独和冷漠，走向人群，走向斗争……[13]

于是，“我孤独地走了来，而且带着一些阴暗的记忆”[14]，“就靠着这三个思想（指‘美、思索、为了爱的牺牲’——引者注），我才能够走完了我的太长、太寂寞的道路，而在这条路的尽头就是延安”[15]。

这又是一个中国的堂吉诃德的归来：他经过“太长、太寂寞的道路”，来到了延安，而且宣布，这就是他的人生探索之路的尽头，即最后的归宿。当他这样宣布的时候，也就赋予延安以某种形而上的终极意义。这自然是引人注目的，于是，人们也就把注意力与兴趣转向何其芳来到延安即找到了他的终极归宿以后的心路历程。

何其芳在上述引文中说，他是带着“阴暗的记忆”来到延安的；

所谓“阴暗的记忆”，主要是个体生命的压抑感与孤独感，这两个方面，都使中国的知识分子——无论是堂吉诃德型的，还是哈姆雷特型的——身处于危机四伏的黑暗现实中而感到生命的沉重。而何其芳来到延安，却突然得到了一种释放。在一篇题为《从成都到延安》的报告里，何其芳如此描述他坐着八路军的车子，与延安世界的人最初接触的第一感受——

> 出了城门，公路上扬起了尘土，车上扬起了歌声。坐在前面的几个首先唱了起来：
>
> 前进，中国的青年，
>
> 抗战，中国的青年……
>
> 会唱的也就随声附和。他们唱得那样热烈，那样快活，突然回到了久别的家中一样。迎着风，歌声继续着。……
>
> 唱了一阵以后，他们像外面的啦啦队一样，由一个人指挥，大家齐声喊着：“欢—迎—妇—女—同—志—唱—歌！”当坐在车后半部的女同志们不开口的时候，他们又喊：“不—要—羞—羞—答—答！”“不—要—扭—扭—怩—怩！”大家都笑了。但女同志们还是不唱。于是他们自己又唱了：
>
> 全国动刀兵，
> 一齐来出征。
> 你看那大旗飘扬多威风——
> 这批人马哪里来？
> 西北陕甘宁！
>
> 杀退鬼子兵，
> 一齐下关东。

城头上站着两位大将军——

威风凛凛是哪个?

朱德毛泽东!

…………

尘土更重的飞扬起来了，坐在车尾和我们对面的人，脸上，衣上，手臂上都爬满了黄色的沙土。[16]

这确实是一个新世界，至少是中国的堂吉诃德与哈姆雷特所从未经历过、未曾感受过的，这本身即带来了发现的新奇与喜悦。而这个新世界给人的第一个感觉，就是一种精神的自由无羁与解放、生命的轻松感，以及群体生命的内在凝聚力。对于深感压抑、孤寂与沉重的中国知识分子，这正是他们个体生命所最匮缺的，或者说是他们苦苦追求而始终不得的。在不知不觉之间，他们也就与车子上的普通士兵、老百姓[17]产生一种共鸣，“突然回到久别的家中一样”。这种回家的归宿感，是当年塞万提斯笔下终于归来的堂吉诃德亲身感受过的，又是屠格涅夫笔下终生飘泊而不得其根的罗亭可望而不可即的；而现在何其芳的家，已经不同于堂吉诃德的个人家园，而是一个集体——如何其芳在这里形象描写的，战士们所歌唱的，是以朱德、毛泽东为领袖的工农武装集团，以及他们所创造的革命根据地。

这是个体向群体的归依，如何其芳在自述里所说，是从“诚实的个人主义”走向战斗的集体主义。在一个孤独的个体陷于走投无路的绝望之时，突然与一种万众一心地奔向同一个明确的目标的强大集体意志力相遇时，自会产生心灵的震撼。另一位与何其芳有着类似经历、从北平走向延安的作家刘白羽，在一篇题为《父与子》的“延安杂记”里，也有过真切的描写，那是他第一次参加延安的群众集会的感受——

在广大的群众场合里，我常常很容易感动起来。

沉在风狂浪滩的波涛间，从那蒸热挤在前后左右的胸膛胳膊上，透出无限的生命力来，那时，我完全落在感动当中，往往想得很远，很远——我深深地高兴地笑着，这广大强壮的队伍，给了我多么热烈的力量啊！它使我不感到自己，只想到整个的一团。……是的，我年青，我需要热烈的情绪，富于生命力的呐喊，尤其是那民族解放关头的呼声……

纪念会散了的时候，已经是暮色苍茫，我心头上激动着无限的波浪，默默的看着从身旁一支支的队伍走过去。那里面，有无数青年，广泛的人群——陕公的行列，抗大的行列，肩着木刀、红缨标梭子的人民自卫军，也有垂着白胡须的老头子，也有妇女，从厨房里面解放出来的妇女……这样的行动，不停止的走着。

……在这儿，我嗅着一种味道，它是属于这一代人的气息的，——在这中间千万的青年，工作者，同志，群众，都在广泛的动员之间，举起手，张开嘴。这些事实，将激流一样冲刷着我这二十几年来，在重压的氛围中的窒息。

……千百万的人都走着，面前，永远的……[18]

这确实是孤独的西班牙骑士、忧郁的丹麦王子都不曾有过的全新的生命体验，这样广泛的民众动员则是屠格涅夫笔下的保加利亚革命者英沙诺夫，走向人民的涅日达诺夫、马尔凯洛夫们所不能想象的；也许，海涅曾在某种程度上预见到这一切，他却忧虑着非理性的群体力量可能产生的后果。但长期孤军作战，不断碰壁，而又充满着内在激情的中国知识分子似乎来不及产生怀疑，就被其炫目的光明所吸引，而几乎不可能看到或想到其负面的阴影，并且立刻被那种几乎是不可抵御的群体意志力所征服。于是，何其芳宣布："一个小齿轮在一个巨大的机械里和其他无数的齿轮一样快活地规律地旋转着，旋转着。我已经消失在它们里面。”[19]这对于两年前还在坚持批判“不近人情地忽视个人的儒家思想”的何其芳[20]，自然是一个决定性的转变，而且似乎又是顺理成章的。而这一转变的全部意义与后果，还要经过更加漫长的时间，才能真正显示出来，并被人们所认识。

何其芳多次坦白承认：“我是一个多梦的人。罗曼·罗兰说：‘人的精神上有这样大的对于幸福的渴望，当实际上没有可享时，那就一定要想法来创造’，当创造也不可能的时候，人有时就用梦来代替。”[21]而现在，在何其芳看来，延安正在把他的梦变为现实——在某种意义上，其实是何其芳在用梦的眼光去看延安的现实。这样的梦幻般的眼光与心情在以后的历史上曾不断出现。一位著名学者曾这样谈到他和他的同类知识分子在新中国成立初期的心情：“当时我们看什么东西都是玫瑰色的，都是光辉灿烂的。我们都怀着一种只可意会、不可言传的，既兴奋，又愉快，既矫健，又闲逸的，飘飘然的感觉，天天仿佛在云端里过日子。”[22]这种玫瑰色的眼光，仿佛在云端里过日子的飘飘然的感觉，其实是源于延安时期的。何其芳说：“仿佛我曾经常常想象着一个好的社会，好的地方，而现在我就生活在我的那种想象里了。”[23]于是，半是真实，半是想象（将现实中真实存在的某一侧面在想象中加以夸大、完美化，以偏概全），何其芳发现了一个新的“延安”——

在这里，当我带着热情和梦想谈说着人类和未来，再也不会有人暗暗地嘲笑。[24]

我的梦从那种比较特殊的，少数人才会有的梦渐渐变得接近了大多数的中国人的梦，贫穷者的梦，饥饿者的梦……我和这些一边做着关于未来的黄金的梦，一边忍受着当前的最平凡的饥饿

和贫穷的人共（着）命运……[25]

我首先要大声地说出来的是延安的空气。自由的空气。宽大的空气。快活的空气。[26]

在明澈的理智之下，我们个人的问题和苦痛在开始消失，如同晨光中的露水，而过去的生活留给我们的阴影也在开始被忘记，如同昨夜的梦。[27]

我们所唱的歌应该是快活的，明亮的，阳光一样明朗的调子。……这是由于充满了信心和希望，而且从残酷、艰辛和黑暗当中清楚地看见了美好的未来。……我们生来要把童话变成现实。[28]

我们所看到的，还是那个耽于梦幻中的堂吉诃德。正如何其芳自己后来所说，他仍然在“空洞地抽象地谈着快乐，美丽，纯洁，光明，人类，善良的人等等”[29]，也就是说，他所关注的仍是那个抽象的理想的纯粹形态，并且在自己的想象中，把它当做了现实；作为理想的现实实现的，非纯粹形态的，因而充满着矛盾的、真实、具体的社会人生，他实际上是视而不见的。他所看到的，是理想化的、抽象化、意念化、象征化的“延安”，而非现实的延安。而这个“延安”，在他看来，又是一个没有阴影的，一切问题和苦痛都消失了的，因而也就没有矛盾的至善至美的新世界[30]——何其芳忘记了鲁迅的警告：“革命无止境，倘使世上真有什么‘止于至善’，这人世间便同时变了凝固的东西了。”[31]从鲁迅已经达到的认识高度的这一退却，对何其芳这样的知识分子是决定性的。其第一个逻辑后果，是对于逆向性思考与独立批判权利的自动放弃。何其芳以忏悔的口气检讨自己：“我那时是那样狂妄，当我坐着川陕公路上的汽车向这个年轻人的圣城进发，我竟想到了倍纳德·萧离开苏维埃联邦时的一句话：‘请你们容许我仍然保留批评的自由。’但到了这里，我却充满了感动，充满了印象。我想到应该接受批评的是我自己，而不是这个进行着艰苦的伟大的改革的地方。我举起我的手致敬，我写了《我歌唱延安》。”[32]自然，不必怀疑何其芳歌唱延安的真诚，当时的延安也确实有值得歌唱的地方。问题是，何其芳完全拜倒于这个他赋予了绝对理想意义的圣城之下，自己的独立思考从此失落。更准确地说，这是一种双重失落，既是自我个性的失落，又是怀疑主义精神的失落。正如屠格涅夫所说，个人主义与怀疑主义正是哈姆雷特精神的核心，也是知识分子之为自身的基本标志之一。因此，何其芳的双重失落，在一定程度上，也可以看做是哈姆雷特精神的失落，以至于知识分子本性在某一方面的失落。于是，何其芳开始对一些哈姆雷特式的命题产生怀疑（知识分子的自我是这一时期何其芳唯一怀疑的对象）：他不仅尖锐地批评知识分子的个人主义是迷失于“一个自己虚构的迷津”[33]，而且乐观地认为，已经找到了彻底消除由于人本身产生的“人的问题和苦痛”的“最后的钥匙”[34]，甚至预言悲剧的消亡：据说“悲剧的定义”是“得不到合理的解决的问题”，而“在一个辩证唯物论者的思想里”，是根本不承认“世界上还有着得不到合理的解决的问题”的[35]。在一篇题为《论“土地之盐”》的文章里，何其芳提出了一个“对于思想，对于人，都是适用的”公式：“单纯——复杂——单纯。说得详细一点：由原始的单纯，通过应该有的复杂，达到新的圆满的单纯。”[36]何其芳显然希望去掉哈姆雷特式的复杂，而使自己达到堂吉诃德式的“新的圆满的单纯”——屠格涅夫早就说过：“永远追求同一个目的”使得堂吉诃德的“思想有些单调，使得他的才智有些片面，他知道得很少，而且他也不需要知道得很多：他知道他的事业是什么，他为什么生活在世上，这就是主要的知识了”[37]。人们也许还记得，屠格涅夫《处女地》里的民粹党人们也是在追求生活与思想的简单化。现在，何其芳和他的同代知识分子也在步着他们的堂吉诃德前辈的后尘。

而事实上，现实生活中的延安连做一个堂吉诃德也是不允许的。——其实，屠格涅夫《父与子》中的巴札罗夫与同时期的俄国批评家皮沙列夫在19世纪60年代就已经警告过，劳动与幻想是无缘的，对于劳动者，饥饿的忧虑掩盖、压倒了一切，“对于所有不是建立在实际上，不是建立在能摸得到的力量之上的意图都产生自然而然的，不可遏制的厌恶之感”（参看本书第七章有关分析）。于是，何其芳也终于明白：他的那些出于堂吉诃德式的幻梦发出的对于延安的颂歌，依然是“那些老话”——知识分子的高悬于空中的抽象而美丽的幻想，而与劳动人民的思想情感是根本不相合的，他是以小资产阶级的观点和情感“去代替或者附会无产阶级的观点”和情感[38]。这样，何其芳必须再一次否定自己，要从根本上否定知识分子的一切精神追求，以及由此而必然产生的精神矛盾与痛苦，他忏悔着：“当时为什么要那样反复地说着那些感伤、脆弱、空想的话啊。有什么了不得的事情值得那样缠绵悱恻，一唱三叹啊。现在自己读来不但不大同情，而且有些厌烦与可羞了。”[39]他是那样地渴望得到现实——在他看来那些正在创造着历史的工农大众及其领路人的承认，他决心要从根本上改造自己。于是，他对知识与知识分子本身产生了怀疑：“知识分子有时真是太没有知识了，由于他的知识多半从书本上来，而书本上的知识多半不可靠”[40]，结论必然是：“知识分子未和群众结合”以前，不仅是“怯懦，无力”，而且是“无知”的[41]。如果说何其芳刚到延安时，听到有人“说到知识分子，往往带着一种不好的意味”，一些知识分子也公然宣称“我真惭愧我也是一个知识分子”时，还多少有些保留，仍然津津乐道“土地之盐”这类以知识分子为“人民的精华”的比喻，强调“知识本来是可珍贵的”[42]，现在，何其芳已经完全认同于否定知识分子的社会思潮，他不但全面抹杀了哈姆雷特，而且还要进一步彻底抛弃堂吉诃德，从而从根本上丧失知识分子的品格。

但这仍然只是一个理想的追求：事实上，何其芳既无法改变他作为知识分子的存在，也不可能根本抛弃与生俱来的某些知识分子本性、习气。于是，他就只能陷入矛盾以至分裂之中。他写了《夜歌和白天的歌》，他解释说："这除了表示有些是晚上写的，有些是白天写的而外，还可以说明其中有一个旧我与一个新我在矛盾着，争吵着，排挤着。"[43]所谓"旧我"与"新我"，其实就是瞿秋白所说的"心"与"智"，天然的本能与后天的理性接受之间的矛盾。于是，我们在何其芳的诗歌里，听到了诗人真诚的自白："我是如此快活地爱好我自己，而又如此痛苦地想突破着我自己，提高我自己。"[44]我们看到，诗人在"到工人们中间去"，和他们生活在一起，听他们讲过去生活里的故事以后，却又要"一个人到河边去"——"我要去坐在石头上，听水鸟叫得那样快活，想一会儿我自己"，并且表示"一个十九岁的少年那样需要温情"，尽管"知道我这样说是可羞的，但我又不能把这种想法完全抛弃"。[45]在另一首诗里，诗人袒露着内心的矛盾："多少次啊我离开了我日常的生活，那狭小的生活，那带着尘土的生活，那发着喧嚣的声音的忙碌的生活，走到辽远的没有人迹的地方，把我自己投在草地上，回到了我最宽大的母亲的怀里，……用河水的声音，用天空，用白云，一直到完全洗净了我心中的一切琐碎、重压和苦恼"，但我又要"急急忙忙地走回去"，"走在那拥挤的人群中"，"啊，我是如此愿意永远和我的兄弟们（按，指工农大众）在一起……尽管个人的和平很容易找到，我是如此不安，如此固执，如此暴躁，我不能接受它的诱惑和拥抱"！[46]人们很容易由此联想起瞿秋白，联想起丁玲笔下的韦护，但他们之间的差异也是明显的：何其芳尽管也感觉到其间的矛盾，但他却没有瞿秋白那样自觉意识到在做戏，他也没有瞿秋白式的厌恶感、荒诞感与忏悔意识；相反，一切在他来说都是真诚的、自然的，或者说，他是自觉地追求扮演革命骑士的角色——他是一个诗人，一个感性的生命个体，他是用诗的感觉与想象去看待革命骑士的，对他来说，革命骑士是一个神圣的概念，这是超越于一切人性弱点（在何其芳看来，这包括了人的感伤、寂寞、犹豫、怀疑以至苦恼等等）之上因而实际上失去了人的真实存在性的新人，何其芳却把它想象成真实的存在，自塑出一个革命圣徒的形象，并对之无限神往；他唯一的苦恼（可见他自己也不能摆脱所谓的人性弱点）是他自身根深蒂固的哈姆雷特气（他称之为“小资产阶级的劣根性”）妨碍他通向革命新人的圣殿，因此，对于他来说，每一次对知识分子的哈姆雷特气的自我否定、诅咒，都类似于宗教徒的忏悔，使他更接近于革命圣徒（“上帝”）[47]，给他带来一种莫名的感动与圣洁感，这样，他就永远保持着信徒的真诚、天真与良好的自我感觉，证明了他的精神气质也许更接近沉醉于骑士的神圣感、自豪感之中的堂吉诃德，而远离那位自我感觉始终不好的丹麦王子。在这个意义上，如果我们把瞿秋白称作“中国共产主义运动中的哈姆雷特”，我们也可以把在延安找到归宿以后的何其芳视为“中国共产主义运动中的堂吉诃德”。

当诗人何其芳在延安的根据地为自己身上的哈姆雷特气妨碍他歌唱新时代而担心时，另一位身处大后方的小说家却在呼唤哈姆雷特的怀疑主义精神。这是《华威先生》的作者张天翼。他在1942年1月出版的《文艺杂志》上出人意料地发表了长篇论文《谈哈姆莱特》。文章开头的“哈姆莱特与堂吉诃德比较论”就让人感到兴趣——

> 这两个英雄是同一个时代的人物，简直是同年出世：这也许不是偶然的吧。这两个人如果在一起谈谈，讲到什么人生呀，世界呀，他俩或者可以谈得来，因为他俩都是对人生对世界很关心的，并且他俩都是人生的失败者。

不过——那位拉·曼却的骑士在失败之际，所受到的挨打，吃石子，被敲掉了牙齿，被关在牛车里：都是肉体上的痛苦，而内心上，他到底是满足的，能够给他自己一种大喜悦。而这位丹麦王子呢，却是熬受着内心的痛苦，无法自娱，自己硬着头皮喝着自己所酿制出来的苦酒。

他还缺少吉诃德那样的自信心，吉诃德是糊里糊涂地对这世界瞥了一眼，还没看清楚就马上动手去干。而哈姆莱特是把世界已经看明白了，已经想透了，可还是不动手。

于是我们这位悲剧里的英雄——就显得有点懦弱，显得是勇于知而怯于行的一个人了。[48]

张天翼因此而发出这样的希望："哈姆莱特那类敏感的疯子，也许会熬受着内心痛苦，负起一副重担，用他们的心灵来为人类建立一个精神的王国。吉诃德那类傻里巴叽的疯子，也许会熬受着肉体的痛苦，负起一副重担，用他们的手来为人类建立一个现实的王国。"[49]——这是对理想的精神的王国与现实的王国的双重渴望，从而呼唤着人类的"疯子"哈姆雷特与堂吉诃德的出现[50]。

尽管如此，张天翼却并不想掩饰他此时对哈姆雷特的格外倾心与赞美。他公开宣称："这个人物对于我们极其亲切，使我常常想起他。我要告诉你，我不但爱他的创造主，就连这创造物——我也爱他。"[51]这是因为在张天翼看来，哈姆雷特精神"无非就是近代精神"[52]，作为其核心的怀疑和否定精神，正是此时中国所最需要的——

怀疑是再认识的先锋。独断主义者要人家毫无保留地信奉那些神的教条，气儿也不许出一声。可是现在年头儿不同了，想要人类史永远翻不到新的一页，那可办不到。世界总不会停留在那

> 里不动：每逢走了一段路程，就有怀疑精神使它不再在旧路上滞留或者打旋，而推它再往前走。在这个过渡时期，那怀疑和否定虽然使人痛苦，却是临产之际的痛苦一样，不得不忍受一下。哈姆雷特要是受不了，他原可以再回到独断的老冰块上去避难，以求得暂时的安慰的。然而他不。惟大勇者才敢去发掘一切真相，而不肯死闭着眼奴伏在独断主义的威势之下：他竟敢去怀疑，总要比任何独断都来得进步，可贵。任何独断——不论其方式如何，终归要凝固成神话。然而我们是人，我们要听人话，要说人话。这悲剧的主人公就一下子发出了"人"的喊声。[53]

我们仿佛又听到了"五四"的呼声；这一历史的回应，几乎是久违了的。当民族解放战争将民族、国家置于历史的前景位置时，人们似乎忘记了个体与自我，或者自觉地将小我消融于大我（民族、国家）之中。巴金在战争爆发时所写的一篇文章里，就这样写道："一个人的生命是容易毁灭的，群体的生命就会永生。把自己的生命寄托在群体的生命上，换句话说，把个人的生命联系在全民族（再进一步则是人类）的生命上面"，"整体的存在也就是我们个人存在"[54]。这几乎代表了一种时代的共识。而统一思想、统一步伐、一切行动听指挥的战争独断逻辑似乎是顺理成章地成为人们思想、行动的准则。于是，如前文所说，哈姆雷特式的怀疑也变得不合时宜。但自从战争进入相持阶段，中国蜕变梦破灭以后，中国的知识分子就沉没于痛苦的反思之中，进入了再认识的时代。如张天翼所说，"怀疑是再认识的先锋"，无论对于历史、现状，还是对于未来，对于一切现存、已有的结论，以及对于知识分子自身，都用怀疑的眼光去进行再认识。"五四"时期"重评一切价值"的历史命题，再一次引起了知识分子的强烈共鸣。而且，随着战争的持续，人们已经有可能拉开距离，思考一些由战争引起的形而上层次的问题，诸如战争与人、生与死、永恒与偶然……对人的生存困惑进行更根本的质疑：一部分知识分子（主要是大后方与沦陷区的知识分子）中，向哈姆雷特的倾斜就是这样产生的。张天翼对哈姆雷特怀疑精神的赞美与呼唤，只是一个信息。这一时期出现了一批反思的作品，也是这一怀疑主义思潮的产物。我们可以举出无名氏的《无名书》来作一点剖析。小说的主人公印蒂，评论者指出："他是那形容枯槁、盾折马惫的堂吉诃德，迎着另一个日出，另一个风车，整顿上马，永远仆跌追寻。"[55]他确实在永远地追寻着，就他给他的父亲的信里所说："我整个灵魂目前只有一个要求：'必须去找，找，找！走遍地角天涯去找！——找一个东西！'这个'东西'是什么？我不知道……这是生命中最可宝贵的'东西'，甚至比生命还重要的'东西'！"[56]正像他的名字所暗示的那样，他要"印"证生命的根"蒂"，就必须经历追寻、印证中生命的永远的劫难。像时代所有的热情的青年一样，他首先投入的是革命——革命对于他，具有双重的意义，既是感性生命的冲动、激情的喷发与释放，又是理性生命对于远方的理想的追求的需要，他如同堂吉诃德那样，"流着眼泪，想象着明天的人类：他们会呼吸在爱的蓝天下，他们会兄弟般生活着，没有剥削，没有私有财产，没有欺诈，一切都沉浸在依赖与温情里"，而且正如作者所说，"他所爱于理想，宁属它抽象的概括性，而不是碎裂的现实断片。他把它看做是永生谜底解决，精神的膏油，灵魂的盐，而不是粗糙现实的满足"[57]，也就是说，他关注的是一种纯粹精神的理想原则——这些地方，都使得无名氏小说里的主人公，很类似卢那察尔斯基笔下的堂吉诃德与现实中的诗人何其芳。但印蒂却面临了真实的精神危机，当他目睹、亲历了革命现实形态的全部残酷的污血，发现"激进的革命（特别从法国大革命所得的教训），往往在理想的糖衣中潜藏市侩现实的毒药"[58]，他迷惘地问道："革命本为铲除丑恶，难道自己也大规模地开办‘丑恶’工厂，日夜加工赶造大批‘丑恶’？”[59]他于幻灭中产生了深刻的怀疑——对于自称革命者的独断主义者的怀疑，更是对自身理想、信仰的怀疑，陷入内心挣扎的痛苦中。这种哈姆雷特式的怀疑与挣扎，是前述堂吉诃德们所没有的；但对于印蒂这样的知识分子，却是一次真正的精神蜕变。有意思的是，印蒂并没有因绝望而消沉，急急忙忙地又开始了新的追寻，沉迷于新的生命体验之中——向着自然与爱（《海艳》），甚至向着罪恶（《金色的蛇夜》）；据说，在印蒂以后的生命追求里，还会经历孤独、死亡，才有可能悟道而达到一种和谐的境界。这样，作者最后仍然归结于堂吉诃德式的至善至美的追求，哈姆雷特式的怀疑，只是其中的一个环节。《无名氏全书》的这一构思，也就是作者为中国知识分子所勾勒的这个精神、生命的发展轨迹，正是表明了那个时代的中国知识分子对于堂吉诃德比之哈姆雷特似乎更有一种内在的亲切感与亲和力，或者说堂吉诃德已经更深地渗透于“五四”至40年代（也许还会延续到五六十年代）知识分子的灵魂。即如我们前文所引述的张天翼的《谈哈姆莱特》，在宣布向哈姆雷特倾斜的同时，都不免反省、警诫自己：会不会因此而失去自信与勇气，陷于“勇于知而怯于行”的境地呢？——这是永远无法摆脱的堂吉诃德的诱惑与情结……

于是，在偏远的云南春城里，那个物质匮乏、精神丰富的大学校园里，又集中了一批中国的堂吉诃德。一部以西南联大的师生生活为背景，题名为《未央歌》的小说里，写到了这样一个细节：一位著名的心理学教授“金先生”，年过四十还没有结婚，暗中爱上了一位女学生，依了他的时间分布表，决心要办终身大事，却还没有和对方谈起这件事，而且还不知如何开口。于是专门约了另一位教授，郑重研究如何措辞，怎样“先布成一个局格”，自然是毫无结果。倒是一位女学生一句话解决了问题。金先生立刻兴奋起来，“啪！啪”两声，把烟斗里未吸完的烟也给扣了出来，他站起身说：“自古没有场外的举人！我是非试一下不可了！”女学生听了笑了个前仰后合。她说：“金先生！成功啦！非有这么一下子不可的！您这一摆身段儿真叫我想起唐吉诃德先生来呢！”[60]——这自然只是一段插曲，但我们却可以借此窥见大学教授在处理世俗事务（包括谈恋爱、结婚）时竟是如此迂腐、无能，表现出儿童般的天真。他们实际上是生活在云端——高踞于现实生活之上的精神幻觉世界里的，在纯精神的领域里，他们自有一种自由，一种单纯与潇洒，时时流露出人的自然本性，而当他们回到被污染了的尘世之中，这里本有另一套逻辑、规则与语言，他们或不知所措，或依然故我，就显得怪，甚至有些可笑。小说中的女学生把“金先生”唤作“堂吉诃德”，原因大概即在于此。有趣的是，现实生活中真有一位金岳霖教授，著名的逻辑学家，在同事与学生中也流传着他的许多奇闻逸事。小说家、西南联大的学生汪曾祺回忆，“金先生是个单身汉，无儿无女，但是过得自得其乐。他养了一只很大的斗鸡。这只斗鸡能把脖子伸上来，和金先生一个桌子吃饭。他到处搜罗大梨、大石榴，拿去和别的教授的孩子比赛。比输了，就把梨或石榴送给他的小朋友，他再去买。”[61]有一次讲课，“他谈到兴浓处，忽然停下来，说：‘对不起，我这里有个小动物！’说着把右手从后脖领伸进去，捉出了一只跳蚤，甚为得意。有人问金先生为什么搞逻辑，金先生说：‘我觉得它很好玩！’”[62]还有一位刘叔雅先生，著名的庄子研究的专家，也有不少笑谈：有一次跑警报，一位新文学作家，早已很有名，也在联大任教，急着向某个方向走。他看见，正言厉色地说：“你跑做什么！我跑，因为我炸死了，就不再有人讲《庄子》。”他讲课时，另一位著名学者吴宓（字雨僧）也去听，坐在教室最后一排，他仍是闭目讲，讲到自己认为独到的体会的时候，总是抬头张目向后排看，问道："雨僧兄以为何如？"吴宓照例起立，恭恭敬敬，一面点头一面答"高见甚是，高见甚是"，惹得全场为之暗笑[63]。正像汪曾祺所总结的，这些可敬可笑的大学教授们的共同特点，"一是对工作、对学问热爱到了痴迷的程度；二是为人天真到像个孩子……无机心，少俗虑"[64]。或者如张中行先生所说，他们只生活在自己的世界里，"最认真，最自信"，"因为认真，所以想彻悟，就是任何事物都要明其究竟，又因为自信，所以总认为自己已经明其究竟，凡是与自己所想不合者必是错误"[65]，而他们所自信的理想的种种，大都不合时宜，"放在概念世界里，似乎更为合适"[66]。——所有这一切，都散发着浓重的堂吉诃德气，这大概是中国带有保守倾向的自由主义知识分子共通的气质。著名的五四新文化运动的对立面学衡派的中坚人物吴宓公开承认自己是堂吉诃德，在《学衡》创刊号上他就翻译、介绍了深受《堂吉诃德》影响的萨克雷的《钮可谟一家》（吴宓译为《钮康氏家话》，并于《学衡》2、3、4、5、7、8期上连载）。吴宓之外，辜鸿铭、梁漱溟、熊十力，以至废名、沈从文都不同程度地给人以这种印象：这是另一种类型的理想主义者，与何其芳那样的共产主义运动中的堂吉诃德既相通、又不同的另一类堂吉诃德。

以上所说的奇闻逸事，还只是外在表现；吴宓有一段自白，或许可以帮助我们窥见他们内心的某一侧面——

> 宓设二马之喻。言处今之时世，不从理想，但计功利。入世积极活动，以图事功。此一道也。又或怀抱理想，则目睹事势之艰难，恬然退隐，但愿一身，寄情于文章艺术，以自娱悦，而有专门之成就，或佳妙之著作。此又一道也。而宓不幸则欲二者兼之。心爱中国旧日礼教道德之理想，而又思以西方积极活动之新方法，维持并发展此理想，遂不得不重效率，不得不计成绩，不

得不谋事功。此二者常互背驰而相冲突，强欲以己之力量兼顾之，则譬如二马并驰，宓以左右二足分踏马背而縶之，又以二手紧握二马之缰于一处，强二马比肩同进。然使吾力不继，握缰不紧，二马分道而奔，则宓将受车裂之刑矣，此宓生之悲剧也。而以宓之性情及境遇，则欲不并踏此二马之背而不能，我其奈之何哉。[67]

从表面上看，这仍是出世与入世的中国知识分子的传统矛盾；但却有着丰富的时代内容。人们首先注意到，即使这些在中国被视为保守的自由主义知识分子，他们对于现实政治，所谓安邦治国大业也有着浓厚的兴趣，甚至是异乎寻常的热心，吴宓说他“每念国家危亡荼苦情形，神魂俱碎，非自己每日有所作为，则心不安”[68]，绝非夸大之词。这就是说，他们也有着天赋使命感，在这一点上，与激进的知识分子并无二致；而且，从根本精神上，与塞万提斯笔下的堂吉诃德相接近（参看本书第一章有关分析），说他们也是堂吉诃德，其主要根据即在于此。但是，尽管他们“不但学问渊博，且深悉中西政治，社会之内幕”[69]，也有着自己的政治理想与对行动的渴望，但由于种种原因，他们终于如吴宓这里所说，“目睹事势之艰难，恬然退隐，但愿一身，寄情于文章艺术”，从对积极的政治行动的理想的追求，转向文章艺术的纯精神领域，在最初是一种被动的不得已的选择，因此，吴宓仍念念不忘“入世积极活动”这一匹“马”，而构成了他的内在的矛盾。但他们很快就在精神文化领域里也寻得了自己的使命，因为他们发现了两个对立面。一是他们所称的“专谋以功利机械之事输入，而不图精神之治药”[70]的实用倾向，这是中国经世致用的实学传统与西方近代实用主义思潮的结合[71]，在中国自有不可忽视的势力与影响；也正由此而激发出了追求超越于物质的精神之学问（形而上之学）的巨大激情[72]，并使之具有了某种终极意义，如陈寅恪所说“吾侪所学关天意”[73]，正像有的研究者所分析的，“精神之学问”的追求成了这些知识分子心目中的“道”即“人为什么生存”的“精神血脉”[74]。他们于举世嚣嚣之中默默坚持学术文化阵地，就被涂上一层卫道的神圣光彩，却又掩不住内心的孤独与悲凉。唤起他们卫道激情的另一种力量，另一个对立面，是陈独秀、胡适所倡导的新文化运动；这批被认为是文化保守主义的知识分子，在他们所说的反传统的文化激进主义成为一种不可逆转的时代潮流时，竭力主张“昌明国粹，融化新知”，从而置身于卫道者的地位，而他们自己却有一种殉道的悲壮感。吴宓在日记里这样写道：“寅恪谓凡一国文化衰亡之时，高明之士，自视为此文化之寄托者，辄痛苦非常，每先以此身殉文化，如王静安先生，是其显著之例。而宓则谓寅恪与宓皆不能逃此范围，惟有大小轻重之别耳。”[75]这种自觉的卫道、殉道意识，使这批知识分子承受着巨大的精神痛苦，如吴宓所说，“宓谓宓种种锐敏之感触，远大之悲郁，实应疯狂”[76]；而他们对痛苦的承担、挣扎，又都具有一种道德的崇高性，从而自塑出一个圣徒的形象。但他们的不合时宜又造成了他们地位的尴尬，以至陷入可笑的境地[77]。——所有这些方面，都使得中国的这些坚守文化保守主义的自由主义知识分子，在内在精神上逼近于塞万提斯笔下的西班牙骑士；他们在某种意义上，正是中国传统文化的最后一批骑士。

这些殉道的堂吉诃德仍然涂抹着浓重的英雄主义色彩；但并非所有的自由主义知识分子中的堂吉诃德都是如此。其中有一部分人是实现了某种超越的，正如前引吴宓日记中所说，“寄情于文章艺术，以自娱悦，而有专门之成就，或佳妙之著作”。就对文章艺术的痴迷，从而时时沉浸于精神的幻想世界而言，他们俨然是堂吉诃德；但却没有了堂吉诃德的天赋使命感与天赋受难意识，他们的选择文章艺术，仅仅是——如《堂吉诃德》的中文译者杨绛在回述她父亲的人生态度时所说，“我既不能当医生治病救人，又不配当政治家治国安民，我只能就自己性情所近的途径，尽我的一份力”[78]，这倒十分接近于归来以后的堂吉诃德，他当时声称：“我不是堂吉诃德，我只是善人吉哈诺。”如杨绛所说，这些走出了自我幻觉，选择了适情任性的自然、平凡的人生的自由主义知识分子，他们也可以说“我不是堂吉诃德”——或者说，他们是非政治化、非英雄化的堂吉诃德。[79]

历史发展到1940年代中后期，堂吉诃德的归来，归向何处，已经成为时代关注的问题。当走向激进主义的何其芳在延安找到了他的归宿时，另一位著名的中国小说家废名在他的小说《莫须有先生坐飞机以后》里也在宣布他的归来。废名自己曾指明他写作《莫须有先生传》(《莫须有先生坐飞机以后》是它的续编）时，是以莎士比亚为师的，“西班牙的伟大小说《吉诃德先生》里，我也呼吸了它的空气”[80]。废名曾撰文高度评价“世界无比的《堂吉诃德》，以为这部书最有意思的地方，至少我个人觉得最有意思，乃是无全书在胸，而姑涉笔成书，其价值恐在《水浒》以上也”[81]；而他的《莫须有先生》所采用的“情生文，文生情”的结构，《莫须有先生坐飞机以后》所提出的“回时不循序，万事随人意”的原则，其实也都是这种“无全书在胸，而姑涉笔成书”写法的运用。当然，更重要的是，作家废名自己，在朋友们的回忆中，他生性激烈，“热肠沸涌，不能自已”，常“擅发议论，甚至怪论”，“认真而至于执”，又确实“天真可爱”[82]，正是一个活脱脱的堂吉诃德。他创造出中国的堂吉诃德——莫须有先生的形象，是很自然的。莫须有先生的理想主义、善良、迂腐、不通事理、不合时宜，却偏有一股不顾一切的劲头，连同他所骑的那头小毛驴，都让人想起那位举世闻名的西班牙骑士。周作人在写给废名的一封信里曾谈到小说“描写西山的一群饶舌的老娘们儿，犹吉诃德先生之副人物亦人人可得而喜乐欣赏之者也”[83]，可见周作人也是把莫须有先生视为堂吉诃德的。废名在《莫须有先生传》里所展现的正是周作人在1920年代所提出的中国现代堂吉诃德的归来问题。抗日战争时期，废名避难于自己的家乡——人迹罕至的湖北偏远农村，与现实（包括战争）保持了一定距离，不但他自己身上堂吉诃德式的狂热、焦躁与英雄气得到了极大的消释，而且有可能更冷静地反思中国堂吉诃德的历史选择。废名后来将他的这些思考写成了《莫须有先生坐飞机以后》，并且宣称，这部小说“可以说是历史”，“它简直还是一部哲学”。小说中，堂吉诃德的中国兄弟莫须有先生终于归来，回到中国传统的中国农村社会，在普通村夫农妇的日常生活、人情、风俗中，发现了人在自然之中的和谐，人性返璞归真后的和谐，他由此而发现了中国的传统文化，无论是儒家的仁、道家的无为、佛教的修行，都围绕着一个中心：人自然、自由、和谐、从容地活着。他于是霍然而悟：“农人是社会的基础，农人的生活是真实的生活基础，修身齐家治国平天下都在这里了。”在全面认同农民与传统文化以后，莫须有先生以及他的创造者作家废名进而反省包括自己在内的现代知识分子“不懂得自己国家的根本”，与中国民众脱离，甚至发出了“皮之不存，毛将焉附”的警告[84]，——在以后的中国历史发展中，曾不断重复这样的警告，但人们很少知道，发明权原属于莫须有先生。而“不懂得国家的根本”之类的自谴，也是屠格涅夫笔下的罗亭与民粹党人的忏悔的遥远回应。莫须有先生对“五四”时期提出的改造国民性的命题也表示忏悔，其实正是对堂吉诃德与桑丘（作为先驱者的知识分子与民众）的关系提出了根本质疑，据说“莫须有先生现在深知没出息的是中国的读书人了，大多数的民众完全不负责任”[85]，不是“堂吉诃德”（知识分子）启“桑丘”（民众）之蒙，而应该倒过来拜“桑丘”（民众）为师，跟着“桑丘”走，这成了一种必然。发人深省的是，这一结论，与何其芳在延安发出的号召，竟是惊人地相似，尽管他们的出发点完全不同：何其芳所接受的是无产阶级的世界观，而自由主义者的废名直到这时还在《莫须有先生坐飞机以后》里激烈地反对阶级斗争，但他们在对农民的极度推崇和对现代知识分子的自我贬抑这一点上，却是殊途同归。而后来的历史，例如废名和中国的堂吉诃德心悦诚服地接受思想改造，拜贫下中农为师，正是在这里发出了最初的信息。莫须有先生以及作者废名还宣布，中国传统文化的圣人，“都是农民的代表”，这其实正是对充当农民的代表的新圣人的呼唤——这新圣人可能是堂吉诃德自身（同一时期的有着极强的卫道意识的梁漱溟大概就有这样的雄心），也可能是别的力量，而一旦出现，莫须有先生及其作者是必然要向其顶礼膜拜的：这同样也传出了未来历史的某些信息。莫须有先生进而宣布：尽管世界会发展，“机械总会一天一天发达下去，飞机总会一天一天普遍起来，然而咱们中国老百姓则不在乎，不在乎这个物质文明，他们没有这需要。”[86]如此执拗地固守传统的农业文明，拒绝现代工业文明，莫须有先生及其作者终于在另一个侧面接近了那位西班牙骑士，散发出浓重的堂吉诃德气息，这也正是显示了“堂吉诃德的归来”这一命题的实质的。

当废名在呼唤堂吉诃德拜桑丘为师时，重庆的《新华日报》又发表文章大谈“哈姆雷特式的悲剧”。据说，“我们这些‘目前的知识分子’，事实上是和哈姆雷特陷于同一种悲剧”。文章的作者解释说：“一方面在理性知识上，通过书本，我们已经走到更宽阔、更广大的世界，或者是走到更前进、更遥远的世界；而另一方面，我们的感性知识，却还停留在最狭窄、更渺小的范围中，停留在最浅薄、最落后的圈子内，这就是我们这些‘目前知识分子’的悲剧，也是‘哈姆雷特式’的悲剧。”[87]结论是什么呢？中国的哈姆雷特式的知识分子必须把自己“摆在广大的社会群众中，真正和那些占多数的人们同呼吸，共痛痒，忘我忘私，要做到这一点，就需要把我们的实际生活先和群众真正联系在一块，生死与共，忧患相同”[88]。这可以说是一个时代思潮，同时期的报刊上还发表过《从奥布洛莫夫、罗亭论中国知识分子的几种病态生活》这类文章[89]。也是在强调具有奥布洛莫夫与罗亭气质的知识分子的改造的，另一篇在当时颇有影响的《论罗亭》的文章，大谈罗亭们及中国传统文人的“清谈的风尚”，也显然含有自我批判的意思[90]，与何其芳在敌后根据地对自己身上根深蒂固的哈姆雷特气的批判性自审，也是遥相呼应的。有意思的是，对知识分子改造的必要性的强调，是与对占人口多数的人民的强调联系在一起的；也就是说，知识分子的改造主题与人民本位主义思潮之间有着一种内在的关联。在一篇题为《一个知识分子的自白》的文章里，一位诗人不无真诚地写道：“在我内心里面那个要活的东西，不是我自己，而是一种更大更大的东西，比我大了几万倍还不止，我不过是它的形体之一”，那就是“人民”，“千千万万的人民”。这位曾经“对于大多数可能常见面的人拥有不可名状的忧虑”，“常常去那阴暗无人的地方”独自“沉思”的具有哈姆雷特气质的知识分子，此刻获得了一个全新的信仰：“无论用怎样的方式，做什么工作，必须是于人民有利。”他这样要求自己：“要有一颗心，为人民而感觉，而痛苦，而愤恨，处心积虑。”为此他不惜“放逐了那些无谓的自我感伤”，“放逐了晦涩，放逐了轻灵，放逐了那种为将来写作，把眼泪流在背脊上面的罪恶欲望”。而尤其引人注意的是，这位诗人尽管明知自己“不能够理解”人民，却要发誓“一分一厘也不要浪费在写人民以外的东西上”，“我凡有所写，我必须写得明白，亲切，真诚，使它们直接间接于现在的人民有些用处”。[91]人们自然会感到，这位真诚的诗人怀着一种圣洁的感情谈论人民时，他其实并不了解具体生活中有着现实矛盾、苦恼的普通人民，他神圣化的，是抽象的、概念中的、象征化了的人民，也就是说，他还是生活在理想的幻觉世界里，这类知识分子的人民本位主义，仍然散发着浓重的堂吉诃德气。但抽象的人民最终是要落实为某种代替物，即人民的代言人的，因此，人民本位主义理想的现实实现，必然是人民的代言人本位主义——这样，中国知识分子又遇到了思想与思想的实现之间的矛盾、背离这一传统命题。但在此时，也即20世纪40年代末，沉浸在人民本位主义的美好幻觉中的中国知识分子，是不可能有这样的远虑的；他们的近忧是如何改造自己，以适应人民的新时代。连那位对未来保持清醒的怀疑态度的朱自清，此时也心悦诚服地向人民靠拢，并以他特有的诚实态度如是说："现在我们过群众生活还过不来。这也不是理性上不能接受；理性上是知道接受的，是习惯上过不来。所以我对学生说，要教育我们得慢慢来。"[92]

但朱自清这样的"要慢慢来"的请求，在当时大多数人（包括知识分子）看来，仍不免是落后的——历史到了1940年代末，人们都有着一种急迫的、焦躁的情绪，因为任何人，不管他持什么政治立场、态度，都已经看得很清楚：一个历史的转折点即将来临。正像这一时期一位著名的女诗人陈敬容在一首诗里所说——

歌者蓄满了声音
在一瞬的震颤中凝神

舞者为一个姿势
拼聚了一生的呼吸

天空的云　地上的海洋
在大风暴来到之前

有着可怕的寂静

全人类的热情汇合交融
在痛苦的挣扎里守候
一个共同的黎明[93]

就本书所讨论的课题而言，堂吉诃德与哈姆雷特于19世纪末20世纪初来到中国，已经经历了三四十年的坎坷路程，现在又走到了一个历史的关口；在这样的时刻，中国的堂吉诃德与哈姆雷特在思考什么？他们怀着怎样的心情，去送别一个被称为黑暗的旧中国的旧时代，迎接新中国、新时代的黎明？他们将作出怎样的历史选择？——人们关注这些问题，乃是因为这一切将会预示、决定，在历史的下一时期，即新时代里中国堂吉诃德与哈姆雷特的历史命运……

于是，人们注意到了1948年2月出版的《诗创造》第8号上发表的诗人、评论家唐湜的一篇文章：《诗的新生代》。作者对这一时期最为活跃的两大诗人群，作了这样的比较：诗人绿原和他的战友（以后文学史家把他们称作“七月派”诗人或胡风派诗人），“他们私淑着鲁迅先生的尼采主义的精神风格，崇高，勇敢，孤傲，在生活里自觉地走向了战斗，气质很狂放”，“有吉诃德先生的勇敢与自信”，“一把抓起自己掷进这个世界，突击到生活的深处去”。而穆旦和他的朋友（文学史家称他们为“九叶集派诗人”或“中国新诗派”诗人），“他们的气质是内敛又凝重的，所要表现的与贯彻的只是自己的个性，也许还有意把自己夸大，他们多多少少是现代的哈孟雷特，永远在自我与世界的平衡的寻求与破毁中熬煮”[94]。——这是旧中国最后一代堂吉诃德与哈姆雷特，他们的动向自然是引人注目的。

也是七月派诗人的牛汉在评价另一位七月派诗人曾卓时，曾说

“他的人与诗都没有自己的甲胄，他是一个赤裸的‘骑士”[95]，这是可以用来评价整个七月派诗人群的人与诗的。诗人绿原在这一时期写过一首题为《你是谁？》的诗（唐湜在称绿原们为堂吉诃德时所引为根据的正是这首诗），坦然宣布要“让灵魂没有衣服，而长出钢针似的毛发”[96]——一开始，他们就把自己置于“灵魂没有衣服”即没有掩饰、不加设防的类似赤膊上阵的地位，这其实是预伏着他们以后的悲剧命运的；但这时，七月派诗人们是自觉于此的，他们可以说是要有意违背鲁迅关于打壕堑战的教导（他们本是奉鲁迅为师的），使自己陷于没有退路的绝境，以便义无反顾地将自己的生命掷出，投入拼死的决战。这种选择是根源于他们对于时代的一种理解、把握，或者说期待的。绿原在诗中这样写道：“只要一声呐喊：/ 无数激怒的面孔 / 就会从屋子里跳出来，/ 集合在一起”，“现在，巨人似的夜 / 敲着暴风雨点似的大鼓，/ 在中国的 / 充溢着尸臭的荒野 / 演说起来了：/ 叫人起来！ / 起来参加 / 几秒钟以后的战斗！”“这一次，该有行动了，/ 这一次，该用血和汗液代替墨水和唾沫了，/ 这一次要把博爱暂时抛在流水里 / 让它漂走！”[97]——这就是说，在七月派诗人看来，20 世纪 40 年代末的中国，是一个将理想变为现实、思想变为行动，也就是行动决定一切的时代。因此，他们中的理论家阿垅断然宣称：“行动性（着重号为原作者所加——引者注），这就是今天的斗争的风格，诗的风格”[98]，“知识分子底优秀的神经纤维中所见到和爱好的，那是被一种更重要和更实在的东西取而代之了”，“在这里，行动底正确底绝对性压倒了宣传底繁华底相对性，在这里，战斗底充实底绝对性优越于思想底满足底相对性”。[99]而他们所理解的行动首先是革命的暴力行动——他们早就宣称：“我们这一辈子 / 算是和 / 斗争结了姻缘”[100]，而他们现在呼唤的是以血还血，以牙还牙的复仇，因此，他们宣布“要把博爱暂时抛在一边”，高唱着：“响着的刀啊 /

我们永远跟着你走/直到世界平等了/最后才能抛开你呀”[101]（这又让我们想起了：堂吉诃德关于枪杆子优于笔杆子的议论，海涅关于武装起来的堂吉诃德的预言，以及卢那察尔斯基笔下的革命者关于必先流血、再建设的设想，等等）；七月派诗人们理解的时代需要的行动，同时是千千万万普通人民的直接的革命行动：“我们疯狂地/向前面奔去：/我们纠集着/一群犯人流浪汉/迷途的羔羊/私奔的童养媳/被开除的学徒/贞洁的妓女/在内战里叛变的佣兵/沉船的水手/粗野的马车夫/解雇的工人……”[102]这正是中国急进主义的知识分子的理想与信仰，他们丝毫也不怀疑，只要通过千百万人民群众的、暴力的革命行动，推翻黑暗的反动政权，这个世界（首先是中国）就会“起死回生”，发生“突变”[103]，他们是那样激情澎湃地渴望着、坚信着那炫目的光明的新中国的到来——“我们把心投给你，我们把血浇给你，让我们成为你的一部分”[104]。就这样，“行动”、“斗争（暴力）”、“人民（群众）”、“理想（信仰）”成了七月派诗人最钟爱的字眼——对于他们来说，这绝不是抽象的概念，而要全部化作自己的生命。为此，他们无情地审视着自己与别人，呼唤着“不要再埋在痛苦的茧壳里做一颗软弱的蛹，/咬破你的皮肤似的墙壁，钻出来——/出来飞翔！——即使/拍一拍翅膀之后，/连云彩都没有望你一眼/你就被暴风雨淋死”[105]！他们警惕着哈姆雷特式的犹豫不决，一再告诫自己与别人：“踌躇和失败是在一起的”[106]，“不要踌躇，不要介意，一口气呼喊下去吧”[107]。他们甚至严厉地批判“可怜的知识分子”，谴责他们的“骄傲与颓废”，他们的“虚无主义”、“迷信地怀疑一切”，他们的“逃避着巨大的爱情和仇恨”、“羞耻于接近阳光”，扬言要“离开他们”，“让他们像从梦中醒来一样死去吧”，“让他们在时代的石块上撞破脑袋”[108]。在热情然而天真的诗人们看来，所有虚无、怀疑、颓废、痛苦、犹豫，所有这些知识分子的哈姆雷特气，都与旧时代、旧中国连在一起，应该抛弃在新时代、新中国的门外——“我们的门，不为哈姆雷特开”[109]！于是，他们自觉地追求堂吉诃德式的、单纯的、英雄的生命：“人必须同诗一路勇往直前/即使中途不断受伤”[110]，要“厮杀去”，在生命的搏击中“追求狂欢”[111]。他们歌唱着：“在单纯的世界里/钢铁的生命成熟了”，“是猥琐的荆棘/就踩过去！/是昏倦的砂砾/就踏过去！/是懦怯的泥沼/就跨过去！/生命跳跃/生命飞翔/生命在前进”，“它，英雄的生命，是/一匹穿铁靴的怒马/白沫和黄尘……/昂头奔向未来”。[112]——正像阿垅所说，这曾写过《童话》的诗人，此刻怀抱的是“战斗的理想主义”与“群众”的“新英雄主义”[113]：站在我们面前的，正是群体的新堂吉诃德。

尽管七月派的诗人们自觉地摒弃自己身上哈姆雷特式的复杂，追求堂吉诃德式的单纯，但他们仍然无法根本消释内心的矛盾。绿原有一首诗对“诗人们”（当然包括他自己与他的战友）大声疾呼：“快跑啊！/赶上去，/诗人们！”这时候，他突然谈到了叶赛宁——那位因幻想的破灭而终于自杀了的俄国堂吉诃德，在绿原看来，如果追赶不上革命的时代列车，是难逃“可怜的/叶赛宁”的命运的[114]。但要怎样才能“赶上”，而不至于落伍呢？绿原说，必须让“诗的木材”被“热辣辣的政治的斧头”“劈开”“剥开”和“砍开”，并且“不要心痛”[115]，他还向“诗人们”（也即知识分子）提出了这样的问题：“你们有/刺刀一样的/诗句，/——能不能够/攻进/一座/堡垒呢？”“你们有/轮轴一样的/诗句，/能不能够/发动/一匹/机器呢？”回答自然是“不能”，由此引出了一个结论：“诗人们啊”，你想“在革命的/沸水里”生存吗？那就得用“烫得起泡的/思想斗争”来养育、改造你们的诗和人！[116]——这里，无论是关于政治与诗（艺术）关系的极端见解，还是将知识分子与士兵、工人作简单比较，贬此褒彼，以至于扬言要用思想斗争为知识分子洗心革面，都是一种时代思潮、时代话语，是同时期的何其芳反复说过的。这一时期，以胡风为首的七月派作家曾与何其芳等人进行过激烈的论战（参看何其芳《关于现实主义》与胡风《论现实主义的路》），在要听命于时代这一点上，他们之间似乎又确有相通之处。但他们也同时存在着重大的区别：何其芳对于时代的命令不曾有过任何怀疑，因此，他的听命是不存在任何矛盾的；七月派诗人在听命的同时，又要保持自己独立的个性与思考，这就不能不使他们自己陷于矛盾之中。七月派的另一位理论家阿垅曾谈到他们这一伙人天性“爱好思索，考察”[117]，他们“不是扩音机，也不是回声，他底声音只是他自己底，只是人民底，只是人类底”。[118]在七月派诗人的理解中，所谓“集体的英雄主义”不仅要“尊重着大众底利益，服从着集体底命令”，更要“保留了自己底能动作用，和必须掌握着自己底战斗性能，和大量提供出来他个人底劳动成果”[119]，他们甚至认为，“首先必须是一个洁癖地执著自己的人，才必然是一个热切地执著社会主义的人”[120]，正是对自我的战斗的个性的充分肯定与执著，使七月派的诗人实际上与高度统一和绝对服从的时代要求存在着内在的根本性的不协调，这同样是预示着、决定着他们以后的命运的。在前引阿垅的观点中，他强调他们的声音，既是“个人底”，同时又是“人民底，人类底”，这一点也很值得注意：这又是一个“五四”思潮的回应；而强调人民，则是七月派诗人的一个基本信念。这自然也是一种人民本位主义，但又与同一时期的时代解释，例如何其芳的理解，有着甚至可以说是实质性的差异，这也是他们这一时期论争的重要焦点之一。我们知道，胡风是坚决反对将人民神圣化的，他一再提醒人们注意：人民的历史作用总是与人民“精神奴役的创伤”联系在一起的，不存在着纯粹的理想状态的人民（如前文所述，将人民抽象化、理想化，这正是一些堂吉诃德式的知识分子的通病）；胡风尤其反对将知识分子与人民（包括农民）

对立起来，阿垅在他的文章里，也是一再强调，知识分子与农民战士尽管有着不同的精神特征，例如“知识分子有着灵魂底驳杂，农民战士底要求却十分单纯”，但这并不能成为在他们中间进行褒贬的理由，阿垅期待的，是两只各自有着自己的重要性的队伍的“会师”[121]，而不是一个吃掉一个。在一篇评论解放区的新歌剧《白毛女》的文章里，阿垅反复强调人民斗争的主动性，要使人民真正成为自己命运的主宰，而坚决反对人民被动地等待解放的观点，他尖锐地指出，如果“完全把人民看做斗争底被动者或者被动底斗争者，不但在理论上反而使革命或者新政权底必然性失血和跛行，而且在实践上也就会达到脱离人民脱离现实的结果的”[122]。不是在抽象的理想原则上将人民置于至高无上，因而不免是悬空的位置上，而是在实际生活中充分地发挥具体的千千万万普通人民的历史独立性创造性与主动性（包括帮助他们卸下“精神奴役创伤”的历史重负）——这就是七月派诗人们所理解与信仰的人民本位主义。这种人民本位主义与前文所述人民代言人本位主义是根本对立的。当后者已经成为一种风行一时的时代思潮时，七月派诗人还要固守自己的信仰，并且要不加掩饰地大声说出，直率地付之于行动，自然是不合时宜的。但七月派诗人却要“发誓：要做一个 / 二十世纪的伽利略”，要“在习惯里怀疑”，决心“为真理受难”[123]——这样，他们又从本质上接近了那位西班牙骑士，甚至还有一点哈姆雷特气，而伽利略本也是接近堂吉诃德与哈姆雷特的。

如前所述，当七月派诗人以堂吉诃德式的单纯、勇敢与自信，奋不顾身地扑向光明时，他们同时又怒不可遏地谴责着“胆小怕事的知识分子”，嘲笑其“恐怖自己的影子，羞耻于接近阳光”——这都是实有所指，他们的批判矛头是指向同一时期的“中国新诗派”的诗人，旧中国最后一代哈姆雷特们的。屠格涅夫与“五四”以后的周作人所强调的堂吉诃德与哈姆雷特既对立又互补的关系，现在竟发展到绝对的不相容，这本身即是表明了对堂吉诃德与哈姆雷特精神作简单化、表面化理解的倾向。而且，将中国新诗派的诗人在新时代到来之前的心理、态度归结为“恐怖自己的影子，羞耻于接近阳光”，至少也是简单化、表面化的。中国新诗派的诗人们又何尝不渴望着阳光的普照？他们和中国几乎所有的现代知识分子一样，其实都是有着浪漫主义的内质的。歌德当年在评论哈姆雷特时，曾经提出过一个饶有兴味的问题：“这个有趣的青年曾经是什么样子，他若是没有遇到这些事，会成为什么样的人？”[124]现在，我们也应该向这些旧时代的最后一批哈姆雷特提出这样的问题，认真“体味”（这也是歌德提出的概念）他们的精神历程。他们中间最有代表性的，具有“先知的风度与一个深沉的思想家的能力”[125]的诗人穆旦，在中学时代写过这样的诗句：“我只记住那一把火，/那无尽处的一盏灯，/就是飘摇的野火也好；/这时，我将永远凝视着目标/追求，前进——”[126]他曾这样描绘他所要寻找的“异方的梦”：“那儿有碧绿的大野，有成熟的果子，有晴朗的天空，/大野里永远散发着日炙的气息，使季节滋长，/那时候我得以自由，我要在蔚蓝的天空下酣睡。”[127]这就是说，穆旦和他的朋友们也曾经是永远追求着的生活在梦幻里的堂吉诃德，也曾经是热情而单纯的理想主义者，一如我们所熟悉的七月派诗人，以及那位写《画梦录》的诗人何其芳，我们甚至也会联想起歌德所说的“父亲死去以前”的“感觉纯洁”，“善于认识和评价艺术与科学里的善和美”的丹麦王子。[128]但同样重要和真实的是，像莎士比亚笔下的哈姆雷特一样，这一切都已是“一个消逝了的梦境”[129]，穆旦们也经历了理想的破产、精神的幻灭。而且是更加深刻的，因为造成丹麦王子精神幻灭的歌德所说的“悲惨的事件”及“继续发生的恐怖的变故”还是相对单纯的[130]，历史老人对穆旦们要严酷得多：这是经历了第二次世界大战的一代人，在应该做梦、唱玫瑰之歌的青春时代，却被战争无情地推向“战乱，灾难未知的疑虑，险恶的社会环境”，类似于存在主义者所描绘的“极端情境”之中。[131]而诗人穆旦，更是亲身经历了死亡的体验：如他的友人王佐良所描述的那样，“最痛苦的经验却是属于（穆旦）一个人，那是1942年的缅甸撤退，他从事自杀性的断后战。日本人穷追，他的马倒了地，传令兵死了，不知多少天，他给死去战友的直瞪的眼睛追赶着，在热带的毒雨里，他的腿肿了。疲倦得从来没有想到人能够这样疲倦，放逐在时间——几乎还有空间——之外，胡康河谷的森林的阴暗和死寂一天比一天沉重了，更不能支持了，带着一种致命性的痢疾，让蚂蟥和大得可怕的蚊子咬着。而在这一切之上，是叫人发疯的饥饿。他曾经一次断粮到八日之久”，他终于死里逃生，活了下来，却“从此变了一个人”[132]。这使我们想起了俄国作家陀思妥耶夫斯基，他也是经历了接近死亡（被判死刑，在临刑前又突然改为流放）的特殊体验，而产生了研究者所称的“第二视力”，以一种特殊的思想穿透力，对世界、人生与自我，有了全新的认识：“任何地方都没有天空，有的只是狭小受限制的视野（即警察捕猎的眼睛），任何地方也都没有被推崇备至的理想，有的只是锁链，尽管看不见，但比监狱的镣铐连结得更加牢固。”[133]——他终于从自由的“天空”看到了无所不在的“监狱”，从“被推崇备至的理想”看到了“更加牢固的”“锁链”。诗人穆旦也经历了类似的精神蜕变。他不但看见“到处的繁华原来是地狱”[134]，世界“是这样广大的病院”，连医生也“有自己的病症”[135]，更发现“所有的幻象已变狰狞”[136]，所有的“光辉的概念”，已迅速“化成琐碎的日子不忠而纡缓”，“从幻想底航线卸下的乘客，永远走上了错误的一站”[137]，自己的理想磨完了，由幻想是“三月的花园”而为“一大片荒原”[138]。这确实类似于那位幻想破灭以后的丹麦王子：他也是突然发现“天使”、“天神”般的人不过是“泥土里提炼出来的玩意儿”[139]，理想中的人世的花园，“生性芜秽的蔓草全把它占据”，已经荒芜[140]。穆旦在感受着这理想的美向现实的丑的翻转、希望向绝望的翻转以后，痛苦地写道：“这是死。历史的矛盾压着我们，/平衡、毒戕我们每一个冲动。/那些盲目的会发泄他们所想的，/而智慧使我们懦弱无能。”他于是发出了“我们做什么？我们做什么？/谁该负责这样的罪行”[141]的呼喊。正如诗人唐湜所说，这是典型的哈姆雷特的“悲壮的呼喊”[142]。穆旦更有种荒诞感：在他的笔下出现了“污泥里的猪梦见生了翅膀”的意象[143]。因此，当他像那位丹麦王子一样转向内省的沉思时，他更怀疑的是自己：不仅这世界出了问题，连自己的追求、理想本身，也应该提出质疑。他如此写道：“什么是你认为真的，美的，善的？/什么是你的理想的探求？/一服毒剂。我们失去了安乐。”[144]这似乎是绝望的虚无；然而，当你认为的真、善、美是一个虚幻的命题时，它对于人确实无异于“毒剂”，并且是人失去了安乐的原因：穆旦不过道破了一个严酷的事实。他于是进一步告诉我们以及他自己：“多少年的人工”所制造的那个生命的“圆”，唯其完整，它就越是虚幻的。因此，他呼唤：“毁坏它！朋友”，“让我们自己/就是它的残缺”[145]。正如诗人唐湜所说，他所毁坏的，正是对至善的终结、绝对的理念的虚妄追求，从而达到了“一个自觉的超越”[146]。我们则要补充说，这是一个具有重大意义的，甚至可以说是关键性的自觉的超越。如前文所说，在抗战后期当中国的堂吉诃德发生某种精神危机时，他们仅对自己错误的战法发生怀疑，而对追求的理想本身却没有提出任何质疑；穆旦现在所要完成的，是真正的釜底抽薪：对至善至美的乌托邦世界的执著追求，才是堂吉诃德精神的根本。穆旦的思考也有现实的针对性：新时代越是临近，越是有人将即将诞生的新中国想象为至善的终结，期待着生命的“圆”的实现。穆旦关于“毒剂”的比喻，也绝非诗人的夸大之词。这样，穆旦就达到了同时代知识分子所难企及的思想高度，如唐祈所说，“他也许是中国诗人里最少绝对意识（而中国大多数诗人却都是浮浅的绝对主义者），又最多辩证观念的一个”[147]。这本是鲁迅已经达到的高度，鲁迅对于黄金世界的否定，鲁迅关于“于天上看见深渊，于一切眼中看见无所有，于无所希望中得救”[148]的思想，早已显示了辩证思维的特征。但中国的大多数知识分子尽管声称是鲁迅的学生，而事实上却根本不能理解、接受鲁迅。穆旦是少数经过自己的独特体验与独立思考，真正接近了鲁迅的作家；他自己似乎也已意识到了这种接近，在一首诗里，这样写道：“无尽的阴谋；生产的痛楚是你们的/是你们教了我鲁迅的杂文。”[149]和鲁迅一样，他的思想和意象里“最多生命的辩证的对立、冲击和跃动”[150]，或者如诗人郑敏所说，“穆旦的精神世界是建立在矛盾的张力上，没有得到解决的和谐的情况上。穆旦不喜欢平衡。平衡只能是暂时的，否则就意味着静止、停顿。穆旦像不少现代作家，认识到突破平衡的困难和痛苦，但也像现代英雄主义者一样，他并不梦想古典式的胜利的光荣，他准备忍受希望和幻灭的循环”[151]——这些地方都酷似鲁迅。穆旦也如前述陀思妥耶夫斯基一样，仿佛也有着“第二视力”：“在别人只看到一种思想的地方，他却能发现、能感到两种思想——一分为二。别人只看到一种品格的地方，他却能揭示出另一种相反品格的存在。一切看来平常的东西，在他的世界里变得复杂了，有了多种成分。”[152]这样，当许多作家知识分子追求思想的单纯化和情感的直线化时，穆旦却达到了“思维的复杂化，情感的线团化”[153]，而这正表现出现代人的思维方式与情感方式。这就是说，就怀疑的、内省的思维而言，穆旦确实具有哈姆雷特气质，但他的现代人的思维方式，他以现代人的“自觉的精神来照耀一切，探索一切”，又使人们感到，“说他有哈孟雷特的气质其实还不够”[154]，他是站在自己的时代高度，对17世纪的丹麦王子有所超越，他是名副其实的现代的、中国的哈姆雷特。

这样，无论是对哈姆雷特的传统课题，还是时代提出的新课题，穆旦都有了属于自己的现代发现。

由于处于时代的转折点上，“过去——现在（现实）——未来”成为人们的关注轴心。如前所述，许多宣布归来的堂吉诃德（例如废名，还有他的老师周作人），从光辉灿烂的过去传统中找到了生命的和谐；而另一些向前看的堂吉诃德（例如何其芳与七月派诗人）则毫无保留地把希望寄托于无限光明的未来的新中国、新时代。但穆旦却在“三十诞辰”之际，冷然宣布自己处“在过去和未来两大黑暗间”，并且发现了一个“不断熄灭的现在”[155]，这与鲁迅发现“然而黑暗又会吞并我，然而光明又会使我消失”，唯有“黑暗和虚空而已”[156]，同样惊心动魄。“我长大在古诗词的山水里”，穆旦如是说。在《莫须有先生坐飞机以后》里，说着同样的话的废名，从古诗词的山水里感受着一种温馨的永恒的美；穆旦却只感到一股冷气袭来：“我们的太阳也是太古老了，/ 没有气流的激变，没有山海的倒转，人在单调疲倦中死去。”[157] 对于穆旦来说，过去不仅是一个僵冷的存在，更是无法摆脱的重负：“他追求而跃进黑暗，/ 四壁是传统，是有力的 / 白天，扶持一切它胜利的习惯”，“新生的希望被压制，被扭转，/ 等粉碎了他才能安全”。[158] 传统的习惯永远是胜利的：近百年来、甚至可以说千百年来无数仁人志士的奋斗，终不免失败（“被压制，被扭转”，以至被“粉碎”）的历史，不就是千百年、千百万人的传统习惯的胜利史？然而又有多少人愿意凝然正视这令人毛骨悚然的事实？但穆旦最关注的，还是未来，这是一个人们最爱谈论（尤其在这转折的时代），又被弄得混乱不堪的题目。七月派诗人指责穆旦们“羞耻于接近阳光”固然多少有些偏见，但穆旦们对未来心存忧虑却是事实，径直说，他害怕“明天”的“美丽”会“把我们欺骗”[159]。对未知的苦难的疑惧本是哈姆雷特的命题，而现在，面对未来新世界的中国诗人却不但清醒地看到“那改变明天的已为今天所改变”[160]，更清醒地意识到，那日益接近的未来，不仅会给我们带来希望，更会给我们失望，而且要“给我们死”[161]。因此，他不能不以怀疑的眼光，打量那些“告诉我们这是新的美”的预言与理论，于是发现在那些炫目的“计划里有毒害的一环”，“告诉我们和平又必须杀戮”，“知道了‘人’不够”，却要“学习蹂躏它的方法”，“给我们善感的心灵又要它歌唱/僵硬的声音”，“个人的哀喜/被大量制造又该被蔑视/被否定，被僵化”，而且被告之这就“是人生的意义”。[162]他于是担心会“投进别人的愿望”，变作“巨轮的一环”从而彻底丧失了自我，“渐渐旋进了/一个奴隶制度”，尽管还“附带一个理想”（自欺欺人的虚幻的理想）。但他又似乎感到这“铁掌下的牺牲者”的命运难以避免[163]，他说服自己要相信那“句句的紊乱是一个真理”，并且“皈依”，但同时准备着皈依的后果：“给我们丰富，和丰富的痛苦”[164]。——穆旦几乎是重复着一百多年前海涅的忧虑，以及20世纪以来鲁迅的、朱自清的、曹禺的忧虑（尽管此时的曹禺、朱自清似乎已经自动放弃了他们的忧虑）。而且，如果说当年那些敏感的中外知识分子的杞忧多少带有预言性质，而现在，对于穆旦和他的朋友，这已是日益逼近的未来，是他们自己可能亲身经历的现实，因此，他所说的“丰富的痛苦”是有一种现实性的。而穆旦们只能接受那必然充满痛苦、甚至还有死亡的未来，还因为现在本身即是一个不可靠的，像“流沙”般无以立足的“空虚”[165]。如他的朋友所说，穆旦对于“知识分子的危难处境，有着深切的感受”与最清醒的认识[166]。穆旦怀着沉重与无奈把自己和朋友们，扩大来说，把1940年代的中国知识分子称作“被围的一群”，“一切的行程”，一切的挣扎与努力，却最后“落在这敌意的地方”，“在阴影下你终于生根，在不情愿里，终于成形”[167]。从此，被围在“无形的墙”中[168]（人们想起了鲁迅所说的“无物之阵”），“荡在尘网里”，“胸里燃烧了却不能起床”，“跳蚤、耗子”在“身上粘着”[169]——直到很多年后，穆旦仍然感到“生活蛛丝相交，/我就镌结在那个网上，/左右绊住：不是这个烦恼，/就是那个空洞的希望，/或者熟稔堆成的苍老，/或者日久摩擦的僵硬，/使我的哲学愈来愈冷峭”[170]。这是无所不在的对自由生命的压抑与敌意，这又是漫漫无尽的、难以言状的精神磨耗，这无形的、无以解脱的“被围”状态，不仅造成身心的极度疲劳，而且使人心灰意冷，用穆旦所说的“冷峭”面对一切。就这样，“冷风吹进了今天和明天，/冷风吹散了我们长住的/永久的家乡和暂时的旅店”，穆旦和他的朋友终于发现，自己“走在无家的土地上”，“失迷的灵魂/再不能安于一个角度/的温暖”[171]，而陷入了深刻的自我失落。

还是在《三十诞辰有感》里，穆旦写道：“重新发现自己，在毁灭的火焰之中”[172]——这个重新发现自己的过程，原是从哈姆雷特开始的：是他在毁灭的火焰之中，第一次发现“像我这种家伙，乱爬在天地之间，有什么事好做呢”[173]，产生了深刻的自我怀疑。而现在，经过几百年的自我审视，20世纪的诗人穆旦，和同时代的中国与世界的知识分子一起，又发现了“站在不稳定的点上”[174]，“不断分裂”[175]的、破碎的自我。我存在于永远的“矛盾张力”之中：我“从子宫割裂”，“离开了群体”，“永远是自己，锁在荒野里”，孤立而自闭；然而我又“渴望着救援”，“想冲出樊篱”，将残缺的个体还原于母体[176]。个体的、思想的“我”又分裂出群体的、行动的“他”：“他存在，听从我底指使，他保护而把我留在孤独里”，“他底痛苦是不断的寻求你底秩序，求得了又必须背离”[177]。我被时间创造而又毁灭，“在每一刻的崩溃上，看见了一个敌视的我，枉然的挚爱和守卫，只有跟着向下碎落”[178]。我既生又死：“一个平凡的人，里面蕴藏着无数的暗杀，无数的诞生。”[179]我沉淀凝定着，又不断流动，是“无数的可能里一个变形的生命”，又“永远不能完成他自己”[180]。我不断寻找我的“化身”[181]，在他人中实现自我，但不断地添来的“另外的你我”，却既“使我们丰富”，又带来“危险”[182]。因为“一切不真实”，我“发掘真实”，却“畏惧从不敢显露”，而且明白：“弃绝了一个又一个谎”，“就弃绝了欢乐”[183]。我“已为沉重的现实闭紧”，“残留在微末的具形中”，却又以“我们丰富的无有，歌颂”：那我们不能拥有的“蓝天之漫游者，海的恋人”[184]……几乎所有的哈姆雷特的命题——思想与行动、个体与群体、自我与他人、肯定与否定、理想与现实、生与死……都在这里纠结、展开，并且为现代意识所照亮。“由幻觉渐渐往里缩小，直到立定在现实的冷刺上显现”[185]，直面“生命的变质，爱的缺陷，纯洁的冷却”[186]，这里再也没有了英雄主义的豪情、盲目的浪漫的乐观，是冷峻的逼视，是清醒的超越，更是反抗绝望的自觉：“我要赶到车站搭一九四〇年的车开向最炽热的熔炉里／虽然我还没有为饥饿、残酷、绝望，鞭打出过信仰来”[187]——这是不需要“信仰”的投入熔炉。正是在这个意义上，我们可以承认诗人唐湜的如下评价：“哈孟雷特该比堂吉诃德更勇敢，因为他敢触动人类的病痛。”[188]现代哈姆雷特的全部价值也正在这里：他敢于正视并且拥有“丰富的痛苦”。堂吉诃德与哈姆雷特的东移，走到 20 世纪 40 年代末的中国，终于收获了丰富的痛苦——这是一个最可宝贵的历史总结。俄国一位剧作家曾写过一个剧本，题目叫“智慧的痛苦”，这是一个深刻的命题；可以说，作为人类智慧的体现的知识分子，痛苦是其天然属性，无论是堂吉诃德义无反顾的理想追求，还是哈姆雷特永无止息的思索，都有痛苦紧紧相随。而堂吉诃德与哈姆雷特东移的历史，在某种意义上，可以说是在各国家、各民族、各时代的优秀知识分子的广泛参与下，人类智慧发展的历史，以及与之相应的智慧的痛苦不断深化、丰富的历史，而且还要如诗人穆旦所说，“把未完成的痛苦留给他们的子孙”[189]。因为探索真理的道路没有终结，堂吉诃德、哈姆雷特精神内涵的开掘不会结束；只要有探索与开掘，也就还会有智慧的痛苦。

1940年代末巴金试译了海涅的故国——德国当代作家鲁多夫·洛克尔写的《六人》一书，写完《译者后记》已是1949年8月，正是新中国成立也即新时代到来的前夕。洛克尔的被译者称为“一曲伟大的交响乐"的这本书，写了为解求斯芬克司谜而走上漫漫探索之路的六位人类伟大的“浪游人”，其中有浮士德、董·缓（唐璜），也有哈姆雷特与堂吉诃德。在书的结尾“觉醒”里，从不同方向、道路探解人类之谜的六人，终于会合并且和好，哈姆雷特对堂吉诃德说：“你生活过，我只做过梦；因为没有行动的生活可以说是半死。精神的声音只有在它的行动中才真正地在说话。”堂吉诃德也表示：“单单有行动，那只是一个空壳，除非心灵来给行动指路，并且给它一个意义。”于是，他们决定，结束混乱，将智力和意志、智慧（思想）和行动“结合成一体”。其他各人也表示了类似的愿望。最后，那“坐了千万年的斯芬克司”终于活转，并且说：“……六个人已经联合在一块儿了，……各部分结合起来便成了一个整体。我隐藏了无数年代的古谜语现在给解答了——时候到了。……”说完话，“古石像倒下来粉碎了”，“新国土的门打开了。新的人踏着新的土地，一阵响亮的欢歌漫天地洒下来”。[190]

这又是一个现代人创造的现代神话：善良天真的知识分子总是希望能够结束探索的混乱，找到一个毫无偏颇的历史的合题，即所谓各种思想、各条道路的结合，一劳永逸地给一切人类之谜以一个完满的解答，从而终结一切探索与探索中的痛苦：他们所神往的“新国土”、“新的人”仍然是没有矛盾、没有斗争的，只有漫天响亮的欢歌的至善至美的乌托邦世界。

这样，在1940年代末的历史转折点上，中国的哈姆雷特与堂吉诃德对未来作出了两个截然相反的预言。人们却不免同时担心着：当年俄国堂吉诃德的命运是否又在等待着这些“热情的歌者”呢？新的时代能够允许敏感、多疑、多思的诗人继续表现他们“丰富的痛苦”吗？

但这已是本书的“续篇”所要回答的问题。我们的思想与文学的漫游应该暂告一个段落——所有的旅行者（作者与读者）都已经疲倦了。

下一次漫游再见！

1992年7月29日下午5时20分
写毕于酷暑中

注　释

［1］唐弢：《吉诃德颂》，作于1938年2月18日，收《唐弢杂文选》，人民文学出版社，1955年，第122—123页。

［2］王西彦：《神的失落》，《王西彦选集》第3卷，四川文艺出版社，1985年，第306页。

［3］《堂吉诃德》上册，第432页。

［4］老舍：《闲话我的七个话剧》，《老舍剧作全集》第1卷，中国戏剧出版社，1982年，第556—557页。

［5］老舍：《归去来兮》，《老舍剧作全集》第1卷，第439页。

［6］［7］焦菊隐：《关于〈哈姆雷特〉》，《焦菊隐文集》第2卷，文化艺术出版社，1988年，第167—168页。

［8］焦菊隐：《莎士比亚与〈哈姆雷特〉》，《焦菊隐文集》第2卷，第172页。

［9］胡风：《〈蜕变〉一解》，《胡风评论集》（中），人民文学出版社，1984年，第401页。

［10］王西彦：《神的失落》，《王西彦选集》第3卷，第306页。

［11］《何其芳文集》第2卷，第218页。

［12］［13］同上书，第217页。

［14］ 同上书，第 214 页。

［15］ 同上书，第 215 页。

［16］ 何其芳：《从成都到延安》，《文艺阵地》第 2 卷第 3 期，1938 年 11 月 16 日文艺阵地社出版，第 464—465 页。

［17］ 何其芳在同一篇文章中有一个统计，同车的"我们三十二个"之中，有八路军七人，新四军一人，民先队二人，"小鬼"一人，进抗大的学生九人，老百姓二人，军队家属三人。

［18］ 刘白羽：《父与子》，《文艺阵地》第 1 卷第 11 期，1938 年 9 月 16 日文艺阵地社出版，第 355、358 页。

［19］《何其芳文集》第 2 卷，第 223 页。

［20］ 何其芳：《论本位文化》，1938 年 3 月 24 日作，《何其芳文集》第 2 卷，第 144 页。

［21］ 何其芳：《饥饿》，《何其芳文集》第 2 卷，第 244 页。

［22］ 季羡林：《寿作人》，1992 年 7 月 7 日《光明日报》第 3 版。

［23］ 何其芳：《我歌唱延安》，《何其芳文集》第 2 卷，第 178 页。

［24］《何其芳文集》第 2 卷，第 223 页。

［25］ 何其芳：《饥饿》，《何其芳文集》第 2 卷，第 245 页。

［26］ 何其芳：《我歌唱延安》，《何其芳文集》第 2 卷，第 176 页。

［27］ 何其芳：《论快乐》，《何其芳文集》第 2 卷，第 229 页。

［28］ 同上书，第 232 页。

［29］ 何其芳：《〈夜歌和白天的歌〉初版后记》，《何其芳文集》第 2 卷，第 225 页。

［30］ 何其芳在《夜歌（三）》里也谈到了"生活并不美丽"，革命也可能"沾染上污秽"，但他认为，更应该看到，延安已经是"通过黑暗的光明，通过痛苦的快乐，通过死亡的新生，通过丑恶的美丽"，"并不是一些影子"的"现实"。见《何其芳文集》第 1 卷，第 92—93 页。

［31］ 鲁迅：《二心集·黄花节的感想》，《鲁迅全集》第 3 卷，第 410 页。

［32］《何其芳文集》第 2 卷，第 223 页。

［33］ 何其芳：《论"土地之盐"》，《何其芳文集》第 2 卷，第 226 页。

［34］ 何其芳：《论快乐》，《何其芳文集》第 2 卷，第 231 页。

［35］ 何其芳：《高尔基纪念》，《何其芳文集》第 2 卷，第 235 页。

［36］ 何其芳：《论"土地之盐"》，《何其芳文集》第 2 卷，第 227 页。

［37］ 屠格涅夫：《哈姆雷特与堂吉诃德》，《莎士比亚评论汇编》上册，第 468 页。

［38］ 何其芳：《〈星火集〉后记一》，《何其芳文集》第 2 卷，第 269 页。

［39］ 何其芳：《〈夜歌和白天的歌〉初版后记》，《何其芳文集》第 2 卷，第 254 页。

[40] 何其芳:《〈还乡杂记〉附记》,《何其芳文集》第2卷,第247页。

[41] 同上书,第248页。

[42] 何其芳:《论“土地之盐”》,《何其芳文集》第2卷,第224页。

[43] 何其芳:《〈夜歌和白天的歌〉初版后记》,《何其芳文集》第2卷,第253页。

[44][45] 何其芳:《夜歌(二)》,《何其芳文集》第1卷,第90页。

[46] 何其芳:《多少次啊我离开了我日常的生活》,《何其芳文集》第1卷,第203—204页。

[47] 这里实际上也存在着纯粹形态的“思想”(“理想”)与其现实存在的背离:“革命圣徒”的现实实现,固然也不乏何其芳这样的真诚地追求着忏悔着,而又终究当不成“圣徒”的“信徒”,但大量存在的,或者自称为“圣徒”的,倒反是那些“做戏的虚无党”,一点也不圣洁的“伪君子”——这更是何其芳这样的“信徒”所绝对不愿承认与正视的。

[48] 张天翼:《论哈姆莱特——一封信》,《张天翼文学评论集》,人民文学出版社,1984年,第606—607页。

[49] 同上书,第614页。

[50] 张天翼在《论哈姆莱特》里还作了许多精彩的发人深省的分析,如指出“这位丹麦王子倒并也不是没有成功过一件事。原来他并不是一个怎样怯于行的人,甚至于也不无一点吉诃德味儿”(第609页);御前大使的儿子来尔底斯他“要报父仇,他一点也不踌躇,一点也不顾前虑后”,“从这一方面看来,他倒也许是近于吉诃德型的。只是吉诃德所干的,是为了他人,而他所干的,是为了自己的家就是了”(第612页)。

[51] 张天翼:《论哈姆莱特——一封信》,《张天翼文学评论集》,第623页。

[52][53] 同上书,第622页。

[54] 巴金:《一点感想》,《呐喊》1937年8月25日第1期,第6页。

[55] 从苏:《印蒂的追寻——无名氏论》,《无名氏研究》,新闻天地社,1981年,第146页。

[56] 无名氏:《野兽·野兽·野兽》,黄河出版社,1971年,第19—20页。

[57] 同上书,第69、357页。

[58] 同上书,第448页。

[59] 同上书,第467页。

[60] 鹿桥:《未央歌》,台湾商务印书馆,1971年1月普及26版,第162—165页。

[61] 汪曾祺:《金岳霖先生》,《蒲桥集》,作家出版社,1989年,第79页。

[62] 汪曾祺:《沈从文先生在西南联大》,《蒲桥集》,第52页。

［63］ 张中行:《刘叔雅》,《负暄琐语》,黑龙江人民出版社,1986年,第45页。
［64］ 汪曾祺:《沈从文先生在西南联大》,《蒲桥集》,第51页。
［65］ 张中行:《废名》,《负暄琐语》,第69页。
［66］ 张中行:《梁漱溟》、《负暄续话》,第21页。
［67］ 吴宓:1927年6月14日《雨僧日记》,转引自吴学昭《吴宓与陈寅恪》,清华大学出版社,1992年,第47页。
［68］ 吴宓:1920年1月31日《雨僧日记》,转引自吴学昭《吴宓与陈寅恪》,第18页。
［69］ 转引自《吴宓与陈寅恪》,第3—4页。
［70］ 吴宓:1919年12月14日《雨僧日记》,转引自吴学昭《吴宓与陈寅恪》,第10页。
［71］ 参看葛兆光《吾侪所学关天意——读〈吴宓与陈寅恪〉》,《读书》1992年第6期,第3—12页。
［72］ 吴宓:1919年12月14日《雨僧日记》,转引自吴学昭《吴宓与陈寅恪》,第9页。
［73］ 陈寅恪:《王观堂先生挽诗》,转引自吴学昭《吴宓与陈寅恪》,第48页。
［74］ 参看葛兆光:《吾侪所学关天意》。
［75］ 吴宓:1927年6月14日《雨僧日记》,转引自吴学昭《吴宓与陈寅恪》,第67页。
［76］ 吴宓:1928年2月5日《雨僧日记》,转引自吴学昭《吴宓与陈寅恪》,第67页。
［77］ 张中行先生在《负暄续话》第21页谈到梁漱溟先生时,曾指出:他的"堂吉诃德"式的"迂阔","由感情方面衡量,可敬,由理智方面衡量,可商,有的说重一点,至少从效果方面看,还近于可笑。"
［78］ 杨绛:《将饮茶》,三联书店,1987年,第50—51页。
［79］ 参看洪子诚《作家的姿态和自我意识》第三章第七节,陕西人民教育出版社,1991年,第154—156页。
［80］ 废名(冯文炳):《废名小说选·序》,《冯文炳选集》,人民文学出版社,1985年,第395页。
［81］ 废名:《无题》,《冯文炳选集》,第359页。
［82］ 参看卞之琳《冯文炳选集·序》,《冯文炳选集》第10页,转引自张中行:《负暄琐话》,第70页。
［83］ 1932年1月31日致废名书,《周作人书信》,上海青光书局,1933年,第228页。
［84］［85］ 废名:《莫须有先生坐飞机以后》第十四章、第九章,《文学杂志》第3卷5期、第2卷11期。
［86］ 废名:《莫须有先生坐飞机以后》"开场白",《文学杂志》第2卷1期。
［87］ 怀湘(廖沫沙):《哈姆雷特式的悲剧》,原载1943年10月7日重庆《新华日报·新华副刊》,收《廖沫沙文集》第1卷,1986年6月北京出版社,第256页。

［88］同上书，第 257 页。

［89］文载《中原》第 2 卷第 1 期。

［90］王西彦：《论罗亭》，1948 年 9 月 15 日《文艺春秋》第 1 卷第 3 期。但王文还是肯定了“罗亭是一个爱真理的人，一个徒然的理想家，一个失败的苦行者”，强调“罗亭决不是一个可诟骂的名字”。

［91］杨刚：《一个知识分子的自白——代序〈永恒的北斗〉》，《中原》创刊号，1948 年 8 月。

［92］1948 年 7 月 23 日朱自清在一次座谈会上的讲话。后以《知识分子今天的任务》为题收《朱自清全集》第 4 卷，江苏教育出版社，1990 年，第 539 页。

［93］陈敬容：《力的前奏》（1947 年 4 月 16 日），《陈敬容选集》，四川人民出版社，1983 年，第 154 页。

［94］唐湜：《诗的新生代》，《诗创造》第 8 号，1948 年 2 月。

［95］牛汉：《一个钟情的人——曾卓和他的诗（代序）》，《曾卓抒情诗选》，中国文联出版公司，1988 年，第 4 页。

［96］绿原：《你是谁？》，《人之诗》，人民文学出版社，1983 年，第 148 页。

［97］同上书，第 163—164 页。

［98］阿垅：《〈旗〉片论》，《人·诗·现实》，三联书店，1986 年，第 272 页。

［99］阿垅：《〈锻炼〉片论》，《人·诗·现实》，第 244 页。

［100］绿原：《复仇的哲学》，《人之诗》，第 130—131 页。

［101］绿原：《响着的刀》，《人之诗》，第 43 页。

［102］绿原：《复仇的哲学》，《人之诗》，第 130—131 页。

［103］绿原：《春雷》，《人之诗》，第 71 页。

［104］绿原：《快乐的火焰》，《人之诗》，第 179 页。

［105］绿原：《你是谁？》，《人之诗》，第 154 页。

［106］同上书，第 149 页。

［107］绿原：《春雷》，《人之诗》，第 71 页。

［108］绿原：《给天真的乐观主义者》，《人之诗》，第 98—100 页。

［109］七月派诗人曾卓这一时期写有《门》一诗，“我们的门 / 不为叛逆者开！”是其中的名句，见《曾卓抒情诗选》，第 6 页。这里是套用。

［110］绿原：《诗与真》，《人之诗》，第 66 页。

［111］绿原：《你是谁？》，《人之诗》，第 149 页。

［112］绿原：《生命在歌唱……》，《人之诗》，第 67—68 页。

［113］阿垅：《绿原片论》，《人·诗·现实》，第 193、187 页。

［114］ 绿原：《诗人们》，《人之诗续编》，宁夏人民出版社，1983 年，第 118—119 页。
［115］ 同上书，第 120 页。
［116］ 同上书，第 121 页。
［117］ 阿垅：《绿原片论》，《人 · 诗 · 现实》，第 202 页。
［118］ 同上书，第 191 页。
［119］ 同上书，第 227、283 页。
［120］ 同上书．第 282 页。
［121］ 阿垅：《〈锻炼〉片论》，《人 · 诗 · 现实》，第 243 页。
［122］ 阿垅：《〈白毛女〉片论》，《人 · 诗 · 现实》，第 287 页。
［123］ 绿原：《伽俐略在真理面前》，《人之诗》，第 141、144 页。
［124］ 歌德：《〈威廉 · 麦斯特的学习时代〉中关于哈姆莱特的分析》，《莎士比亚评论汇编》（上册），第 294 页。
［125］ 唐湜：《穆旦论》（下），《中国新诗》第 7 集。
［126］ 穆旦：《前夕》，原载《南开高中学生》1934 年第 2 期，转引自殷之、夏家善《诗人穆旦早年在天津的新诗创作》，《一个民族已经起来》，江苏人民出版社，1987 年，第 105 页。
［127］ 穆旦：《玫瑰之歌》，《穆旦诗选》，人民文学出版社，1986 年，第 18 页。
［128］ 歌德：《〈威廉 · 麦斯特的学习时代〉中关于哈姆莱特的分析》，《莎士比亚评论汇编》上册，第 294 页。
［129］ 同上书，第 295 页。
［130］ 同上书，第 294 页。
［131］ 唐祈：《现代杰出的诗人穆旦——纪念诗人逝世十周年》，《一个民族已经起来》，江苏人民出版社，1987 年，第 58 页。
［132］ 王佐良：《一个中国诗人》，《穆旦诗集》（1939—1945），1945 年 5 月沈阳（自印）。
［133］ 参看列夫 · 舍斯托夫《在约伯的天平上》。
［134］ 穆旦：《潮汐（一）》，《穆旦诗集》（1939—1945）。
［135］ 穆旦：《哀悼》，《穆旦诗集》（1939—1945）。
［136］ 穆旦：《活下去》，《穆旦诗选》，第 76 页。
［137］ 穆旦：《幻想底乘客》，《穆旦诗选》，第 66 页。
［138］ 穆旦：《还原作用》，《穆旦诗选》，第 27 页。
［139］ 莎士比亚：《哈姆雷特》，第 63 页。
［140］ 同上书，第 17 页。
［141］ 穆旦：《控诉》，《穆旦诗选》，第 47 页。

［142］唐湜:《穆旦论》(上)、(下),《中国新诗》第 3、4 集。

［143］穆旦:《还原作用》,《穆旦诗选》, 第 27 页。

［144］穆旦:《夜晚的告别》,《穆旦诗选》, 第 37 页。

［145］穆旦:《被围者》,《穆旦诗选》, 第 81 页。

［146］［147］唐湜:《穆旦论》(上)、(下),《中国新诗》第 3、4 集。

［148］鲁迅:《野草・墓碣文》,《鲁迅全集》第 2 卷, 第 202 页。

［149］穆旦:《五月》,《穆旦诗集》, 第 29 页。

［150］唐湜:《穆旦论》(上)、(下),《中国新诗》第 3、4 集。

［151］郑敏:《诗人与矛盾》,《一个民族已经起来》, 第 32 页。

［152］巴赫金:《陀思妥耶夫斯基诗学问题》, 三联书店, 1988 年。

［153］郑敏:《诗人与矛盾》,《一个民族已经起来》, 第 39 页。

［154］唐湜:《穆旦论》(上)、(下),《中国新诗》第 3、4 集。

［155］穆旦:《三十诞辰有感》,《穆旦诗选》, 第 104 页。

［156］鲁迅:《野草・影的告别》,《鲁迅全集》第 2 卷, 第 202 页。

［157］穆旦:《玫瑰之歌》,《穆旦诗选》, 第 20—21 页。

［158］穆旦:《裂纹》,《穆旦诗选》, 第 72 页。

［159］穆旦:《先导》,《穆旦诗选》, 第 90 页。

［160］穆旦:《裂纹》,《穆旦诗选》, 第 72 页。

［161］［162］穆旦:《出发》,《穆旦诗选》, 第 62 页。

［163］穆旦:《幻想底乘客》,《穆旦诗选》, 第 66 页。

［164］穆旦:《出发》,《穆旦诗选》, 第 63 页。

［165］穆旦:《从空虚到充实》,《穆旦选集》, 第 9 页。

［166］唐祈:《现代杰出的诗人穆旦——纪念诗人逝世十周年》,《一个民族已经起来》, 第 58 页。

［167］穆旦:《被围者》,《穆旦诗选》, 第 81、80 页。

［168］穆旦:《从空虚到充实》,《穆旦选集》, 第 12 页。

［169］穆旦:《还原作用》,《穆旦诗选》, 第 27 页。

［170］穆旦:《有别》,《穆旦诗选》, 第 130 页。

［171］穆旦:《控诉》,《穆旦诗选》, 第 45、44 页。

［172］穆旦:《三十诞辰有感》,《穆旦诗选》, 第 103 页。

［173］莎士比亚:《哈姆雷特》, 第 83 页。

［174］穆旦:《诗》,《穆旦诗选》, 第 68 页。

［175］穆旦:《智慧的来临》,《穆旦诗选》, 第 32 页。

［176］ 穆旦:《我》,《穆旦诗集》(1939—1945)。
［177］ 穆旦:《诗八首》,《穆旦诗选》, 第 60 页。
［178］ 穆旦:《三十诞辰有感》,《穆旦诗选》, 第 104 页。
［179］ 穆旦:《控诉》,《穆旦诗选》, 第 45、44 页。
［180］ 穆旦:《诗八首》,《穆旦诗选》, 第 57 页。
［181］ 穆旦:《从空虚到充实》,《穆旦选集》, 第 10 页。
［182］ 穆旦:《诗八首》,《穆旦诗选》, 第 58 页。
［183］ 穆旦:《诗》,《穆旦诗选》, 第 68、69 页。
［184］ 穆旦:《海恋》,《穆旦诗选》, 第 84—85 页。
［185］ 穆旦:《打出去》,《穆旦诗集》(1939—1945)。
［186］ 穆旦:《我向自己说》,《穆旦诗集》(1939—1945)。
［187］ 穆旦:《玫瑰之歌》,《穆旦诗选》, 第 20—21 页。
［188］ 唐湜:《穆旦论》(上)、(下),《中国新诗》第 3、4 集。
［189］ 穆旦:《先导》,《穆旦诗选》, 第 90 页。
［190］ 鲁多夫・洛克尔:《六人》, 巴金试译, 第 210、211、212、220、221 页。

初版后记

一

刚刚画上句号的，是我的第八本书:《丰富的痛苦——堂吉诃德和哈姆雷特的东移》。这是一个意外的收获——连我自己也没有想到，已经到了这个年龄，还会去冒险涉及完全不熟悉的外国文学、文化领域，横跨英、西、法、德、俄、中六个国家，从一个特定角度纵览三百四十多年的世界文学、文化发展的历史，而且包括这么多世界级的思想与艺术的大师。这显然是一件力不从心的活儿。写作时，我使出了全身的力气，却感到从未有过的费劲儿，整整一年的时间，一直是战战兢兢，不敢有半点松懈与马虎，妻子已经在预言，书写完我大概要大病一场。现在，像马拉松赛跑一样，总算奔到了终点，却毫无轻松之感，仍然为成绩好坏而惴惴不安：在我写的所有的书中，这一本是最没有把握的。也许我只能像刚刚结束的奥运会上名落孙山的运动员那样，说一句“尽管失败了，但我确实努力了，拼搏过了”来聊以自慰吧。其实，一年多的辛苦有这句话，也就够了。

而且我还得承认，“堂吉诃德和哈姆雷特的东移”这个题目，对于我有太大的诱惑力，我迷恋于它，已经有七八个年头了。——这大概就是我明知可能失败，却偏要试一试的原因所在吧。

朋友们大概不会注意到，七年前，在《关于“二十世纪中国文学”

的对话》中，子平兄曾对我说过这样一段话：一些当代文学中的形象，“好像是全新的，但是在现代文学里是很多的。其实这是一个世界性的文学现象，始于文艺复兴时期莎士比亚笔下的哈姆雷特，渐渐地由西向东，德国的浮士德啦，法国的于连·索黑尔啦，俄国文学中的‘多余的人’啦……如果不从宏观的角度，或者马克思所说的‘世界历史’的尺度，很难讨论清楚”。因此，“东移”这个概念发明权本属于子平。（写到这里，我不禁停笔遥想远在异国他乡的子平和他的一家人——这两三年我经常会突然涌起一股说不出的怀念之情，仿佛当年哥们儿在斗室中纵论一切的情景已经是一个可望而不可即的梦境了！）其实，当时我也有类似的想法，我们还进行过更详尽的讨论；于是，在为《中国现代文学三十年》（这是我与另外三位朋友合作的产品）定稿时，也就顺便在该书第二十六章中论及老舍抗战时期的剧作《归去来兮》（原拟名《新罕默列特》）时，加上了这样一句：“老舍在自己的创作中，一再提出莎士比亚笔下的西方文学的不朽典型‘罕默列特’（今译‘哈姆雷特’）向东方移动的问题（老舍 30 年代另有一篇小说，题目也叫《新韩穆烈德》），这是值得注意的文学现象。”——这大概要算是本书的最早酝酿吧。后来，在具体地研究鲁迅、周作人、曹禺这些 20 世纪中国文学的大家或名家（这是我为研究“20 世纪中国文学”所重点解剖的麻雀）时，我越来越意识到，真正深刻的作家，他们不仅关注、执著于国家、民族、社会人生，使他们的作品具有强烈的现实性，更注目于人类共通的精神问题、人性问题，在作品中的现实意义、价值之上更追求一种超越国家、民族、时代的具体时空的全人类意义与价值。越是不朽的文学典型，就越具有这种普遍的概括性；正是这些不朽的文学典型，把关注着某些共同的人类精神命题的不同国家、不同民族、不同时代与不同个性的作家、思想家联结起来，从而构成了人类精神发展史的一个重要侧面。正因为有了这样的认识，在我完成了鲁迅、周作人、曹禺的精神个体及其精神产品的具体研究，先后写出了《心灵的探寻》、《周作人传》、《周作人论》、《大小舞台之间——曹禺戏剧新论》之后，我仍有一种不满足感，我觉得如果不把他们所探索的精神命题、所塑造的文学典型放到人类精神发展史中去考察，我的研究就不免是肤浅的、表面的，仍然停留在孤立的、个别的现象研究的层面。我知道，这类现象研究是基础，自有其不容忽视、不可否认的价值，但它有待深入与升华，也是很显然的。但如何深入与升华，却使我颇费踌躇。径直跃入人类精神发展史，世界文学、文化思想史，说几句大话、空话，是容易的，但那正是科学研究的大忌，会陷入将自己的研究对象虚化与庸俗化的陷阱；重要的是要找到具体可征的中介，这就是王瑶先生所说的“典型现象”。正是在这样的思路之下，或者说，在我苦苦地探寻将自己的研究进一步深入与升华的突破口时，前述“哈姆雷特的东移”命题的意义与价值就突然被照亮了。这一发现给我带来难以言传的兴奋与研究冲动，但我仍然强迫自己捺下心来，去广泛地接触原始材料，或者说是用这样的新的理论设想去重新照亮原始材料，于是，我又发现了堂吉诃德，发现了哈姆雷特与堂吉诃德的内在联系，并且发现了越来越多地将我的研究对象——鲁迅、周作人、曹禺与哈姆雷特、堂吉诃德，与世界其他国家、民族的思想家、文学家（例如海涅、屠格涅夫）具体联系起来的实证材料；在这方面，姚锡佩的《周氏兄弟的堂吉诃德观源流及变异》（《鲁迅研究资料》第22辑）曾给我以极大的启发，一些重要的、甚至可以说关键性的线索就是这篇力作提供给我的，因此，我将永远感激这位敏锐而功底扎实的研究者。由于有了原先对老舍与哈姆雷特关系的关注，因此，很快又发现了除鲁迅、周作人、曹禺之外，几乎所有的中国重要的现代作家都与这两位世界文学的不朽典型有着不同程度的精神联系，这本身即构成了20世纪中国文学和思想文化界的一个重要精神现象。这样，鲁迅、周作人、曹禺与同时代作家的精神联系也在哈姆雷特与堂吉诃德这一联结点上得到了有力的揭示。我对于20世纪中国知识分子精神历程的总体研究也就从点的解剖进入了面的展现（尽管仍然从某一特定角度），具有了一定的史的意义。——我的鲁迅、周作人、曹禺研究最后竟在“哈姆雷特和堂吉诃德的东移”这一课题上得到了一个较为理想的总结、扩展与升华：这是我开始研究时绝对未曾料及的。

二

我由对哈姆雷特的兴趣，后来扩展到堂吉诃德，并最终将二者联系起来考察，不仅是中国与世界文学和精神发展史的客观事实对我的启示，同时也是对我自己及同时代知识分子主观精神自觉审视的结果：在这一时期的研究中我一直在寻求自我与研究对象的精神联结点，所以，这一新的发现，更有着一种特殊的意义。这些年来，中国与世界所发生的历史巨变，给我们提供了一个新的契机，回过头来更深入地审视自我以及中国与世界的知识分子的精神历程，以便为历史如此这般的发展找到一个内在的精神发展的逻辑。我正是在这样的思想背景下发现了我自己与同类知识分子（中国的与世界的）精神气质上的堂吉诃德气、哈姆雷特气，以及二者之间的对立、渗透、消长起伏的。去年年初，当我得知我在贵州生活时（我在那里度过了自己的青春时代）的好友，我的精神兄弟刘尚沸不幸逝世的消息时，曾写过一篇题为《痛悼同代人的“死”》的短文，文章中有这样一段话——

不知道后人将怎样观察、评价尚沸，我，我们这一代人；作为当事人，我却想提醒人们注意：我们的青少年时代是生活在一个封闭的，却又充满了信仰、理想、浪漫精神的，制造乌托邦的时代文化氛围里的一代人，常常具有堂吉诃德气质：执迷于一种幻觉——一个绝对的，纯粹的真、善、美的理想境界，不惜为之付出一切代价。尚沸在这方面可算是一个典型。他常常把他理想的对象尽情地美化——我至今仍不能忘怀，在向我描述他心目中美的化身时，他是怎样地动情，眼睛闪着光，微笑着，沉迷在一种宗教般的感情中，以至旁观者都不忍心告诉他，那不过是他的幻觉。但很快他自己就会清醒过来，幻想破灭了，他又是那样地沮丧、痛苦，这时候谁要去责备他的轻信、轻率……那会是一种过分的残酷。但不久，他又会制造出一种新的美，又开始新的迷恋，新的破灭，新的痛苦……这就是尚沸：他永远是幻美的俘虏，认真，直率，真诚，甚至到了天真的地步。可以说他是终生保持着，更确切地说，是终生追求着儿童的纯真：他是长不大的。但尚沸的不幸却正在这里：他长不大，时代、周围的环境，以至周围的人，却迅速地畸形成长，越来越显出丑恶的方面。尽管不能适应，他彷徨，苦闷，却依然不愿意放弃已经成为他的生命的一个部分的对于真、善、美的追求。最后他甚至不得不（当然是不自觉的）将恶俗幻化为美来崇拜，以维持他心目中美的偶像。这样，他对幻美的执迷，就越来越具有堂吉诃德的喜剧性。尚沸却并不自觉于此，甚至不惜与舆论相对抗，坚持着他的追求，就又另具一种悲剧性。据我的观察，他后来似乎有所自觉，却仍要勉力去做，就成为一种自我挣扎。……

毋须讳言，这也在说我自己。当然，还有没有说及的另一面：哈姆雷特精神的被压抑、扼杀，从而形成了我们精神发展的畸形状态；以及在新时期到来之后，哈姆雷特精神在唤醒后又不断受到威胁，堂吉诃德精神在遭到质疑后又不断被呼唤——这一切，构成了我们这一代人——20 世纪五六十年代成长起来的，新中国的第一代知识分子精神史的一个重要侧面。这一代人的精神史与本书所描述的 20 世纪二三四十年代的中国堂吉诃德们、哈姆雷特们的精神史之间，显然存在着深刻的联系。这样，在我的研究中，历史的考察与现实的思考就取得了内在的统一。这也正是我的追求。

去年 4 月，在访日期间，我应一桥大学木山英雄先生之邀，到该校作学术讲演，一时找不到别的合适题目，就报告了我正在思考的这个“东移”问题，其中也讲到了尚沸的故事。没有想到我的这些不成熟的想法，竟在到会的日本学者中引起强烈的共鸣。报告刚结束，日本东京大学教授丸山昇先生、东京女子大学教授伊藤虎丸先生、日本大学教授京西凯夫先生即走上前来对我说：“你的朋友的故事使我们大为感动，在我们身上也有他那样的堂吉诃德气。”我由此而受到了极大的鼓舞：看来，“东移”问题的现实性并不只限于中国，人类的心灵本是相通的。就在这一次讲演之后，我决心冒险写书，并决定把这本书献给贵州那一方土地上的我的精神兄弟姐妹——远走了的尚沸，以及继续在堂吉诃德式的、哈姆雷特式的或其他类型的丰富的痛苦中挣扎的朋友们。

三

此刻回想起来，促成我决心写书的，还有一个潜在的心理动因：也许是因为哈姆雷特的怀疑精神突然变得可疑，也许是因为堂吉诃德的理想主义受到冲击，我为一种失落感压抑感所攫住，并且像陷入了无物之阵似的，无以摆脱。过去，每有不快，只要到校园里走一圈，一切痛苦都会自然平息。现在却不能，校园已不再是精神的圣土。我只能逃回我的书斋，如同鲁迅所说，“躲进小楼成一统，管他冬夏与春秋”。只要一进入与世界思想、文学的巨匠、大师的精神对话，我就仿佛有一种由地狱上升到天堂的感觉——尽管明知天堂并不存在，而且天堂（黄金世界）本就是我的哈姆雷特们怀疑的对象，尽管精神对话的话题也离不开尘世的痛苦，而且毕竟是现实的存在，总要回到尘世中来。事实上，在写作过程中，我就过着奇异的双重生活：忽而是有形的，无形的，说得出的，说不出的，有大名目的，琐细、无名的……种种烦恼缠身，却因此而烦躁、不安，觉得一切都是无聊；又突然转入无羁的精神漫游，诚实的心灵交流，天马行空般的思想驰骋，虽不免是悲剧的，荒诞的，却依然是严肃的真实追求，尽管永远也无结果，寻不出任何解答，但毕竟是全身心投入的认真的探索，因而感到精神的自由、心智的解放与生命的充实。因此，对于我来说，这本书的写作，是再一次的自我拯救，是用精神的充裕来补偿现实的缺憾的，阿Q式的、堂吉诃德式的自我挣扎。这拯救与挣扎，是悲剧性的，还是喜剧性的，或者兼而有之，我已经说不清了。作为一介书生，我只能有这样的选择。如此而已。

幸而，在我的周围，以及异地远方，还有我的朋友，我的同病者，我们还可以以沫相濡。不仅在具体写作上这些朋友给了我极大帮助——应该提到的，是日本友人尾崎文昭，以及我的北京大学的朋友罗芃、曹卫东、张变革，还有我的中学同学刘筱梅，他（她）们以自己的出色的外国文学、语言的修养、知识，弥补了我不懂外文的不足，为我查阅资料，可谓雪中送炭，我对他们的感激是难以言说的。更有些朋友，或当面交谈，或通信笔谈，就本书所涉及的问题，与我进行了认真而热烈的讨论，讨论中发表的各种意见对本书的写作的启示是自不待言的。更重要的是，通过这类书写成前与书出版以后的讨论，我的学术生命得到了延伸，这也是我自觉追求的。这里，我愿意抄录下两位远方朋友的来信中所发表的卓见，以期引起本书读者的创造性参与。一封是甘肃天水师专的青年朋友安涛写来的，他在信中首先对本书的写作追求，提出了他的理解与分析：

> 您的这本书使您的学术研究，在经过了鲁迅、周作人的“心灵辩证法”（我称为“主体精神特征”）之后，发展上升到了对知识分子普遍的思想特征，以及与此相联系的人类共同的精神现象的揭示与把握，获得了“形而上”的哲学意味。而这一切又并没有因此而坠入理性的抽象王国，成为脱离现实的单纯的精神思辨。在这里，历史没有遭到被割裂与篡改的厄运。不仅历史本来就具有的丰富多样的生活内容，多种可能的发展方向得到了客观的展示，而且还与理性精神的普遍概括性、必然发展的逻辑性取得了较好的统一。因为从研究的内容和过程来看，自始至终您都围绕着具体的然而又是典型的社会事件、文化现象和历史人物，参照着根据社会历史的发展方向和时代要求而总结出来的客观标准。特别是最后，您又以两个著名的文学典型形象来“命名”这一普遍的精神现象，使哲学的普遍抽象内容获得了可感的生命载体，从而有血有肉、形象生动。并且，其精神意义也因此而具有了可以扩大的内涵和运动的张力。因此，您的这本书虽“小”，但意义却不一定“小”。而且它很有可能是您前一阶段学术研究的总结。同时也将预示着您的学术研究要进入一个新时期。所以，您写起来恐怕不会太轻松。

这可谓知我者言——特别是在写起来“不会太轻松”的预言上。而且安涛和我一样，都十分清楚：主观追求与客观实现之间是必然有距离，甚至是很大的距离的。安涛接着又与我讨论了一个饶有趣味的理论问题：

思想与实践的巨大的落差、甚至矛盾对立，这可能与人类思维和社会历史自我发展的特征有关。仅就人类思维而言，在原始社会阶段，其内容无所不包，其形式也浑然一片，不知何为抽象思维，何为形象思维。此时，人类还分辨不出主体与客体、生命与无生命之间的巨大差别。所以这自然也就不存在"思想"与实践之间的关系问题。然而到了后来，随着思维能力的进一步发展，思维方式的进一步完善，思维的结果——思想与被思维的对象——现实之间也就有了一定的距离和差别。至少，思想要追求理性的普遍概括性、内在的联系性和必然的逻辑性。而现实毕竟是现实。它丰富多样、五彩缤纷，发展变化有多种可能。并且这还是各种力量综合作用的结果。这样，思想与现实也就有了各自存在的方式和发展的方向，而实践作为这两者的中介和联系，也就不得不处在两难的境地：一方面被思想所召唤，要把主观抽象的理性要求转换为客观具体的现实存在；另一方面，这一过程自始至终又只能在现实条件的制约下来进行。因为这些条件是历史流传下来的，无论好坏都是一种客观存在。人们只能在正视它的前提下，并以它为基础才可能谈得上新的创造与发展。但这样，思想必然会在实践过程中产生变化，甚至还会因为各种因素的凑合、特定时空条件的作用而出现思想失落的情况。海涅所引的民谚"播下的是龙种，收获的却是跳蚤"正是此之谓也。于是，这就在人类的思想、文化与历史现实之间不可避免地出现了二律背反的社会现象。像思想文化上早就提出的真善美的人类终极目标，有时不但无法存在于现实，甚至相反，倒是假丑恶在推动历史前进；启蒙主义在思想文化所设计的理想王国，与后来实现了

> 的资本主义的社会现实的巨大反差；现代商品经济与部分艺术生产之间的矛盾……是否都与此相关呢？正是与此相联系，我们不妨从功能品性上把思想分为实践理性与精神理性这两种。前者以实践为目的，不仅注重现实对思想的需求，而且更注重各种现实因素对思想的制约，侧重以此来达到思想向现实的转换。因此，这种思想以历史的具体性、实践的策略性与操作性为其特征。而后者则以人类社会的终极目标为目的，侧重于相同的利益与统一的价值，试图超越历史的阶段性和现实的具体性。因此，这种思想以理性的普遍性和永久性为其特征。应当承认，这两种思想在历史上常处在矛盾中。现代文学中的左翼思想文化与自由主义知识分子的思想文化，在一定意义上就是如此。而且，就是在一个人的精神世界的构成之中，这两种品性的思想也可能同时并存，并此起彼伏、相互消长。当然，在现实中，无论整个社会与个人，这些思想总得有个运动结果，其矛盾也会解决。但最终这一切都只能是实践所导致的必然结果。而且这“实践”也还是诸多现实条件所制约决定下的实践。这样，也就进一步证明了您所揭示的那一命题——“思想的实现，即思想者思想的毁灭”。

安涛的这一发挥已比我所说的深入与深刻得多。此外，安涛还从“马克思主义本身就是具有思想与实践这两种品性的精神体系”的这一命题出发，对马克思主义历史命运与知识分子的关系，发表了相当精辟的意见，但限于篇幅，就不再抄录了吧。

上海师范大学中文系的薛毅在来信中讨论了“第四代”即中国当代青年与哈姆雷特、堂吉诃德的关系问题，这也许是读者更感兴趣的。在薛毅看来：

中国的第四代并没有哈姆雷特精神，或者说这种精神的存在是极个别的。那种痛苦的思考，那种对自我的怀疑，那种对世界与自我的双重否定，那种对人性的爱护与对人性恶的深刻洞察的矛盾交织，那种深广的思考能力和行为的谨慎，这一切对于第四代是很陌生的。相反，第四代在行动上很大胆，对自我没有多少怀疑。即使自我也是一种虚无，第四代仍能将世界的虚无（这是一种洞察）化为一笑，将自我的虚无化为一笑。我以为现在对于第四代的“精英”来说，需要加强的还是哈姆雷特精神，与第四代对世界和自我的双重游戏相反，是对世界和自我的双重怀疑和否定，是对黄金世界与现实世界之间断裂的深刻揭示，是对现实深渊的深刻体验，就像鲁迅的“于无所希望中得救”一样，或者如海涅所说，“从巨人身上看出了风车，从贵妇身上看出了娼妓，从宫廷典礼看出了一场傀儡戏”。否定，怀疑，绝望，才能接近神性。否则，将使浪漫主义、英雄主义变成不能深刻地洞见世界的东西。堂吉诃德式的纯洁、善良、真诚、热情、和谐……这一切都是叫人神往、叫人渴望的。可这些在现实中却是脆弱、易逝的，至少是无法遏止住人性的虚伪、阴暗、险恶的。它们永恒地存在于乌托邦中，存在于圣母那里，那就得让它们永恒、完整地保存在那里，使之成为一种神圣的阳光，照亮现实深渊，照亮人性残缺。但在中国，在没有认真思考“文革”这场大灾难之前，在没有真正有力地解剖中国红卫兵的狂热，50年代知识者的忠诚等等之前，堂吉诃德精神的合理部分是不可能被人们接受的。要么是像鲁迅所说的假堂吉诃德，要么是使堂吉诃德精神连带着一种既可贵又过于梦幻的天真的品格。现在真正的堂吉诃德并没有出现，我们所做的是为他的出现而准备。

薛毅的意见相当犀利，也许会引起争议；但他所提出的堂吉诃德和哈姆雷特在当代中国的命运与意义，却是更应该引起关注与深思的。我们对东移过程的探讨，这应该是题中应有之义。

我已经申明，我们的精神漫游并没有结束。和我以前每写完一本书就要宣布告别相反，我希望有一天还会回到这本书上来：一方面是对这本书必然会有的种种疏漏以至错误，进行修订与补充，一方面是将1940年代以后的历史继续写下去。我期待着读者（包括学术界的同行，特别是精通英、西、法、德、俄文学与文化的朋友）更积极地参与。我清醒地意识到，课题本身远远超出了我的能力（包括知识结构）的范围之外，我所能做的，仅是步履蹒跚地迈出第一步，名副其实的抛砖引玉，如此而已。

1992年8月17日下午5时15分

写毕于南郊

再版后记

这本写于上世纪90年代初的旧作，能够得到重版的机会，我是非常高兴的。坦白地说，我私下对这本书有一种偏爱，一则它是我对巨大历史事变的思想与学术反应，其中有着我的许多重要思考，但都未充分展开，或许是我的学术著作中思想含量最大的一本；二则这是一本突发而来的非常规想象的产物，对我来说，几乎是不可重复的，而这正是体现了我的学术追求；三则本书是我由个人精神传记的写作（关于鲁迅、周作人、曹禺）转向知识分子精神史写作的一个开端，直到现在这依然是我的主要研究兴趣所在；最后一个原因是这本书是我跨越自身知识与思想局限的一次努力，同时也就将这种局限暴露无遗，它的有缺憾的价值，对自己的学术研究既是鼓励，也是警戒，它使我对"自己能做什么，不能做什么；可能做什么，不可能做什么"，始终保存一种清醒。也正因为如此，这次重版，只是改正了一些明显的错误，对标点符号和注释进行了重新规范与处理，其余文字均不作变动，以保持旧貌，希望得到今天的读者更为严厉的审视。

2005年4月5日